# 現象學的觀念

DIE IDEE DER PHÄNOMENOLOGIE

胡塞爾　著

von

Edmund Husserl

黃文宏譯注

胡塞爾（Edmund Husserl, 1859-1938）

哥廷根學派部分成員

騎士、死亡與魔鬼（Ritter, Tod und Teufel, 1513）

# 目　次

# 凡　例

一、本譯注底本為《胡塞爾全集》（*Husserliana* 以下簡寫成 Hua）第二卷（*Die Idee der Phänomenologie. Fünf Vorlesungen*, hrsg. von Walter Biemel, 2. Aufl., Den Haag: Martinus Nijhoff, 1973, S. 1-84.）。

二、本譯注所標示的頁碼（包括邊頁）皆為《胡塞爾全集》的卷數與頁碼。例如：Hua II, S.7 表示《胡塞爾全集》第 2 卷，頁 7。

三、原文的隔體字（Sperrsatz）是強調用，本譯注改為「粗斜體」。相應的中譯部分同樣以粗斜體表示。

四、原文的斜體字，是用來標示外文或人名的（例如：*Hume, cogitationes*），中譯時改回正體字，不另外處理（例如：休謨、思惟）。

五、原文的圓括號（），本譯注保留。另外在需要標示原文的時候，本譯注也使用圓括號。

六、原文的引號（Anführungszeichen）（»«, «» 或 „", ‚' 或 ›‹, ‹›）是為喚起讀者注意之用，中譯時統一改為「」。

七、方括號〔〕是譯者所添加，為語義的補充之用。

八、雙引號 "" 是譯者所添加，用以標示斷句或意義單元便於閱讀。

九、原文慣用長句，中譯拆成短句表達，斷句的位置與德文之間並不完全一致。

十、各段落前編號為譯著所添加，便於附錄「段落內容提要」對照之用。

# 譯注者導讀

「讓直觀的眼睛來說話」

——胡塞爾 1907 年《現象學的觀念》

　　現象學是二十世紀西方哲學的主要運動，其影響遍及人類活動的各個領域，而本書的作者胡塞爾（1859-1938）就是現象學的開創者。胡塞爾生於普羅斯涅茨（Proßnitz）（現在屬於捷克共和國）的一個猶太家庭，然而於 1886 年改宗，受洗加入基督教路德教會。在胡塞爾的哲學的學習過程中，比較重要的是他在 1884 在維也納大學參加了布倫塔諾（Franz Brentano, 1838-1917）的講課，並且受到布倫塔諾的「描述心理學」很大的影響，也是在布倫塔諾的影響之下，讓胡塞爾決定選擇哲學作為其一生的事業。胡塞爾 1887 年於哈勒大學的教師資格論文〈論數字的概念〉以及 1891 年的《算術哲學》都採取了描述心理學的方法。《算術哲學》原計劃出版兩卷，其中第二卷沒有完成，而第一卷就是獻給布倫塔諾的。從《算術哲學》第一卷的副標題「心理學的與邏輯學的研究」（Psychologische und logische Untersuchungen）就可以知道，早期的胡塞爾是從數學哲學出發，試圖透過人的心理活動的分析來探討「數字的起源」，並且打算進一步將這個想法延伸到邏輯學乃至全體學問的基礎。其後胡塞爾稱呼這種從心理活動來為學問全體奠基的想法為「邏輯心理主義」，並且在其 1900 年的《邏輯研究》的第一卷「純粹邏輯學導論」中給予了嚴厲的批評。

　　《邏輯研究》的第一卷大致在 1896 年完成，原則上可以視為是從康德的純粹邏輯學的立場來對布倫塔諾心理主義所進行的批評，在這個意義上，我們可以說現象學的思想是從批判心理學主義開始的。就歷史上來看，胡塞爾這個脫離心理主義轉變，很可能與 1894 年與納托普（Paul Natorp 1854-

1924）的接觸有關（現存胡塞爾與納托普的通信最早開始於 1894 年）。[1] 我們知道，胡塞爾是在當時的反康德哲學的氛圍中成長的，而納托普則是新康德學派馬堡學派的代表人物。兩人雖然擁有不同的哲學背景，但是納托普所關心的也是學問全體的奠基工作。然而與胡塞爾不同的是，相對於「主觀的心理學的基礎」，納托普更關心的是「學問的客觀的基礎」，兩人的接觸很可能促成胡塞爾轉而批判心理主義，在胡塞爾思想的發展上是個重要的轉折，1887-1894/5 年這一段時期，就形成了耿寧（Iso Kern）所謂的「前現象學時期」。[2] 這個轉折點的關鍵就是脫離心理主義。雖然脫離了心理主義，但是胡塞爾所走的路並不是新康德學派的路線，這可以從本書中胡塞爾對新康德學派的批判得知。現象學與新康德學派對「先天性」（apriori）與「超越論的」（transzendental）的理解是不同的。至於胡塞爾當時對心理主義的批判，就本書的範圍來說，其實可以簡單地歸納為一點：邏輯心理主義的根本的錯誤在於不能夠區別開「觀念的存在」（das Ideale）與「現實的存在」（das Reale），前者是數學與邏輯學所處理的對象，後者則是心理學的對象，而心理主義的困難就在於錯誤地以「現實的存在」或心理的事實來作為「觀念的存在」的基礎。關於這一部分的討論，讀者可以參閱胡塞爾《邏輯研究》的第一卷。

　　《邏輯研究》共分兩卷，第一卷出版於 1900 年，標題為「純粹邏輯學導論」（*Prolegomena zur reinen Logik*），胡塞爾在這裡已經很明白地捨棄

---

1　Edmund Husserl: *Briefwechsel. Die Neukantianer* Bd. V. Hrsg. von Karl Schuhmann, Netherlands: Kluwer Academic Publishers, 1994.

2　誠如耿寧所注意到的「1894 年與 1895 年對胡塞爾哲學發展來說，意味著一個決定性的轉折點」。Iso Kern: *Husserl und Kant. Eine Untersuchung über Husserls Verhältnis zu Kant und zum Neukantianisum*. Den Haag : Martinus Nijhoff, 1964. S. 12-23.

了早年的心理主義，而往不同於新康德學派的邏輯的客觀主義靠攏。第二卷出版於 1901 年，其中「第五研究」對意向體驗及其內容的分析，與「第六研究」中對意義的意向與充實以及「感性直觀」與「範疇直觀」的研究共同構成了「描述現象學」主要內容，也確定了對「意識的本質」或「意向性」的分析作為現象學的主要研究領域。其中胡塞爾的「意向性」概念，雖然是來自於布倫塔諾，但是意向性的「構成」卻是胡塞爾對意向性的貢獻，也決定了往後現象學研究的一個主要方向。在《邏輯研究》第二卷出版的 1901 年，胡塞爾取得哥廷根大學的教職，在哥廷根大學任教期間，胡塞爾曾被教育部任命為正教授，但是這個提案被哥廷根大學所拒絕，新康德學派與邏輯心理主義在當時仍然是德國學界的主流，不能夠取得同儕間普遍的支持，對胡塞爾在心理上自然有很大的影響，也讓他試著重新透過與新康德哲學的對比來突顯現象學的獨特之處，在本書中我們就可以明白地看到他與新康德學派哲學的對決，特別是關於「先天性」、「範疇直觀」等等概念。儘管有這些學術上不如意的事，胡塞爾仍然很快地獲得狄爾泰與納托普等哲學家的支持，終於在 1906 年升等為正教授，於 1916 年再轉往弗萊堡大學任教，接手新康德哲學西南學派的代表人物李克特（H. Rickert）的位置。

　　在 1901 年到 1915 年的這 15 年間，一般被稱為「哥廷根時期」。胡塞爾在哥廷根時期的主要成就在於「超越論的現象學」的建立。對此我們要注意兩份講稿，首先是胡塞爾於 1904/05 冬季學期以「現象學與認識論的主要部分」（*Hauptstücke aus der Phänomenologie und Theorie der Erkenntnis*）為標題的講稿，其內容主要關於「意識活動」與「時間意識」的構成，胡塞爾在這裡將意識的活動本身也視為被意識的存在，也就是說意識活動本身並不是最終的所與，還可以往後再探求其發生的基礎，在筆者看來這在現象學上是相當大的突破，在這裡可以讓現象學延伸入作用著的不顯現的領域。這一份講演於 1928 年為海德格重新編輯，以「內在時間意識的現象學講稿」（*Vorlesungen zur Phänomenologie des inneren Zeitbewußtseins*）為名出版，現

在收於《胡塞爾全集》第十卷。其次則是關於「現象學還原」的提出，這裡標示著「超越論的現象學」的正式成立。一般來說「現象學的還原」的想法開始於 1905 年夏季學期的齊菲爾德手稿（Seefelder Manuskripte），[3] 而其進一步的完成則是兩年後的「哥廷根講稿」。

「哥廷根講稿」是胡塞爾 1907 年於哥廷根大學所進行的五次密集講座的演講稿，現行收入《胡塞爾全集》第二卷，也是本中譯所依據的底稿。由於這本著作在胡塞爾思想上的重要性，學界為了區別開 1913 年以後出版的一系列三卷本的《純粹現象學與現象學哲學的觀念》（*Ideen zu einer reinen Phänomenologie und phänomenologischen Philosophie*），也將本講稿簡稱為「哥廷根講稿」或「五篇講稿」，在中文學界則往往簡稱為《小觀念》，稱 1913 年以後的三卷本為《大觀念》。本譯注採用中文學界習慣的用法，以下用《小觀念》與《大觀念》來分別簡稱這兩部「超越論的現象學」的重要著作。

胡塞爾學界一般以《邏輯研究》（1900-1901）為初期胡塞爾思想的代表作，以 1913 年的《大觀念》為中期胡塞爾思想的代表作之一，而本書《小觀念》正是《大觀念》的前身，在這裡我們可以看到胡塞爾「超越論的現象學」的最初構想。就時間上來看，1916 年胡塞爾離開哥廷根至弗萊堡大學，接替李克特（1863-1936）的教席，於 1928 年自弗萊堡大學退休，所謂的「後期胡塞爾」或「發生現象學時期」原則上就是指從 1916 年至弗萊堡大學後，一直到 1938 年去世的這個階段，其中 1936 年的《歐洲學問危機與超越論的現象學》則是其代表作。後期的胡塞爾再深入《大觀念》中所發現的「發生現象學」的想法，在展開發生現象學的同時一方面也重提了「生活世

---

3　齊菲爾德（Seefeld）是一個地名，現屬於奧地利。「齊菲爾德手稿」現行收於《胡塞爾全集》第十卷。請參閱 W. Biemel 於《胡塞爾全集》第二卷的「編者導論」（Hua II, S.VIII-XI）。

界」的問題，重新將現象學構想為一門關連著生活世界的學問，也回頭反省了「發生現象學」與「靜態的現象學」之間的關係，這牽涉到現象學的最終定位。對此，我們會在以後相關的「譯注導論」中再繼續這個討論。

就內容上來看，我們可以將胡塞爾的思想大分為「本質的（描述的）現象學」與「超越論的現象學」這兩個主要部分，這也是胡塞爾學界一般的看法，兩者的差別點在於現象學的「存而不論」或「還原」的提出。基本上來看，描述的、本質的現象學仍然是運行在「世界的全般設定」（Generalthesis der Welt）或「世界的信念」（Weltglaube）之上，世界的構成還不能真正成為問題。「超越論的現象學」則開始於現象學的一個「超越論的轉向」，胡塞爾在這裡嚴格地區別開「自然的態度」與「超越論的態度」，並且以「超越論的態度」作為現象學的態度，其所面對的主要問題就是本書所謂的「超越論的謎」，這也是《小觀念》的主要問題。在超越論的問題的解決上，我們還可以再區分開「靜態的現象學」與「發生的現象學」這兩個部分。簡單地來說，「靜態的分析」意謂著如實地描述「意識所與的構造」，而「發生的分析」則是探討「所與的構造的如何發生」，也就是探討先於個人的主觀的發生、前論述的經驗、範疇的發生構成、本能與無意識等等，可以說探討「所有在意識中已然完成者的如何可能」是其主題，而這一部分也是現行的胡塞爾研究最為熱門的部分。

本書《現象學的觀念》雖然只是超越論的現象學的入門書，但是卻相當明白地表現出胡塞爾超越論思想的基本構造。「第一講稿」原則上屬於「現象學反省的預備階段」，其重點在鋪陳「超越論的現象學的動機」，也就是說，究竟為什麼要提出超越論的現象學。簡單地來說，現象學的「動機」來自於自然態度在認識論上所遭遇到的一個「謎」。這個謎的發生是因為在自然的態度裡面，我們理所當然地認為世界是「客觀的存在」，而認識則是發生於心理的「主觀的現象」，並且認為所謂的「正確的認識」就是要讓主觀的現象「符應於」或「切中於」客觀的存在。在這裡「切中」意謂著「主觀

的現象」與「客觀的存在」之間可以透過比較而「一致」（adaequatio），
兩者如果能夠一致就形成「正確性」（Richtigkeit），也就是說，認識得以
「正確地」指向這個對象。在這種意義下，認識意謂著「理智與事物的一
致」（adaequatio intellectus ad rem），這也是我們通常所謂的「符應觀」，
客觀的認識就建立在這種一致性之上。對於這個問題，胡塞爾從兩個方面來
看，首先是「事實」的問題。就事實上來看，自然態度下的學問（在本書中
胡塞爾稱為「自然的學問」），在現實上擁有相當豐碩的成果，就這一點而
言，似乎說明了客觀的認識的事實，然而這並不是胡塞爾反省的重點，胡塞
爾的反省在於一致性或符應的「如何可能」？也就是說，倘若我們認為認識
發生在意識的內部，而認識的對象則是存在於意識的外部的話，那麼內在於
認識者的主觀現象如何能夠符應於一個脫離意識的存在？兩者如何透過「比
較」而「一致」？認識論上的「符應一致」究竟如何可能？或者說所謂的
「客觀的認識」究竟是怎麼一回事？

　　但是嚴格說來，就超越論的現象學的思路來看，「如何可能的問題」是
優先於「事實的問題」的。對於認識的「如何可能」，胡塞爾認為自然態度
並不是沒有反省過這個問題，但是由於自然態度理所當然地區別開「認識的
主觀」與「被認識的客觀」，並且認為兩者是不同的存在，因而在思考「切
中性」的時候，必然地要陷入相對論或懷疑論當中，近代各種實證學問的自
我反省（胡塞爾舉出了休謨、邏輯心理主義、生物學、演化論等等）就是一
個例子。但是如果確實不存在著客觀的認識、如果真理確實是如此的話，那
麼一切自然都沒有問題，然而倘若我們「主張」懷疑論或相對主義，認為
「客觀的認識是不可能的」或是「一切都是相對的」等等，這樣的主張又會
造成一種荒謬或不合理的感覺（Widersinn），也就是說，我們在存在上其實
並不真的以為「沒有真理」或是「真理都是相對的」，只是在理性的解釋上
無能為力，這種無能為力將整個自然態度逼入死胡同，連帶著將整個自然的
學問拉進混亂當中，正視這種感覺並且解決這個問題，讓胡塞爾成為一個哲

學家。在胡塞爾看來，這種不合理或荒謬的感覺的根源在自然態度，因而在自然態度下來思考這個問題，相對主義或懷疑論是必然的結果，而解開這個超越論的謎，則是《小觀念》所自我設定的問題。

這樣來看的話，胡塞爾所思考的問題其實是指向「自然態度本身的預設」（此即後來所謂的「世界的全般設定」或「自然態度的全般設定」）。我們知道獨斷論預設了「主客對立」的存在，而懷疑論與相對主義雖然看似與獨斷論站在相反的立場，但是它們毋寧隱默地站在主客對立的立場上，主張兩者的一致是無法證明的，從這一點來看，懷疑論與相對主義也預設了主客對立，也就是說，懷疑論或相對主義其實是一種「隱藏的獨斷論」。而胡塞爾看出了真正的問題在於獨斷論、懷疑論與相對主義所內存於其中的「自然態度的預設」。自然態度下的思惟沿著這個預設來思想，等於給自己設定了一個自己根本不能回答的問題，因而只要我們停留在自然態度之下，任何回答都不是正確的回答，因為自然態度根本無能力回答這個問題，而顯示自然態度的無能為力，乃至主張哲學需要一個全新的態度，要完全地脫離自然態度是第一講稿的重點。

胡塞爾對這個問題的解決，就是將自然思惟中的「主客對立」的思惟圖式予以中止或擱置，而代之以「主客相關」的圖式，也就是說，沒有離開「主」的「客」，也沒有離開「客」的「主」。而執行這個擱置、中止以促成哲學思惟或態度的轉向的方法，就是現象學的「存而不論」。但是嚴格說來「存而不論」只是現象學「還原」的第一個步驟，廣義下的「還原」還包括了對純粹意識的描述、對純粹意識內部的世界的構成分析等等，換句話說，廣義的「現象學還原」就等同於「超越論的現象學」的全部領域，而其第一步驟就是將自然態度下的全般設定予以「存而不論」。這是因為就超越論的現象學來看，脫離意識的客體存在是根本無法體驗的東西，擱置傳統意義下的「客體的存在」（包括進行存而不論的「主體的存在」），將一切都還原到意識的體驗是超越論的現象學的第一步。這是一個認識論的進路，也

就是說，認識雖然一定是關連著超越者的認識，但是這個超越者不能理解為是一種與意識無關的客體，而必須是與意識相關的超越者（比如說「意義」或「對象」）。因而在存而不論之後，世界並沒有改變，在我們的體驗中仍然有「主觀」與「客觀」的區別，只是其意義被還原成《大觀念》中所說的「能思」（Noesis）與「所思」（Noema）。因而在翻譯上，本譯著不採用「主體與客體」這一組帶有存在論的含義的概念，而以認識論上的「主觀與客觀」來取代之，排除掉「客觀」必然來自於「客體」的想法，而讓客觀完全關連著主觀來思考，同樣地，主觀的東西也不一定是通常意義下的「主觀的」，它可能才是真正的客觀的所在。不過在翻譯上這麼做自然只是一個大原則而已，例外的情況不是沒有，困難在於不同的哲學家對 Gegenstand 與 Objekt 理解是不同的，筆者在這裡只能以胡塞爾的想法為主。

　　首先筆者將 Gegenstand 統一譯成「對象」，這個問題比較小。比較困難的是 Objekt 一詞的譯名。德文的 Objekt 在中文的習慣用法上有三個譯名：「客觀」、「客體」、「對象」。同一個德文字有三種不同的習慣用法，只能根據語境的不同來選擇。一般來說，在存在論上我們使用「客體」，在認識論上則使用「客觀」。由於就本講稿時期的胡塞爾哲學來看，「認識論」具有優先的地位，因而在不造成理解上的困難的前提之下，本譯注以「客觀」一詞為主，「對象」次之，儘量避免使用「客體」，只在譯成「客觀」或「對象」會造成誤解或不理解的時候，才轉而使用「客體」，這種情況往往發生在胡塞爾所批評的自然態度下的思惟，出現的次數也相對比較少，只有三個地方（Hua I, S. 6,7,9）。至於 Objekt 要譯成「客觀」或是「對象」，則主要依據學界習慣的用法，自然也包含著筆者個人的解釋，比如說：Forschungsobjekt（研究對象）, das Objekt der phänomenologischen Feststellung（現象學所要論定的對象）, Naturobjekt（自然對象）, Zeitobjekt（時間對象）等等。德文與中文之間無法一一對應是不得已的事，而且譯成其一就會覺得另一也可以，翻譯在這裡被迫要進行一個解釋，不論用哪一個字來翻

譯，都很難說有明確對應的理由，而上下文脈的鋪陳，也可以促成理解的轉換，其實不需要每一個德文字皆對應一個固定的翻譯。但是仍然有些情況無法轉移（「客體」的採用就是一個例子），筆者在這裡會附上德文，便於讀者對照。不過這種事情也意謂著在我們的腦海裡面，雖然是同一個德文字 Objekt，但是卻奇特地對應到三種不同的語境，而且無法隨意挪移。芬克在其《第六笛卡兒沉思》中就曾指出，我們只有一種「自然的語言」，即使在「還原」之後，現象學仍然無法創造出「超越論的語言」（transzendentale Sprache）。因而現象學的思考者只能在「自然的語義」下來理解「超越論的語義」，這裡需要一個持續「轉義」的過程，兩種語義之間的「內在的張力」（innere Spannung）是無法根除的（Hua Dok II/1, S.96-103），這大概也可以說是現象學思考的一個特色。

回到筆者避免使用「客體」一詞的意圖，筆者的意思並不是說胡塞爾完全不管「存在」的問題，只想要將現象學局限在認識論而已，而是認為對於這個時期的胡塞爾來說，認識論是其思想的出發點，認識論的現象學必須從「相關性研究」開始，不與主觀相關的超越者，在「嚴格學」（雖然胡塞爾在這個講稿內部沒有使用這個語詞）與「認識論」的想法之下是沒有用處的。而如果主觀與客觀只能相關性地來思考，如果客觀必須關連著主觀、主觀必須關連著客觀來思考的話，那麼自然就會有這樣的問題產生：認識究竟是什麼意義？認識的對象究竟是什麼？或者說，到底認識的本質是什麼？

這樣來看的話，存而不論真正針對的其實是自然態度的預設，自然的態度預先設定了一個自己沒有辦法回答的問題，將自己逼入絕境。「哲學的態度」所針對的正是「自然的態度」的困難。胡塞爾在這裡提出存而不論或還原，將超離意識的存在設定予以存而不論，但是胡塞爾並不是否定其存在，或者是基於人的認識的有限性的考慮，而是要將哲學所討論的一切還原到我們的「經驗」，了解到在自然態度下的全般設定是個「預先的設定」或「預設」，而這個預設至少在一開始的時候是與認識無關的，哲學站在一個完全

自律的要求之下，必須中止一切預先的判斷，將一切完全還原到我們的經驗來思考，嚴格說來，這是一種「徹底的經驗論」的想法，也是現象學最具潛力的地方。

　　要解決這個「認識論的謎」，胡塞爾在第二講稿的一開始就提出「存而不論」或「現象學的還原」的方法，來作為其認識的批判學的出發點，這意味著將一切都還原到我們的意識的體驗來看。在這裡，胡塞爾採用「笛卡兒的懷疑的考察法」來作為其思考的模型，進而形成了胡塞爾邁向「超越論的現象學」的一條主要思路，也就是所謂的「笛卡兒思路」。我們知道認識論的超越問題，其實是源自近代笛卡兒心物二元論的一個必然結果，或者說這是主客對立的思惟模式所引生的難題。胡塞爾選擇了笛卡兒的考察方式，自然會牽涉到接受了笛卡兒哲學的什麼內容、放棄了什麼內容。在「第三講稿」中，胡塞爾說到自己放棄了笛卡兒第三、第四沈思中關於神存在的論證與神的誠實無欺（*veracitas dei*）（笛卡兒藉由神的誠實無欺來證明物質實體的存在）。但是胡塞爾放棄的不只如此，笛卡兒的第一、二沉思中的「普遍的懷疑」與「思惟」的概念也受到了極大的修正。胡塞爾的懷疑針對整個自然態度已如上述，而從胡塞爾後來的討論，特別是在後來的「發生現象學」的部分來看，作為現象學的絕對所與的「思惟」或「意識」還包含著對身體、本能、習性、無意識等等的討論。[4] 能將這些在通常意義下屬於「身體」的部分也包含進來，主要是因為胡塞爾並不是二元論地思考著心物的對立，超越論的主觀性並不是心物二元論下的「心靈」。在這裡，我們不能將胡塞爾的「思惟」或「意識」用日常用語的方式來理解，其意義毋寧是逐步

---

4　關於胡塞爾對「本能」或「本能的意向性」（Instinktintentionalität）的研究，請參閱韓國學者李南麟教授的《胡塞爾的本能的現象學》（Lee, Nam-In, *Edmund Husserls Phänomenologie der Instinkte*, Dordrecht: Kluwer Academic, 1993）。

深入的。因為意識總是帶著身體性的意識，而且是有深度的、有著表層與深層的構造，身體的問題所關涉到的，正是意識的深層部分，其意義的展開毋寧是現象學的任務（倘若用胡塞爾的措詞來說，筆者認為這屬於「發生現象學」的部分）。意識擁有深層與淺層構造這一點或許比較容易了解，比較困難的地方在於胡塞爾如何走出這個超越論的自我，而說明他者的存在？或者說「他者的存在」如何在「純粹現象」中來說明，而不至於陷入「超越論的唯我論」（transzendentaler Solipsismus）（Hua I, S.69）的困難？如何解決這個問題，這一部分在學界各有不同說法，感興趣的學者可以進一步地研究胡塞爾關於「互為主觀性」（Intersubjektivität）的理論。就本書範圍來看，可以肯定的是笛卡兒式的「自我」也被存而不論了，或者說進行存而不論的自我並不是笛卡兒式的自我，這樣的話進行「存而不論的自我」究竟是「誰」？這是胡塞爾超越論的現象學內部的問題，胡塞爾交由其助理芬克所改寫的《第六笛卡兒沉思》[5] 就主要在思考這個屬於「現象學的現象學」（Phänomenologie der Phänomenologie）的問題。鋪陳並探討這個問題的脈絡或許複雜，但是可以肯定的是，現象學的主觀或進行存而不論的自我並不是個別的自我、也不是心理學的自我，對於超越論的現象學來說，所有的存在都要還原為「純粹的現象」來進行考察與回答。所以嚴格說來，胡塞爾所理解的「思惟」是一個「領域」，而且是脫離了主客對立的領域。

　　在將世界完全地還原到「純粹現象」之後，我們獲得了「絕對的所與」或「思惟」的領域，絕對的所與性擁有「欲疑而不可疑」的性格，這也是整個現象學研究所建立於其上的領域。接下來的現象學的工作就集中在對這個還原了的領域的考察，而「超越論的現象學」（transzendentale Phänomenologie）也從這裡開始（「第三講稿」所謂的「現象學的岸

---

5　Eugen Fink: *VI. Cartesianische Meditation. Die Idee einer Transzendetalen Methodenlehre,* in Hua Dok II/1, hrsg. von G. van Kerckhoven. Dordrecht, 1988.

邊」）。在這裡「transzendental」一詞應該譯成「超越論的」、「超驗的」或「先驗的」，大陸曾有過詳細的討論，各有各的考慮，在筆者看來也都各有道理，但是由於譯名的改動牽涉到語感的變動，是牽一髮而動全身、又無法三言兩語的事，或許各自保持各自熟悉的用法與聯想，更能夠豐富現象學在華語地區的發展，因而筆者還是使用筆者熟悉的「超越論的」一詞。這一語詞的使用主要相對於「描述的現象學」，而標示出「超越論的現象學」的主要問題──「超越論的謎」，在這裡「意向性」或「構成」為問題所在。

在進入現象學的意向性分析或構成分析之前，胡塞爾重新界定了「內在──超越」這一組語詞的意義。或者我們也可以說，傳統哲學的「主客對立」的想法，在現象學的存而不論之下被還原為「內在──超越」，這是進入超越論的現象學的一組基本概念。倘若我們用「講座思路」裡面的措詞，這個事情也可以表示為「實質內在」與「意向內在」的區別。「實質內在」是思惟的基本意義，意指意識體驗的主觀面，例如知覺、期待、回憶等等主觀個別的意識體驗，而「意向內在」或「意向內容」則是由實質內在所構成的內在意識的「意義」或「對象」。意義與對象都是普遍性、全般性的、類型的或本質的存在，這些都屬於「意向內在」，它是認識之所對。由於在胡塞爾看來，意識在本質上即是「意識到某物」的意識，因而「思惟」這一詞在本書中，也取得狹義的（單指「實質內在」）與廣義的（包含「實質內在」與「意向內在」）的使用，讀者可以根據上下文自行分辨，兩者在胡塞爾看來都是「絕對的所與」。廣義的思惟，在「講座思路」中也被稱為「內在性全般」，而「實質內在──意向內在」這一組概念，則相應於第五講稿中「顯現──顯現者」的區分，或後來《大觀念》中的「能思──所思」（Noesis-Noema）的分別。關於內在與超越的區分這一問題，筆者個人倒是覺得，胡塞爾在解釋上是將重心置於「內在」，根據這兩種「內在」來分別界定兩種「超越」，因而難免受限在意識，或者更恰當地說受限在內在時間意識的視域，倘若我們將解釋的重心置於「超越」的話，其實是可以透過

「內在視域」與「外在視域」來加以補充的，也就是說，我們的經驗從不局限於眼前的對象，而是擴張到一個世界，而後者反而是先在與根本的。[6]筆者認為這也牽涉到意識哲學能不能窮盡「明證性」的範圍的問題。對此，我們在以下的討論中也會部分地談到。

在意識的「內在領域」中區別開「實質內在」與「意向內在」，這等於是說，認識中的超越（意義與對象）其實是在意識內在中的構成。胡塞爾正是透過對這個「內在」領域的解明，來釐清認識所帶有的超越論的「謎」。換句話說，一切認識都發生在意識的內在領域，如此一來，在「實質內在（認識活動）」與「意向內在（認識對象）」之間才有所謂透過比較而「一致」的可能性，我們才可以在內在中觀看到世界的構成。至此胡塞爾原則上釐清了認識的意義，認為認識其實是意識內部的事，與脫離意識的現實存在無關，而在認識中所認識的「超越對象」其實是「意識的構成物」。

這樣來看的話，透過對意識在本質上是關連著對象的意識的分析，所解明的其實是內在意識中的意義與對象意識的構造，或者說所解明的其實是「意識的構造」。而我們也可以反過來想，我們之所以那麼堅決地相信有超越意識的存在，其實是因為我們的意識的構造的原因。換言之，是我們的意識的構造讓我們這麼相信的，這是胡塞爾所謂的「世界信念」（Weltglauben）的問題。對此我們自然可以再進一步地詢問為什麼會有這樣的信念產生？本文在此無法討論那麼多，但是我們至少可以知道，超越論的現象學並不是要否定世界全般的現實存在，而是要將存在的意義與對象，關連到超越論的主觀性來加以解明，這反而是反過來希望了解「世界信念」的如何產生。無論如何，超越論的現象學的想法是認為在我們的意識體驗的內部構造中，本質上就包含著超越，超越都是在「內在中的超越」，而這是體

---

6　黃文宏：〈從西田哲學來看現象學的「超越」問題〉《臺大文史哲學報》第 84 期（2016 年 5 月）頁 143-172。

驗的事實，也是超越論現象學的還原所要求我們的觀點的改變。

在存而不論之後，現象學的重點就轉移對「純粹現象」這個「絕對所與」的考察上，這是第三、四、五講稿的主要工作。第三、四講稿的重點在於對包含在純粹現象中的「普遍者」的描述，相應於講座思路中的「現象學考察的第二階段」。其重點在說明，在現象學還原之後，我們的意識並不是一條「赫拉克里特斯的現象流」，因為這不是我們的經驗，我們所經驗的世界並不是剎那生滅、無物可知的世界，而是在這條恆轉如瀑流的意識流動中，我們仍然體驗到意義與對象，而且這些可認知的普遍者是直觀的事實。也就是說，現象學注意到任何的經驗，都不是只有事實的、偶然的這個側面，所經驗的個物作為對象，它必定擁有屬於這個個物的「類」的性質，或者說它必定屬於一個「普遍者」，任何個物都有自身所屬的類，這意味著個物都是獨特的（eigenartig），而直觀個物所屬的種類或本質，正是現象學所關心的地方。這樣來看的話，我們的意識活動就不只是單稱的與個別的，意識的活動所關連著的「普遍的存在」或普遍的「意義」與「對象」，也同樣是意識的「絕對所與」，而這些正是認識之所對。也就是說，在現象學的存而不論之後，世界並沒有消失、客觀性與超越也仍然存在，它只是成為與意識相關的「存在現象」、成為「內在超越」而已。將「世界」的還原為「世界現象」，反而釐清了一個問題，即認識所關連的「超越」並不是與意識無關的超越，而是在意識中構成自身的超越。所有的超越都是內在中的超越，問題在於這個在意識中的內在超越物，究竟是不是能夠單純地理解為「意識的內在構造」，這一點牽涉到我們對「構成」的理解，其意義在《小觀念》中仍然是不明白的。

在胡塞爾看來，我們對這種本質或普遍者的直觀是清晰的，它是絕對意義下的所與物，而且這個明證的體驗比康德的「範疇」概念更為根本。因為就康德來看，當知覺的雜多通過意識而被命題化的時候，它取得了一些額外的東西（例如範疇），思惟在這裡進行了加工。但是胡塞爾並不認為我們的

經驗是如此，範疇並不是思想添加在直觀上的概念安排，範疇本身毋寧就是直觀的對象，它就是體驗內部的構造。例如知覺一顆蘋果，就我們的經驗來看，經驗並不是先擁有無以名之的「雜多」，然後再透過概念範疇的添加，而形成「一顆紅色的蘋果」。在經驗中的一、圓或紅，都是某物的一、某物的圓、某物的紅，我們的經驗本身就給出了「一顆圓的與紅色蘋果」。也就是說，這些具先天性的範疇並不是先於經驗而作用於經驗的主觀條件，而就是意向經驗的內容。也正因如此，就康德哲學來看，範疇不可能是經驗的對象。反之就現象學來看，範疇本身就是體驗的事實，不論是範疇或本質都是體驗的事實，並不是思惟添加的結果。在這裡我們可以看到現象學與新康德哲學的一個分歧點。而胡塞爾在「第三講稿」所要陳述的重點就在於，我們在意識的內部就直接地觀看到這種「類的普遍性」或「本質」，類的普遍性不是來自於任何意識外在的東西，也不是來自於心理學的抽象或邏輯的推論，而是來自於意識內在的構造。因而認識並不是認識者與一個與意識無關的存在之間的關係，所認識者毋寧是在意識的內部所構成者。在這裡我們其實可以更清楚地看到胡塞爾對超越論問題的回答：認識作為內在只能與意識內在物一致，而自然態度認為認識是與超離意識的存在一致，這是錯解了「認識的意義」。胡塞爾所謂「靜態現象學」的方法，就是對這個在內在意識中所構成的對象的本質予以直觀地描述。在這個意義下，認識所關連的存在並不是脫離意識的超越者，也沒有與之符應一致的問題，我們的認識所直觀的其實是意識的構造物。在這裡，胡塞爾批評康德哲學中的範疇，其實是建立在現象學的本質直觀之上的東西。這樣來看的話，康德或新康德學派的根本的問題在於不能了解什麼叫做「意識」？什麼叫做「直觀」？現象學所直觀到的「本質」是比康德的「範疇」更為根本的「意識的先天性構造」。也就是說，在內在意識中的絕對所與性才是先天性的「本源的」意義，而康德意義下的先天性或者從康德哲學所導衍出來的種種先驗邏輯的原理則是「衍生的」。

　　在「第三講稿」，胡塞爾確認了現象學所謂的「絕對的所與性」或「欲疑而不可疑的東西」，不是只有笛卡兒式的「思惟」，而是還包含著「普遍者（意義、對象等）」，並且確認了「現象學的直觀」與「康德式的直觀」的差別，連帶著對於範疇的先天性的概念也有一個不同的看法，在這裡胡塞爾表明自己問向一個比康德與新康德學派更為根本的先天性意義，並且將其視為一種「直觀」的對象，釐清了「範疇直觀」的問題，範疇在現象學內部屬於對象的先天性限定，或者用海德格的措詞來說，它是「非此在的存在者的存在限定」。[7] 這些都意謂著現象學的「絕對所與」，並不只是個別的與單稱的，還包含著本質性的、全般性的存在，胡塞爾的笛卡兒的懷疑的考察法，雖然看似是從個別的、單稱的體驗開始，然而實際上並不是，但是胡塞爾在本講稿當中，並沒有針對這個問題予以再進一步地釐清。

　　確定了在意識現象中存在著普遍者之後，在「第四講稿」的一開始，胡塞爾就談到現象學所要考察的普遍對象有種種不同的類型，而這些不同種類的對象的一個共通點就在於它們都是意識的「意向性」之所對。因而在第四講稿中，胡塞爾試著透過「意向性」的討論，來擴充現象學的研究範圍。

　　在第三、四講稿胡塞爾談到了「知覺」中的本質直觀，以及建立在知覺之上的活動（例如回憶與想像）的本質直觀。首先我們可以預想到，這同樣的想法也可以擴充到以知覺為主的種種意識的樣態，例如期待、回憶、想像等。學問從不局限於眼前的知覺，對於不在「當前」的事物，可以讓它「現前」，在這裡我們可以說現前物的明證性；學問也不局限在「可現前」的事物，對於不可現前的事物我們可以將其圖像化、對於不可圖像化的東西可以將其符號化等等，學問在這裡可以一層一層地進入高度抽象的世界、乃至完全不能圖像化與符號化的領域，這一部分在現象學屬於「前論述的經

---

7　Martin Heidegger. *Sein und Zeit*, hrsg. v. Friedrich-Wilhelm von Herrmann. Ausgabe letzter Hand. Frankfurt/M.: Vittorio Klostermann, 1977, S.59.

驗」（vorprädikative Erfahrung），其討論並不在《小觀念》的範圍內，而是屬於「發生現象學」的領域。無論如何，在胡塞爾看來，學問是由判斷所形成的體系，判斷所關連的是「事態」（Sachverhalt）。事態的構成屬於「範疇直觀」的問題，這是海德格所謂的胡塞爾現象學的三個決定性的發現之一（其他的兩個是「意向性」與「先天性的原初意義」，我們都可以在本書中看到其重要性）。我們知道，範疇直觀是關連著「事態的直觀」，而事態表示事物與事物間的關係（這可以從事態（Sachverhalte）的德文構詞是Sache + Verhalten 看出來）。「事態」在邏輯上對應到「判斷」，因而範疇直觀是將邏輯的運作帶入經驗中的直觀，也是形成判斷的直觀，我們的「論述活動」就是建立在範疇直觀之上的。在範疇直觀中我們直觀一個完整的事態，例如「在桌上有一隻筆」並不是先直觀「桌子」，再直觀「筆」，然後再用「在 ... 上」的關係來連結兩者，而是這整個事態就是一種直觀地構成的事態。換句話說，範疇不是思惟添加的概念，而是直觀的存在，我們在知覺中就直觀到全般性的範疇存在，直接地觀看到肯定、否定、且、或、一、多 ...... 等等範疇對象。就胡塞爾來看，範疇的活動與人類的語言或邏輯文法有很大的關係，它屬於高層次的構成活動，而範疇活動的介入讓經驗的知覺得以提升到抽象的命題或判斷的層面。

　　但是現象學並不停留在人類「可論述的經驗」，而是還要進一步地探討「前論述的經驗」。這是先於範疇活動的經驗，是先於論述來討論論述的如何發生、先於判斷來討論判斷的如何發生，這些都屬於「發生現象學」的重要的論題。此外胡塞爾也談到多樣不同的存在對象，知覺、想像、社會、歷史、概念、超感覺物、矛盾物等等，這些不同的所與性皆有各自的明證性。「第四講稿」原則上提到了「圖像」與「符號」的問題，「第五講稿」則提到了「時間意識的構成」與「範疇對象」的構成，但是對於這些種種不同的意識的具體的分析，在《小觀念》中都沒有深入地討論，畢竟《小觀念》只是導論性質。然而原則上我們可以知道，這些種種不同的意識活動，有些是

知覺與知覺的樣態（例如期待、回憶、想像），有些是建立在知覺之上的更高層次的意向性，例如圖像、符號、範疇等等理性的構造，這都是學問所建立於其上的高層次的意向性。而在這裡所出現的範疇構成、符號與時間意識的構成，都是後來發生現象學的論題。

誠如胡塞爾所理解，現象學是一個「方法」，但是相對於近代的理性主義或自然態度下的學問的想法，現象學的方法並不是一套技術性的操作程序，也就是說，並不是認為只要沿著某固定的操作程序，藉助思想與推論我們就可以獲得「直觀」。在現象學看來，透過知性的思想與推論所獲得的東西，只是合於知性的邏輯，它可以在知性上獲得自明性或理所當然（Selbstverständlichkeit），但是這並不就是「明證性」，因為只要是推論就不能排除誤推的可能。就如同康德的形上學的鴿子不知道空氣的反作用力是讓它得以自由飛翔的條件，乃至於合理地推論在外太空它可以飛行得更快一樣，[8] 要避免知性的誤推，就只能停留於「直觀」，這是一種無需知性推理的直接的觀看。但是現象學對「直觀」的強調並不是為了避免誤推，毋寧是要主張直觀的優先性。這是因為現象學認識到人的直觀並不局限於「感性直觀」（sinnliche Anschauung），在人的直觀中還包含著「本質直觀」（Wesenschau），乃至於再加以訓練可以讓直觀在深度量上擴充到道德、藝術與宗教的領域，最終達到東方哲學最感興趣的「智性直觀」（intellektuelle Anschauung）。在這裡自然包含著一種感性的優先性的看法，只是這種感性並不是康德意義下的純然被動性的感性，在筆者看來，它甚至不與康德意義下的知性與理性相對立，這個問題的釐清牽涉到現象學對「明證性」的討論。

「明證性」是一種觀看，大陸也譯成「明見性」，兩者都能夠表達出

---

8　Immanuel Kant: *"Kritik der reinen Vernunft"*, Hamburg: Felix Meiner, PhB. Bd.37a 1990, A5/B7.

「觀看」的意思，只是明證性的觀看並不是肉眼的觀看，而是一種將存在者自身「帶向心靈之眼前」（Es-selbst-geistig-zu-Gesicht-Bekommen）的經驗（Hua I, S.52）。「帶向心靈之眼前」自然是一種隱喻，客觀地來說這是一種「構成」，主觀地來說則是一種「理解」、「領悟」或者東方哲學所謂的「體驗」，能將什麼東西帶向眼前、能構成什麼？能觀看到什麼？能理解、領悟、體驗到什麼？這本身就是一個現象學的問題。在這一點上，就誠如海德格所理解，現象學並沒有固定的方法，現象學的方法毋寧是基於實事本身的要求，是深深地「紮根於與實事本身的對證當中」的。[9] 胡塞爾的現象學所追求的是任何理性者都可以直觀到的明證性，就這一點來看是人人平等的，相對這種理性全般的明證性要求，我們可以看到東方的思想，往往傾向於就一個人的理想來談直觀的明證性，比較強調透過修養或自我磨煉所獲得的理想的明證性，例如聖賢、神佛或藝術家的直觀，這雖然是我們都可以達到的，但是卻必須伴隨著一定的自我塑造的過程。明證的直觀在東方毋寧是伴隨著人格塑造的理想來談，比較適合於在深度量上談境界與層次高低問題，這一點很白地表現在日本哲學家西田幾多郎的《善的研究》當中。而胡塞爾在西方哲學的傳統下，雖然也用明證性來表示主觀對真理的把握，但是往往只就一般而言的理性來思考，並不像東方哲學那樣著重於對人存在的可能性的開發、就人格的理想來談明證性，這是東西方哲學的差別，在這裡我們也可以看到東方哲學對現象學所可能有的補充與貢獻。

在「第四講稿」裡，我們也看到胡塞爾將「本質直觀」比擬於神秘主義的「智性直觀」。因而沿著這一點，我們對本質直觀可以有兩種不同的解讀，本質直觀可以視為是要脫離自然思惟的理論論證、回歸日常世界所具有的「單純的觀看」，也可以視為是追求超越悟性的論證的一種「理想的觀

---

9　Martin Heidegger. *Sein und Zeit*, hrsg. v. Friedrich-Wilhelm von Herrmann. Ausgabe letzter Hand. Frankfurt/M.: Vittorio Klostermann, 1977, S.37.

看」。胡塞爾的關心毋寧是前者，而東方哲學的關心則是後者，因為中國儒釋道三教所觀看到的理想世界都是「藏高明於中庸的世界」，而要獲得這樣的觀看，人格的塑造是必需的。無論如何，就現象學來說，直觀並不與理性對立，明證也不是一種情感，它不是一種心理狀態，而是明明白白地觀看到、領會到或直覺到真理。而就誠如胡塞爾所說，現象學不外就是「讓直觀的眼睛來說話」（Hua II, S.62），直觀是現象學的開始與終結。在這裡「直觀的眼睛」表示一種感覺或體驗，在胡塞爾看來，我們的感覺或體驗總是帶著範疇概念或理性的感覺，我們的耳朵是構成的耳朵、我們的眼睛也是構成的眼睛。我們所感覺到的內容、我們所聽到的、所看到的東西都是帶著詮釋、帶著概念的內容，這是《小觀念》所告訴我們的。但是胡塞爾的分析並不停留於此，他還要進入「生活世界」這個「根源的明證性」的領域，這是一切學問的真理之所從出。也如所周知，這是胡塞爾、海德格與梅洛龐蒂的現象學的中心課題。但是對此胡塞爾在這本導論書中談得不多，只是將問題集中在「明證性」的範圍。就胡塞爾哲學來看，明證性的範圍問題必須關連到「構成」來了解，而這在胡塞爾最終則是關連到「生活世界」的問題。再者由於明證性牽涉到主觀的構成，因而從我們東方哲學來看，它牽涉到理性的開發與完成，這一點是胡塞爾沒有注意到的。在我們東方人來看，直觀確實不同於推論，在推論的領域人是平面的，然而在直觀的領域人是立體的、有深度量的，文化的累積或者東方的自我塑造與修養的傳統，讓理性不再只是一個平面的存在，這裡有文化的不同、程度的差異、境界的高低，當這些因素加入之後，明證的範圍可以有多廣，能夠明證到什麼程度，這在現象學是一個可以思考的問題。

　　「第五講稿」的一開始是關於「時間意識的本質直觀」。在這裡胡塞爾以單調持續的聲音與變動的音樂旋律為例，來說明「內在時間的構成」。由於這一部分的討論，胡塞爾在先前的 1904/05 冬季學期的講稿「現象學與認識論的主要部分」（即後來的由海德格出版的「內在時間意識的現象學講

稿」）已有過詳細的討論，故在本講稿只有提示性的說明。在這裡我們只要注意兩點即可，首先知覺到一首曲子的知覺體驗，並不是只有現在的印象而已，過去的滯留意向、未來的前瞻意向（大陸譯成「滯留」與「前攝」）也必須共同參與才構成一個具體意識的所與。所以「現在」並不是一個離散點而是一個視域，「滯留意向」與「前瞻意向」都是包含在現在視域中的兩個構造環節。其次是要區別開「現前化」（Vergegenwärtigung）與「當前化」（Gegenwärtigung）這一組概念。在胡塞爾的措詞上，知覺是事物的「當前化」，而對於不在眼前的事物則是以「現前化」（例如：回憶、期待、想像）來表示，時間意識的構成是理解胡塞爾發生現象學的一個關鍵，有興趣的讀者不妨接下去閱讀胡塞爾這一份「內在時間意識的現象學講稿」（收於《胡塞爾全集》第十卷）。[10] 除此之外，第五講稿還提到了「範疇」的構成，如我們上述所說，這是屬於發生現象學的範圍。任何學問都是建立在判斷之上，皆必須動用到範疇概念。本質的所與性除了意義與知覺的所與性之外，還有範疇的所與性（例如是與否、且與或、一與多、同與異等等），這些理性的邏輯在胡塞爾也是直觀的、明證的東西。

基本上來看，我們可以從本書看到「認識的批判學」在胡塞爾哲學中的位置，這是一門先行於形上學的認識論，其目標雖然在形上學，但是它卻是形上學的基礎。因而我們可以看到胡塞爾對反於亞里斯多德以來的傳統，以認識論為「第一哲學」的說法（Hua VII, S.13），這其實是近代哲學影響下的產物。然而胡塞爾的認識論並不是傳統哲學的認識論，對胡塞爾來說，認識是一種構成，最後必須關涉到構成的「最終的目的性」。胡塞爾這個問題的產生是因為一方面將認識理解為一種「完成」或「實現」，一方面又認為認識與認識之間是一種「體系性的關係」，相互支持、依賴，最終形成一

---

10 中譯本有胡塞爾著，倪梁康譯：《內時間意識現象學》（北京市：商務印書館，2010）。

個目的論的網絡全體。在「第五講稿」胡塞爾提到一個很有意思的問題，「理解 “認識” 意謂著以全般的方式來釐清這個認識的目的論的關係脈絡」（Hua I, S.57），而這也意謂著，對人類認識活動的最終理解，必須連帶地釐清「認識的目的論」，這是「認識的構成說」的一個必然的結論。如果誠如胡塞爾所理解，所有的學問都是一種構成，而構成的意識並不是我們個人的意識，而是根源於生活世界並且帶有一個目的要實現的話，那麼這個作為近代以來人類的共同命運的「學問的認識」，最終會將我們帶向何處？如果我們再將這個課題對比到胡塞爾晚年德國的歷史與我們所處的現代的世界，更可以看出這個問題的重要性。近代學問的想法源自於歐洲、作為一整個時代的典範而擴張到全世界，它也是人類脫離信仰的時代以來，我們的理性唯一可以信靠的東西，但是它最終會將我們帶向何處？

　　從以上的討論，我們可以知道，如果我們先不考慮「超越論的現象學」與「描述的現象學」之間的差異的話，那麼我們可以說胡塞爾現象學的「現象」其實就是「體驗」，而現象學是一門「關於體驗全般的學問」（die Lehre von den Erlebnissen überhaupt）。[11] 這樣來看的話，現象學的存在都是體驗相關的存在，而胡塞爾注意到體驗不只是主觀的，它也有客觀的一面，於是如何從體驗來回答客觀性的如何可能，就成為主導整個胡塞爾現象學的問題。這在《小觀念》中表現為認識論上的「超越問題」，將自然態度下的「存在」還原為「純粹現象」是胡塞爾所採取的方法，而其背後的動機就是這個「徹底的經驗論」的想法。當一切都回到我們的經驗或體驗來看的時候，傳統哲學所謂的「超越者」或所謂的自然態度的「全般設定」，由於根本沒有辦法被體驗，所以必須透過被存而不論，讓它在認識論上無法起任何

---

11 「現象學意指著一門關於體驗全般的學問（die Lehre von den Erlebnissen überhaupt），其中也包含所有在體驗中可以明證地顯明的東西，這些東西不僅是種種的實質所與，也包含種種的意向所與。」（Hua XIX/2, S.765）

作用。但是嚴格說來，胡塞爾並不是要排除傳統哲學所謂的「超越」，而是要將傳統哲學的超越的想法還原到「意識的相關物」來看。因而「還原」在這裡毋寧是釐清我們的認識經驗，保證哲學的思考停留在經驗的領域，這也是近代哲學以來的理想。這樣來看的話，現象學的態度毋寧是認為，我們要先離開這個現實世界的全般設定才能正確地把握對這個世界的認識，也就是說我們必須透過還原才能恰當地理解這個自然態度的世界，這也是芬克的胡塞爾解釋的一個重點。[12] 這樣來看的話，在自然的態度中，我們追求切中於一個超離意識的客體，這是一個不合理的要求，包含著超越論的謎，也必然導至懷疑論或相對主義，而在哲學的態度當中，我們將一切還原到純粹現象，並且直觀意識的自身所與性，這保證了現象學停留在「純粹內在」的意識體驗領域，只是現象學的「內在」領域並不是與「超越」領域毫無關係的內在，現象學感興趣的毋寧是「在內在中的超越」。所以嚴格說來，就中文的語感來說，「還原」是比「存而不論」更好的表達，因為就胡塞爾的理論來看，他是將一切的意義與對象都還原為一種「意識的構成物」或「意識的構作」，而所謂的「客觀的認識」其實是我們「意識活動」切中於「意向內容」的認識，是「能思」切中於「所思」，由於能思與所思都是「意識內在」，因而兩者的「一致」是可能的。

　　當然《小觀念》終究只是一個導論，書中有很多地方還需要再進一步釐清，很多表達也需要更精確的語言，但是我們仍然可以在這裡看到，胡塞爾超越論現象學的思路與限制。在這個講稿裡面，胡塞爾在《邏輯研究》中為「純粹邏輯學」奠立「認識論的基礎」的這個想法退居背後，取而代之的是

---

12 Huang, Wen-Hong: *Der transzendentalphänomenologische Idealismus. Eine Aufklärung unter besonderer Berücksichtigung von Edmund Husserls »Cartesianischen Meditationen« und Eugen Finks Umarbeitung*, Frankfurt am Main 1998.

「認識的批判學」或「理論理性的批判學」，對此胡塞爾導入了笛卡兒的考察方式。在採取笛卡兒的思路的同時，也自然會陷入類似笛卡兒所受的批評，尤其當胡塞爾放棄了笛卡兒的神的存在論證的時候，隨之導至一種「方法論上的唯我論」的批評，或者胡塞爾自己所說的「超越論的唯我論」（transzendentaler Solipsismus）的質疑。[13] 也就是說，當世界的一切都還原為「我的意識的現象」，在這裡的「我」的意思是什麼？進行「存而不論的自我」是誰？「構成的超越論的主觀」究竟是誰？現象學的構成是「創造」？還是「意義賦予」？這些都是現象學家們討論的問題。

　　但是無論如何，胡塞爾注意到了一個事實，即人類的認識並不只是「事實」的認識，它也是關於「意義」與「本質」的認識、是某種「客觀的認識」。而胡塞爾的認識論就是在探問這種普遍的意義與對象的如何產生？現象學將一切還原為意識，但是同時也探問「讓意識為可能的意識」，也就是問向意識或自我的根源。在這裡自然會遭遇到以「意識」為基準的方法的界限，連帶地以意識作為「絕對的所與」這個問題也需要被反省。這一點就胡塞爾哲學來看，由於任何實質的內容都是被構成的，也就是說不可懷疑的實質體驗本身也是被構成的，這意味著先在於「主動綜合」的世界，我們已然內存於一個「被動綜合」的世界當中了，倘若我們沿著胡塞爾意識哲學的想法，那麼就必須再問向「更深一層的自我」或「原我」的問題，這個更深一層的自我，作為意識的自我的根源，自然不能是意識的自我，根源的意識與自我意識的關係是什麼？胡塞爾開啟了一條思路，在這條路上「思惟」或「意識」是絕對的所與，我們只能沿著意識從表層意識進入深層意識。但是這個方法究竟有沒有極限？當我們問向意識哲學或者「意識的明證性」的極限的時候，我們就不能停留在意識的領域。因為不在意識哲學的外部，就

---

13 胡塞爾在《笛卡兒沉思》中，提到「超越論的現象學」是一種「超越論的唯我論」（transzendentaler Solipsismus）（Hua I, S.69）。

無法看到意識哲學的限度。海德格典型地就是採取這樣的方式，但是海德格與其說是放棄了現象學的方法，不如說是將「現象學的還原」給予一個「存在論的轉化」。因為在海德格看來，事物的存在不能還原為「意識存在」，而必須理解為此在的「操心」（Sorge）的相關者，而意向性作為此在的基本存在樣式，其首出的意義是對自身的如何存在的操心，並非對事物的本質構造的理論的凝視。因而在海德格看來，存在者首出的意義是作為「行為」（Verhalten）的相關物、作為此在的「操心」的相關物而存在。在這裡我們可以看到「行為」或「行為相關」毋寧可以說是海德格對胡塞爾的「意向相關」下的實存論轉化。對胡塞爾來說，構成世界的超越論的主觀必須將世界存而不論，所以其存在不屬於世界。然而在海德格看來，構成世界的主觀本身也必須是「世界內存在」，因而比「意識存在」（Bewußt-sein）更根本是「世界內存在」，比「意識相關」更根源的是「存在相關」，執著於本質反而是對事實生命的損壞。在這裡不僅「意向性」、「直觀」與「存在」皆取得了一個更為根源的意義，同時也批判了胡塞爾以認識論為第一哲學的想法，而將存在論置於認識論之前。

　　不論海德格的這個批評是不是正確，可以肯定的是，《小觀念》只是一個思想萌芽的階段，現象學由意義與對象的構成出發，但並不停留在意義與對象的構成。胡塞爾的哲學在性格上，是相當按步就班地由淺層意識到深層意識，由主動綜合面到被動綜合面，由超越論的主觀到超越論的互為主觀性。在這個直線的進程中，也強烈地意識到自然思惟的誘惑，在提出還原之後，胡塞爾就一再地強調堅持「現象學還原」是很艱難的，因為它並不是一次完成、一了百了的事，而是需要在現象學的研究中不斷地堅持的工作。作為超越論的現象學的入門的「現象學還原」是直線地前進？還是螺旋般地進行（芬克）？[14] 還是因為此在在本質上已然是離自的（exstatisch），即

---

14 Huang, Wen-Hong: *Der transzendentalphänomenologische Idealismus. Eine*

在本質上就是離開自身而內在於世界當中的存在，因而將世界的存而不論是不可能的（海德格、梅洛龐蒂）？或者說存而不論應該透過身體感覺的訓練而給予一個實踐上的改造，而有「實踐的存而不論（或譯為「實踐的判斷中止」）」的說法（湯淺泰雄）？[15] 對於存而不論的問題，各個現象學者之間或許有不同的見解，但是現象學對傳統哲學的主客對立的批判，以及隨之而來的相關性研究，仍然以各種不同的形式存在於種種不同型態現象學當中。現象學所提供的思考方式是胡塞爾的貢獻，也是歐陸當代哲學的開端。胡塞爾個人的研究於 1938 年 4 月 26 日劃下句點。如所周知，他個人很喜歡杜勒（A. Dürer,1471-1528）於 1513 年所繪製的銅版畫「騎士、死與魔鬼」（Ritter, Tod und Teufe），畫中的騎士手握長槍，獨自步入死神與魔鬼的境地。《中庸》所說的「誠之者，擇善而固執之者也」，或許也可以用來表示胡塞爾一生哲學的心境本書在漢語世界已有倪梁康教授的譯本。[16] 至於英譯本，據筆者所知有兩份：分別是 Lee Hardy 譯本 [17] 與 George Nakhnikian 的譯

---

*Aufklärung unter besonderer Berücksichtigung von Edmund Husserls » Cartesianischen Meditationen« und Eugen Finks Umarbeitung*, Frankfurt am Main 1998.

15 「實踐的中止判斷」意指以實踐的方式將自我意識的一切判斷作用皆予以中止的方法（例如道元的「只管打坐」），湯淺這裡的「中止判斷」（epoché）指的就是「存而不論」。湯淺泰雄的說法，請參閱《身体論 東洋的心身論と現代》（東京都：講談社，1990 年），頁 205-206。在湯淺看來，存而不論的「理論的操作」其實是以存而不論的「實踐的操作」為前提的（同上書，頁157）。

16 胡塞爾著，倪梁康譯：《現象學觀念──胡塞爾講稿》（台北市：南方叢書出版社，1987 年）。

17 Edmund Husserl: *The Idea of Phenomenology*; a translation of *Die Idee der Phänomenologie*, *Husserliana II*; translation and introduction by Lee Hardy. Dordrecht : Kluwer Academic, c1999.

本 [18]，這兩份英譯本各有優劣。就筆者個人閱讀的經驗來看，L. Hardy 的版本在某些地方是比較忠實於胡塞爾的思想的，譯筆也比較生動。日文的譯本則有立松弘孝教授的譯本 [19] 與長谷川宏教授譯本 [20]。筆者的中譯與注解主要參考了倪教授、Hardy 與立松教授的譯本，但是在這裡仍然有筆者個人對胡塞爾的理解與解讀，並非照單全收，也就不一一標明。在翻譯的時候，會碰到同一個語詞有一般的使用與學術的使用的問題。比較值得一提的是「wirklich」在本書原則上有兩種譯法，當作一般的用語的時候是譯成「真正的（真實的）」或「實際的」。「真正的（真實的）」一詞就現象學的意義來說，意指著在意識的內在領域所體驗到的東西，這是現象學的「真正的所與」，而「實際的」則表示相對於「潛態」的「現實態」。倘若是譯成「現實的」的時候，它所意指的就不是現象學的真正所與，而是在「意識之外」的「現實存在（或可譯為「現存」）」或一般意義下的「存在」，這可能是一般地說，也可能是現象學所要存而不論的東西，這一點只能根據上下文脈來判斷，感興趣的讀者可以還原回德文來看。至於與 wirklich 相應的德文 Wirklichkeit 則統一譯成「現實性」或「實在性」。其他如 Leistung 譯成「構作」，vollziehen 譯成「完成」，這牽涉到譯者對胡塞爾的這篇演講稿的解讀是傾向於「超越論的觀念論」的。這篇「講稿」因為是「演講稿」的性質，所以胡塞爾有時候是站在聽者的立場（非現象學的）、有時候是站在自己的立場（現象學的）。講稿雖然是獨自發言，但「即使獨白也是一種對話」，有它的對話端、所針對的對象等等。原則上來看，區別開「自然態度

---

18 Edmund Husserl: *The Idea of Phenomenology*; Translated by William P. Alston and George Nakhnikian, Introd. by George Nakhnikian, Dordrecht: Kluwer Academic, c1990.

19 立松弘孝譯：《現象学の理念》（東京都：みすず書房，1965 年）。

20 長谷川宏譯：《現象学の理念》（東京都：作品社，1997 年）。

下的意義」與「現象學的意義」雖然是必要的，但是在實際的翻譯上卻有很大的困難，翻譯有很多迫不得已的地方，也往往顧此失彼，這些只能留待學者們的不吝指正了。

至於本書的編排方式。《小觀念》依現行《胡塞爾全集》的編排主要包括一份「講座思路」、「五篇講稿」與三份「附件」。五篇講稿是胡塞爾於 1907 年 4 月 26 日到 5 月 2 日間於哥廷根大學的密集講座的講稿，而根據本卷《胡塞爾全集》的編者 W. Biemel 的說法，「講座思路」是在講座的最後一天晚上（也就是在 1907 年 5 月 2 日）完成的，不僅時間的順序上晚於「五篇講稿」，也對整個思路重新思考過，Biemel 教授甚至還認為「講座思路」的內容其實越出了「五篇講稿」的內容（Hua II, S.87-88）。究竟是不是越出了五篇講稿的內容，這一點或許是胡塞爾專家們討論的事。但是可以肯定的是，我們確實可以在「講座思路」中找到胡塞爾比較簡潔與成熟的表達，特別是關於「內在性」的問題上。而「附件」則原則上屬於補充性質，根據《胡塞爾全集》編者的考據，除了「附件一」可能完成於 1916 年 [21] 之外，其他的兩個附件，原則上都與《小觀念》完成的日期相距不遠。或許是由於 Biemel 的這個說法，Lee Hardy 的英譯本在編排上，就依時間順序將「講座思路」置於「五篇講稿」之後。但是由於兩者完成的日期太過於接近，筆者不採取這種編排方式。但是在實際注解與教學的時候，筆者確實是沿著「五篇講稿」、「講座思路」、「附件」的順序在進行，雖然難免會有重複，但是重點仍然不同，讀者不妨在閱讀上，先讀「五篇講稿」，再讀「講座思路」，至於「附件」則原則上屬於補充說明的性質。

誠如倪梁康教授所觀察，「胡塞爾當時並沒有考慮將這篇東西公開發表

---

21 這一點可能是因為在「附件一」出現了「區域存在論」（regionale Ontologie）這個術語，這個語詞原則上是在 1913 年的《大觀念》之後才成為胡塞爾哲學的重要術語。

[...]。因此，裏面存在的猶豫、徘徊之處，也就不足為奇了。」[22] 我們知道，胡塞爾的「超越論的現象學」的構想並不是一次就完成的，在《小觀念》中所提出來的一些構想，一直到要到《大觀念》時期才算獲得初步的成型，感興趣的讀者可以接下去閱讀《大觀念》。最後自己因為上課的關係，隨手記下了各個段落的要旨，今將其置於「段落內容提要」，其中的阿拉伯數字表示相應的講稿與段落數，這些關鍵詞畢竟是基於教學方便而寫，熟悉胡塞爾的人不妨略過。

---

22 胡塞爾著，倪梁康譯：《現象學觀念──胡塞爾講稿》（台北市：南方叢書出版社，1987 年）頁 2。

*3*        # // Gedankengang der Vorlesungen

0-1 *Natürliches*, um die Schwierigkeiten der Erkenntnismöglichkeit unbekümmertes *Denken* in Leben und Wissenschaft — *philosophisches Denken*, bestimmt durch die Stellung zu den Problemen der Erkenntnisnmöglichkeit.

0-2  Die Verlegenheiten, in die sich die Reflexion über die Möglichkeit einer die Sachen selbst treffenden Erkenntnis verwickelt; wie kann Erkenntnis ihrer Übereinstimmung mit den an sich seienden Sachen gewiß werden, sie "treffen"? Was kümmern sich die Sachen an sich um unsere Denkbewegungen und um die sie regelnden logischen Gesetze? Sie sind Gesetze unseres Denkens, psychologische Gesetze. — Biologismus, psychologische Gesetze als Anpassungsgesetze.

0-3  Widersinn: man gerät zunächst, natürlich über die Erkenntnis reflektierend und sie mit ihrer Leistung in das natürliche Denksystem der Wissenschaften einordnend, in ansprechende Theorien, die aber jederzeit in Widerspruch oder Widersinn enden. — Neigung zum offenen Skeptizismus.

0-4  Schon diesen Versuch einer wissenschaftlichen Stellungnahme zu diesen Problemen kann man Erkenntnsitheorie nennen. Jedenfalls erwächst die Idee einer Erkenntnistheorie als einer Wissenschaft, welche die hier vorliegenden Schwierigkeiten löst, uns letzte, klare, also in sich einstimmige Einsicht in das Wesen der Erkenntnis und die Möglichkeit ihrer Leistung gibt. — Erkenntniskritik in diesem Sinne ist die Bedingung der Möglichkeit einer Metaphysik.

0-5 *Die Methode* der Erkenntniskritik die phänomenologische, die Phänmenologie die allgemeine Wesenslehre, in die sich die Wissenschaft vom Wesen der Erkenntnis einordnet.

0-6 Was ist das für einne Methode, wie kann, wenn Erkenntnis überhaupt ihrem Sinn und ihrer Leistung nach in Frage gestellt ist, eine Wissenschaft von der Erkenntnis sich etablieren, welche Methode kann da zum Ziele führen?

# //講座思路

0-1　　***自然的思惟***是在生活與學問當中，沒有照顧到認識的可能性的困難的思惟──***哲學的思惟***則是由對認識的可能性的種種問題所採取的立場而決定。

0-2　　對切中於實事本身的認識的可能性的反省，會讓我們捲入種種不同的困惑，即認識如何才能確信它與在其自身存在的實事是符應的（Übereinstimmung）？如何能夠「切中」（"treffen"）實事？[1] 實事本身與我們的思想活動以及規範這些思想活動的邏輯的法則之間擁有什麼樣的關係？這些法則是我們的思惟的法則、心理學的法則──生物學主義、作為適應法則的心理學法則。

0-3　　荒謬：在人們對認識進行自然的反省，並且將這些認識及其伴隨的構作（Leistung）[2] 列入自然的思惟系統的時候，首先就會陷入那些令人樂觀的理論當中，然而這些理論隨時都會在矛盾與荒謬中告終──明顯的懷疑論的傾向。

0-4　　試著對這些問題採取一個學問的立場，就已經可以稱為認識論了。無論如何，一門作為學問的認識理論的觀念得以萌芽，這門學問能夠解決這裡所說的種種難題、並且對於認識的本質與其構作的可能性（Möglichkeit ihrer Leistung）給出一個最終的、清晰的與在其自身一致的洞察──在這個的意義之下，認識的批判學是形上學的可能性條件。[3]

0-5　　認識的批判學的***方法***是現象學的方法，現象學是普遍的本質學，它將關於認識的本質的學問也整編於其中。[4]

0-6　　這是一種什麼樣的方法呢？倘若認識全般[5] 就其意義與其構作而言都是有疑問的話，那麼關於一門認識的學問要怎麼樣才能夠建立呢？究竟要什麼樣的方法才能達到這些目的呢？

# *4*　// A. Der phänomenologischen Betrachtung erste Stufe

0-7　1) Im ersten Moment wird man bedenklich, ob solch eine Wisssenschaft überhaupt möglich ist. Setzt sie alle Erkenntnis in Frage, wie kann sie da anfangen, da jede als Ausgagn gewählte Erkenntnis als Erkenntnis mit in Frage gestellt ist?

0-8　Indessen das ist eine bloß scheinbare Schwierigkeit. Nicht *geleugnet* und nicht in *jedem* Sinn als etwas Zweifelhaftes hingestellt ist die Erkenntnis dadurch, daß sie "in Frage gestellt wird". Die Frage richtet sich auf gewisse Leistungen, die ihr zugemutet werden, wobei es sogar noch offen steht, ob die Schwierigkeiten alle möglichen Erkenntnistypen betreffen. Jedenfalls wenn die Erkenntnistheorie sich auf die Möglichkeit der Erkenntnis richten will, muß die Erkenntnisse haben über Erkenntnismöglichkeiten, die als solche zweifellos sind, und zwar Erkenntnisse im prägnantesten Sinn, denen Triftigkeit eignet, und über «ihre» eigene Erkenntnismöglichkeit, deren Triftigkeit absolut zweifellos ist. Wenn unklar und zweifelhaft geworden ist, wie Triftigkeit der Erkennntis möglich sei, und wenn wir geneigt werden zu zweifeln, ob dergleichen möglich sei, müssen wir zunächst zweifellose Fälle von Erkenntnissen oder möglichen Erkenntnissen im Auge haben, die ihre Erkenntnisgegenstände wirklich treffen, bzw. treffen würden. Anfangend dürfen wir keine Erkennntis als Erkenntnis hinnehemen, sonst hätten wir eben kein mögliches oder, was das selbe ist, sinnvolles Ziel.

0-9　Da bietet uns einen Anfang die *Cartesianische Zweifelbetrachtung*: das Sein der *cogitatio*, des Erlebnisses während des Erlebens und in schlichter Reflexion darauf, ist unzweifelhaft; das schauende direkte Erfassen und Haben der *cogitatio* ist schon ein Erkennen, die *cotitationes* sind die ersten absoluten Gegebenheiten.

0-10　2) Daran knüpft sich naturgemäß die *erste erkenntnistheoretische Reflexion* an:

Was macht in diesen Fällen die Unfraglichkeit aus und ihnen gegenüber bei

# //A. 現象學考察的第一階段

0-7　　（一）首先人們有這麼一個疑問，這樣的一門學問究竟是不是可能的，倘若它對所有的認識都提出懷疑，就此而言，任何一個被選擇用來作為起點的認識，它作為認識也是要被置入懷疑的，那麼這樣的學問要如何才能夠開始呢？[6]

0-8　　但是這僅僅只是一個虛假的困難而已。認識並不因此而**被否定**，也不因此而在**任何**意義下都被當作是「可懷疑的」。問題是針對擁有過多要求的那些特定的構作[7]，然而在這裡是不是所有可能的認識類型都擁有這些困難，這一點還是不清楚的。[8]無論如何，倘若認識論指向於解決認識的可能性的話，那麼認識論對於認識的可能性就必須擁有認識，而這個認識本身是無可懷疑的，並且是具備最簡明的意義下的切中性的認識，也就是說，這個認識論在關於「它」自身的認識的可能性以及其切中性上，是絕對無可懷疑的。[9]倘若認識的切中性的如何可能變得不清晰而且可疑的話，或者說倘若我們傾向於懷疑這樣的切中性是不是可能的話，那麼我們就必須首先要注意那些無可懷疑的認識或可能的認識的情況，注意它們是不是真正地切中或將會切中其認識對象。在一開始的時候，我們不能將任何的認識接受為認識，否則我們將不會擁有任何可能的目的，或者同樣地將不會擁有任何有意義的目的。

0-9　　在這裡**笛卡兒的懷疑的考察**為我們提供了一個出發點：在體驗活動以及對體驗活動的單純的反省當中，思惟的存在或體驗的存在是無可置疑的，對思惟的直觀地與直接地把握與擁有，這已然就是一種認識活動，思惟就是最初的絕對所與性。

0-10　　（二）與此連結在一起的自然是**最初的認識論的反省**：

是什麼東西讓一個偽裝的認識[10]在某些情況下是無可懷疑的，反之在另一些的情況下則是可懷疑的呢？為什麼在某些情況下，會有在認識中如何能

anderen Fällen prätendierter Erkenntnis die Fraglichkeit? Warum bei gewissen Fällen die Neigung zum Skeptizismus und die Zweifelsfrage: wie kann ein Sein getroffen werden in der Erkenntnis, und warum bei den *cogitationes* dieser Zweifel und diese Schwierigkeit nicht?

5  0-11  //Man antwortet zunächst  — das ist eben die nächstliegende Antwort — mit dem Begriffspaar oder Wortpaar **Immanenz** und **Transzendenz**. Die schauende Erkenntnis der *cogitatio* ist immanent, die Erkenntnis der objektiven Wissenschaften, der Natur- und Geistwissenschaften, aber näher besehen auch der mathematischen Wissenschaften, ist transzendent. Bei den objektiven Wissenschaften besteht die **Bedenklichkeit der Transzendenz**, die Frage: wie kann Erkenntnis über sich hinaus, wie kann sie ein Sein treffen, das im Rahmen des Bewußtseins nicht zu finden ist? Diese Schwierigkeit fällt bei der schauenden Erkenntnis der *cogitatio* weg.

0-12  3) Zunächst ist man geneigt und hält das selbstverständlich, die Immanenz als reelle Immanenz zu interpretieren und wohl gar psychologisch als **reale Immanenz**: im Erknntniserlebnis, wie es eine reale Wirklichkeit ist, oder im Ichbewußtsein, dem das Erlebnis angehört, findet sich auch das Erkenntnisobjekt. Daß im selben Bewußtsein und im selben realen Jetzt der Erkenntnisakt sein Objekt finden und treffen kann, das hält man für das Selbstverständliche. Das Immanente ist, wird hier der Anfänger sagen, in mir, das Transzendente außer mir.

0-13  Bei näherer Betrachtung scheidet sich aber **reelle Immanenz** und **Immanenz im Sinne der in der Evdenz sich konstituierenden Selbstgegebenheit**. Das reell Immanente gilt als das Zweifellose, eben weil es nichts anderes darstellt, nichts über sich "hinausmeint", weil hierbei was gemeint auch voll und ganz adäquat selbstgegeben ist. Andere Selbstgegebenheit als die des reell Immanenten tritt zunächst noch nicht in den Gesichtskreis.

0-14  4) Also zunächst wird nicht geschieden. Die erste Stufe der Klarheit ist nun die: reell Immanentes oder, was hier dasselbe besagt, adäquat Selbstgegebenes ist fraglos, das darf ich benützen. Transzendentes (nicht reell Immanentes) darf ich nicht benützen, also ich muß **phänomenologische Reduktion, Ausschluß aller**

夠切中於存在的懷疑論的傾向與懷疑的問題產生？而為什麼在思惟的情況下就不會有這樣的懷疑與這樣的困難產生呢？[11]

0-11　//人們首先是用**內在**與**超越**這一對概念或這一組語詞來回答，這也是最垂手可得的回答。思惟的直觀的認識是內在的，而客觀的學問的認識，例如自然的學問與精神的學問，更進一步地也包括數學的學問，這些認識都是超越的。在客觀的學問裡面有著**超越的疑問**，也就是說，有著認識究竟如何越出自身，如何切中於一個在意識的範圍內所無法找到的存在的疑問？但是在思惟的直觀的認識的情況下，這樣的困難是不存在的。[12]

0-12　（三）起初人們會有這樣的傾向並且也認為這是自明的，也就是會將內在作為實質的內在（reelle Immanenz）來解釋，甚至在心理學上將其解釋為**現實的內在**（*reale Immanenz*）：也就是說，在認識的體驗當中，不論這個認識的體驗是一個現實的現實性，或者是在這個認識的體驗所屬的自我意識內部，我們都可以發現到認識的對象。人們認為在同一的意識的內部，並且在同一的現實的現在當中，認識活動能夠發現並且切中於它的對象，這一點是自明的。初學者在這裡會這麼說，內在者內在於我，而超越者則外在於我。[13]

0-13　但是在進一步地考察中，我們就必須區別開**實質的內在**[14]與**在明證的意義下構成自身的自身所與性的內在**。[15]實質的內在者之所以是無可置疑，正就是因為它並不顯示自身之外的任何東西，它並沒有「越出自身而意指著」什麼，因為它在這裡所意指的也是完全且全然完備的（adäquat）自身所與。[16]除了實質的內在性的自身所與性之外的另外一種的自身所與性，在最初的時候還沒有進入我們的視野當中。[17]

0-14　（四）在起初的時候並我們並沒有區別開〔內在性的種類〕。在這裡清晰性的第一個階段是實質的內在者，或者同樣地我們也可以說，這是完備的自身所與物，它是不可懷疑的，是我可以利用的東西。而超越者（非實質地內在者）則不允許被我利用，因而我必須**實行現象學的還原，排除一切的超越者的設定**。[18]

*transzendenten Setzungen vollziehen*.

0-15  Warum? Ist mir unklar, wie Erkenntnis Transzendentes treffen kann, nicht Selbstgegebenes sondern "Hinausgemeintes",// so kann mir zur Klarheit sicher keine der transzendenten Erkenntnisse und Wissenschaften etwas helfen. Was ich will ist **Klarheit**, verstehen will ich *die Möglichkeit* dieses Treffens, d.h. aber, wenn wir den Sinn davon erwägen: das Wesen der Möglichkeit dieses Treffens will ich zu Gesicht bekommen, es schauend zur Gegebenheit bringen. Ein Schauen läßt sich nicht demonstrieren; der Blinde, der sehend werden will, der wird es nicht durch wissenschaftliche Demonstrationen; physikalische und physiologische Farbentheorien ergeben keine schauende Klarheit des Sinnes von Farbe, wie ihn der Sehende hat. Ist also, wie aus dieser Erwägung zweifellos wird, die Erkenntniskritik eine Wissenschaft, die immerfort nur und für alle Erkenntnisarten und Erkenntnisformen aufklären will, so kann sie *von keiner natürlichen Wissenschaft Gebrauch machen*; an ihre Ergebnisse, ihre Seinsfeststellungen hat sie nicht anzuknüpfen, diese bleiben für sie in Frage. Alle Wissenschaften sind für sie nur *Wissenschafsphänomene*. Jede solche Anknüpfung bedeutet eine fehlerhafte μετάβασις. Sie kommt auch nur zustande durch eine fehlerhafte aber freilich oft naheliegende *Problemverschiebung*: zwischen psychologisch naturwissenschaftlicher Erklärung der Erkenntnis als Naturtatsache und Aufklärung der Erkenntnis nach Wesensmöglichkeiten ihrer Leistung. Es bedarrf also, um diese Verschiebung zu meiden und beständig des Seinnes der Frage nach dieser Möglichkeit eingedenk zu bleiben, der *phänomenologischen Reduktion*.

0-16  Sie besagt: alles Transzendente (mir nicht immanent Gegebene) is mit dem Index der Nullität zu versehen, d.h. seine Existenz, seine Geltung ist nicht als solche anzusetzen, sondern höchstens als *Geltungsphänomen*. Über alle Wissenschaften darf ich nur verfügen als Phänomene, also nicht als Systeme geltender, als Prämisse, selbst als Hypothese für mich als Ansatz zu verwendender Wahrheiten, z.B. die ganze Psychologie, die ganze Naturwissenschaft. Indessen der eigentliche *Sinn des Prinzips* ist die beständige Aufforderung, bei den Sachen, die *hier* in der Erkenntniskritik in Frage sind, zu bleiben und die *hier* liegenden Probleme nicht mit ganz anderen zu

0-15　　為什麼？倘若我不明白，認識如何能夠切中於超越者，也就是說，不明白認識如何能夠切中於不是自身所與的東西、而是「超越地意指的東西」的話 //，那麼沒有任何超越者的認識與學問能夠幫助我獲得清晰性。我想要的是**清晰性**，我想要理解這種切中的**可能性**。也就是說，在考慮這個事情的意義的時候，我想要做的是，觀看這種切中的可能性的本質，直觀地將它帶向所與性。直觀是不能夠被論證的，一個盲人倘若想要觀看，藉由學問的論證是沒有辦法的，物理學的與生理學的色彩理論，也不會給與我們像眼睛看得到的人那樣所擁有的顏色的意義的直觀的清晰性。[19] 因而根據以上的考察，我們無疑地可以知道，如果認識的批判學始終想要成為一門解明所有的認識的種類與認識的形式的學問的話，那麼它就**不能利用任何自然的學問**，不能與自然學問的成果與存在的論斷連結在一起，這些成果與論斷對認識的批判學來說都是可懷疑的。所有的學問對認識的批判學而言，都只是一種**學問的現象**而已。任何一種〔與自然的學問〕連結在一起的作法，都意謂著錯誤的思想的踰越（μετάβασις）。這樣的連結的產生只能透過一種錯誤的、但是卻又往往確實是垂手可得的**問題的轉移**，[20] 即在一方面心理學的層面上，將自然學問的認識的解釋（Erklärung）作為一種自然的事實，另一方面則根據認識的構作的本質的可能性來釐清（Aufklärung）認識。[21] 因而為了要避免這樣的轉移並且讓這種可能性的提問 [22] 牢牢地銘記在心，**現象學的還原**就是必要的。[23]

0-16　　現象學的還原意謂著將所有的超越者（即對我而言不是內在的所與物）都必須加上無效的標記來理解，也就是說，超越者的存在（Existenz）與有效性不能原樣地（als solche）[24] 定立，最多只能作為**有效的現象**（**Geltungsphänomen**）而定立。對於一切的學問，例如全部的心理學與自然的學問，我只能作為現象來加以利用，對我來說，這些不能作為有效的真理的體系、不能作為前提甚至不能作為假說而作為〔認識的批判學的〕開端所要利用的真理。**這個原理**的真正的**意義**在於一種持續地要求，要求我們停留

vermengen. Aufklärung von Erkenntnismöglichkeiten liegt nicht auf den Wegen objektiver Wissenschaft. Die // Erkenntnis zur evidenten Selbstgegebenheit bringen und darin das Wessen ihrer Leistung schauen wollen, das heißt nicht deduzieren, induzieren, ausrechnen usw., es heißt nicht, aus schon gegebenen oder als gegeben geltenden Sachen neue Sachen mit Grund herleiten.

# B. Der phänomenologischen Betrachtung zweite Stufe.

0-17  Es bedarf nun einer **neuen Schicht von Betrachtungen**, um uns das Wesen der phänomenologischen Forschung und ihrer Probleme auf eine höhere Stufe der Klarheit zu bringen.

0-18  1) Zunächst schon die Cartesianische *cogitatio* bedarf der phänomenologischen Reduktion. Nicht das psychologische Phänomen in der psychologischen Apperzeption und Objektivation ist wirklich eine absolute Gegebenheit, sondern nur das **reine Phänomen**, das reduzierte. Das erlebende Ich, das Objekt, der Mensch in der Weltzeit, das Ding unter Dingen etc. ist keine absolute Gegebenheit, also auch nicht das Erlebnis als sein Erlebnis. *Wir verlassen endgiltig den Boden der Psychologie, selbst der deskriptiven*. Damit **reduziert** sich auch die ursprünglich treibende Frage: nicht, wie kann ich, dieser Mensch, in meinen Erlebnissen ein Sein an sich, etwa draußen außer mir und dgl. treffen; an Stelle dieser von vornherein mehrdeutigen und vermöge ihrer transzendenten Belastung schillernden komplexen Frage tritt jetzt die **reine Grundfrage**: wie kann das reine Erkenntnisphänomen etwas treffen, was ihm nicht immanent ist, wie kann die absolute Selbstgegebenheit der Erkenntnis eine Nicht-Selbstgegebenheit treffen und wie ist dieses Treffen zu verstehen?

0-19  Zugleich reduziert sich der Begriff der **reellen Immanenz**, sie bedeutet nicht mehr mit die **reale** Immanenz, Immanenz im Bewußtsein des Menschen und im

在這樣的實事，即停留在*這一門*認識的批判學所質疑的，不能將*在這裡*所出現的問題，與其他完全不相干的問題混同。[25] 客體的學問的道路（objektive Wissenschaft）[26] 並不通往認識的可能性的解明。想要將認識 // 帶向明證的 7 自身所與性，並且在其中來直觀認識的構作的本質，這並不意謂著要進行演繹、歸納、計算等等，也不是意謂著要從已然所與的實事，或者是要從被當作是所與的有效的實事，來合理地推導出的新的實事。[27]

# B. 現象學考察的第二階段

0-17　　為了要讓我們對現象學的研究與其問題的本質，帶向一個更高層次的清晰性，我們現在需要一個*新的考察層次*。

0-18　　（一）首先笛卡兒的思惟就已然需要現象學的還原了。在心理學的統覺與客觀化當中的心理學的現象並不真的是一種絕對的所與性，唯有還原了的*純粹現象*才是絕對的所與性。體驗的自我、客體（das Objekt）、在世界時間中的人類、事物中的一個事物等等，都不是絕對的所與性，而作為他的 [28] 體驗的體驗也不是絕對的所與。*我們徹底地離開了心理學的地盤，甚至離開了描述心理學的地盤*。因而在一開始推動著我們的問題也要*被還原*：問題並不在於我這個人類，如何在我的體驗的內部，來切中某個在我的外部的在其自身的存在（Sein an sich）等等。這個問題從一開始就是多義性的，並且是由於它的超越者的負擔而讓人感到頭暈目眩的複雜問題，現在取而代之的是一個*純粹的根本問題*：純粹的認識現象如何能夠切中於某個不是內在於純粹的認識現象內部的東西？認識的絕對自身所與性如何能夠切中於一個不是自身所與的東西？並且這種切中性要怎麼樣來理解？

0-19　　同時*實質的內在*這一概念也要還原，它不再是意謂著*現實的*內在（*reale* Immanenz），也就是說，它不再意謂著內在於人的意識的內在，也不

realen psychischen Phänomen.

0-20  2) Haben wir die erschauten Phänomene, so scheint es, daß wir auch schon eine Phänomenologie haben, eine Wissenschaft von diesen Phänomenen.

**8**  0-21  Aber sobald wir da anfangen, bemerken wir eine gewisse Enge,// das Feld der absoluten Phänomene — diese in ihrer Einzelheit genommen — scheint nicht ausreichend unsere Intentionen zu befriedigen. Was sollen uns die einzelnen Schauungen, mögen sie noch so sicher uns *cogitationes* zur Selbstgegebenheit bringen, leisten? Daß man auf Grund dieser Schauungen logische Operationen vornehmen, vergleichen, unterscheiden, unter Begriffe bringen, prädizieren kann, scheint zunächst selbstverständlich, obschon dahinter, wie sich später herausstellt, neue Objektivitäten stehen. Aber diese Selbstverständlichkeit zugelassen und nicht weiter erwogen, ist nicht zu sehen, wie sich hier allgemein giltige Feststellungen der Art machen lassen sollen, die wir hier brauchen.

0-22  Aber eines scheint uns weiter zu helfen: ***die ideierende Abstraktion***. Sie ergibt uns einsichtige Allgemeinenheiten, Spezies, Wesen und damit scheint das erlösende Wort gesprochen: wir suchen ja schauende Klarheit über das Wesen der Erkenntnis. Erkenntnis gehört unter die Sphäre der *cogitationes*, also haben wir schauend ihre allgemeinen Gegenständlichkeiten in das Allgemeinheitsbewußtsein zu erheben und eine Wesenslehre der Erkenntnis wird möglich.

0-23  Wir vollziehen diesen Schritt in Anschluß an eine Betrachtung von Descartes über die ***klare und distinkte Perzeption***. Die "Existenz" der *cogitatio* ist gewährleistet durch ihre ***absolute Selbstgegebenheit***, durch ihre Gegebenheit in ***reiner Evidenz***. Wo immer wir reine Evidenz haben, reines Schauen und Fassen einer Objektivität, direkt und selbst, da haben wir dieselben Rechte, dieselben Unfraglichkeiten.

0-24  Dieser Schritt ergab uns eine neue Objektivität als absolute Gegebenheit, die ***Wesensobjektivität***, und da von vornherein die logischen Akte, die im Aussagen auf Grund des Erschauten sich ausprägen, unbemerkt bleiben, so ergibt sich hier zugleich das Feld der ***Wesensaussagen***, bzw. der generellen, im reinen Schauen gegebenen Sachverhalte. Also zunächst ungeschieden von den einzelnen allgemeinen

是內在於現實的心理現象的內在。[29]

0-20　　（二）倘若我們擁有所觀看到的這些現象[30]，那麼似乎我們也就擁有了一門現象學，也就是說，似乎擁有了一門關於這些現象的學問。

0-21　　但是只要從這裡開始，我們馬上就會注意到某種侷限，// 也就是說，**8** 絕對現象的領域──就其個別性來看──似乎無法充分地滿足我們的意圖。[31] 這些個別的直觀，除了能夠確實地為我們將思惟帶向自身所與性之外，它還能成就什麼呢？人們能夠在這些直觀的基礎上來進行邏輯的運算、比較、區別，進行概念化並且加以陳述，而這起初看起來似乎是自明的，但是就如我們以後將會展示的，在其背後存在著新的客觀性。[32] 然而只是容許這種自明性，卻不進一步地考察的話，是無法直觀到我們在這裡所需要的種類的普遍有效性的宣稱是如何形成的。

0-22　　但是有一點似乎是可以進一步地幫助我們的：***觀念化的抽象***（*die ideierende Abstraktion*）。[33] 它對我們給出洞察的普遍性、種類（Spezies）與本質，並且因而似乎說出了一句讓我們得以解脫的話：我們在尋找的確實是對認識的本質的直觀的清晰性。認識屬於思惟的領域，因而我們必須直觀地將其[34] 普遍的對象性，提昇到普遍性的意識，於是一門認識的本質學說將是可能的。[35]

0-23　　我們是連接在笛卡兒關於***清晰與明辨的知覺***（*klare und distinkte Perzeption*）的考察來實現這一步驟的。思惟的「存在」是透過它的***絕對的自身所與性***、透過它在***純粹的明證性***中的所與性而獲得保證的。只要我們擁有純粹的明證性、擁有對某個客觀性本身直接而純粹地直觀與把握的話，那麼我們就始終擁有同樣的權利、同樣的不可懷疑性。[36]

0-24　　這一個步驟給與我們一個作為絕對所與的新的客觀性，也就是***本質的客觀性***（*Wesensobjektivität*），而由於從一開始，這個在言表（Aussage）中基於所直觀者而形成的邏輯活動並沒有被覺察到，所以在這裡同時造成了一種情況，即***本質的言表***（*Wesensaussagen*）的領域或者說在純粹直觀中所與的類

Gegebenheiten.

0-25  3) Haben wir damit nun schon alles, haben wir damit die vollbegrenzte Phänomenologie und die klare Selbstverständlichkeit, im Besitz dessen zu sein, was **9** wir erkenntniskritisch // brauchen? Und haben wir Klarheit über die Probleme, die zu lösen sind?

0-26  Nein, der Schritt, den wir getan, führt uns weiter. Zunächst macht er uns klar, daß *reelle Immanenz* (bzw. Transzendenz) nur ein Spezialfall des *weiteren Begriffes der Immanenz überhaupt* ist. Es ist nun nicht mehr selbstverständlich und unbesehen einerlei: *absolut gegeben* und *reell immanent*; denn das Allgemeine ist absolut gegeben und nicht reell immanent. Die *Erkenntnis* des Allgemeinen ist etwas Singuläres, ist jeweils ein Moment im Strome des Bewußtseins; das *Allgemeine selbst*, das darin gegeben ist in Evidenz, ist aber kein Singuläres, sondern eben ein Allgemeines, somit im reellen Sinne transzendent.

0-27  Folglich gewinnt der Begriff der *phänomenologischen Reduktion* eine nähere, tiefere Bestimmung und einen klareren Sinn: nicht Ausschluß des reell Transzendenten (etwas gar im psychologisch-empirischen Sinn), sondern Ausschluß des Tranzendenten überhaupt als einer hinzunehmenden Existenz, d.h. alles dessen, was nicht evidente Gegebenheit ist im echte Sinn, absolute Gegebenheit des reinen Schauens. Aber natürlich bleibt alles bestehen, was wir sagten: wissenschaftlich induzierte oder deduzierte, aus Hypothesen, Tatsachen, Axiomen abgeleitete Geltungen, Wirklichkeiten etc. bleiben ausgeschlossen und zulässig nur als "Phänomene" und ebenso natürlich jeder Rekurs auf irgendein "Wissen", auf irgendeine "Erkenntnis": die Forschung hat sich eben im *reinen Schauen* zu halten, aber darum nicht an das reell Immanente: sie ist Forschung in der Sphäre reiner Evidenz und zwar Wesensforschung. Wir sagten auch, ihr Feld ist *das Apriori innerhalb der absoluten Selbstgegebenheit*.

0-28  So ist also das Feld jetzt charakterisiert; es ist ein Feld absoluter Erkenntnisse, für das Ich und Welt und Gott und die mathematischen Mannigfaltigkeiten und was immer für wissenschaftliche Objektivitäten dahingestellt bleiben, die also

型的事態的領域，在最初的時候並沒有從各個普遍的所與性中被區分出來。[37]

0-25　　（三）這樣的話，我們現在是不是就已經擁有了一切呢？我們是不是因而就擁有一門已經完全被限定住範圍的現象學呢？對於我們在認識的批判學上所需要的東西，是不是就擁有了清晰的自明性呢 // ？而且對於那些必須要解答的問題，我們是不是就擁有清晰性了呢？

0-26　　並非如此，而是我們所跨出的這一步將我們再引向下一步。首先它讓我們明白，**實質的內在**（也包括超越）只是**更廣義下的內在全般的概念**的一個特殊的情況而已。因而**絕對的所與**與**實質的內在**不再能夠不加思索地視為同一，因為普遍者是絕對的所與而不是實質的內在。對普遍者的**認識**是某種單稱性的東西，是意識流中的一個要素，但是在其中以明證的方式而所與的並不是單稱性的，而是**普遍性本身**，因而是在實質的意義下的超越者。[38]

0-27　　於是我們對於**現象學還原**的概念便獲得了一個更詳細、深入的限定以及一個更為清晰的意義：不是排除實質的超越者（例如心理學經驗意義下的超越者），而是排除被接受為存在的超越者全般，也就是說，排除所有那些不是在真正意義上的明證的所與性、不是純粹直觀的絕對所與性。但是，我們先前所說過的一切當然還是原樣地保留。我們說過：學問地歸納或演繹、從假說、事實、公理所導出的有效性、現實性等等仍然是排除在外的，這些只有作為「現象」才能被允許，同樣地求助於任何的「知識」或任何的「認識」當然也是如此：[39]〔現象學的〕研究只能停留在**純粹直觀**當中，但是並不因此而堅持在實質的內在者，現象學是一種在純粹明證性領域中的研究，並且是本質的研究。我們也曾說過，現象學的領域是**內在於絕對自身所與性的先天性**。

0-28　　這樣的話，我們現在可以這樣來描述這個領域：它是絕對認識的領域，對於這個領域來說，自我、世界、神、數學的多樣性，以及那些被視為學問的客體性的東西（wissenschaftliche Objektivitäten）皆被擱置。絕對的認識並不依賴這些客體性，不論人們是不是與那些懷疑論者[40]有關，絕對的認識

auch von ihnen nicht abhängig sind, die gelten was sie gelten, od man in Bezug auf jene Skeptiker ist oder nicht. All das bleibt also bestehen. Das Fundament von allem aber ist ***das Erfassen des Sinnes der absoluten Gegebenheit, der absoluten***

10    ***Klarheit des Gegebenseins***, das // jeden sinnvollen Zweifel ausschließt, mit einem Wort der ***absolut schauenden, selbst erfassenden Evidenz***. Gewissermaßen in ihrer Entdeckung liegt die historische bedeutung der Cartesianischen Zweifelbetrachtung. Aber entdecken und fallen lassen war bei Descartes eines. Wir tun nichts weiter als reinlich fassen und konsequent fortführen, was in dieser uralten Intention schon lag. — Mit der psychologistischen Gefühlsinterpretation der Evidenz haben wir uns in diesem Zusammenhang auseinandergesetzt.

# C. Der phänomenologischen Betrachtung dritte Stufe

0-29  Abermals bedarf es nun einer neuen Schicht von Überlegungen, um uns in der Klarheit über den Sinn der Phänomenologie und phänomenologischen Problematik höher zu führen.

0-30  Wie weit reicht Selbstgegebenheit? Ist sie beschlossen in der Gegebenheit der *cogitatio* und der sie generell fassenden Ideationen? Soweit sie reicht, soweit «reicht» unsere phänomenologische Sphäre, die Sphäre der absoluten Klarheit, der Immanenz im echten Sinn.

0-31  Wir wurden nun etwas mehr in die Tiefe geführt, und in den Tiefen liegen die Dunkelheiten und in den Dunkelheiten die Probleme.

0-32  Zunächst schien alles schlicht und kaum sehr schwierige Arbeit von uns fordernd. Das Vorurteil der Immanenz als reeller Immanenz, als ob es auf sie gerade ankomme, mag man abwerfen, aber an der reellen Immanenz bleibt man doch zunächst haften, wenigstens in gewissem Sinne. Es scheint zunächst, daß die

都擁有自身獨立的有效性。也就是說，所有的東西都沒有改變，而一切的根本則是在於**絕對所與性的意義的把握**，在於 // 排除了任何有意義的懷疑的**所　10
與存在的絕對清晰性的意義的把握**，一言以蔽之，在於**絕對直觀的與把握自身的明證性的意義**。在某種程度上，笛卡兒的懷疑的考察的歷史意義就在於這種明證性的發現。但是對笛卡兒來說，他的發現同時也是放棄。[41] 我們所做的事，不外就只是純粹地把握並且繼續地發展內在於這個古老的意向中的東西而已——在這個關係脈絡之下，我們批判了明證性的心理學主義的情感解釋。

# C. 現象學考察的第三階段

0-29　再者，為了要讓我們更明白現象學與現象學的問題的意義，我們在這裡需要進行一個更高的考察層次。

0-30　自身所與性可以延伸到多遠？它是不是限制在思惟的所與性，以及對其進行類型地把握的觀念化（Ideationen）的所與性當中呢？自身所與性可以延伸到多遠，我們的現象學的領域，也就是絕對的清晰性的領域，或者真正的意義下的內在的領域就可以「延伸到多遠」。

0-31　我們現在被引向更深的地方，在其深處是一片漆黑，而在這片漆黑中包藏著種種的問題。

0-32　最初的時候一切似乎都很單純，而且幾乎對我們並沒有要求任何特別困難的工作。將內在視為實質的內在的這個成見，並且彷彿一切都取決於它，我們或許可以將它拋棄，但是我們仍然在最初的時候只停留在實質的內在，至少在某種意義上是如此。最初的時候，本質的考察似乎只是要以類型的方式來把握思惟中的實質內在，並且確定這些建立在本質之上的關係，因而這似乎是一件簡單的事情。人們進行反省，回顧自身的活動，讓它的實質

Wesensbetrachtung nur das den *cogitationes* reell Immanente generell zu fassen und die in den Wesen gründenden Verhältnisse festzustellen habe; also scheinbar eine leichte Sache. Man übt Reflexion, blickt auf die eigenen Akte zurück, läßt ihre reellen Inhalte, wie sie sind, gelten, nur unter phänomenologischer Reduktion; dies scheint die einzige Schwierigkeit. Und nun natürlich nichts weiter als das Geschaute in das Allgemeinheitsbewußtsein zu erheben.

0-33  Die Sache wird aber weniger gemütlich, wenn wir uns die Gegebenheiten näher

**11**  ansehen. Zunächst: die *cogitationes*, die // wir als schlichte Gegebenheiten für so gar nichts Mysteriöses halten, bergen allerlei Transzendenzen.

0-34  Wenn wir näher zusehen und nun achten, wie im Erlebnis etwa eines Tones, auch nach phänomenologischer Reduktion, sich ***Erscheinung und Erscheinendes gegenübersetzen*** und sich gegenübersetzen ***inmitten der reinen Gegebenheit***, also der echten Immanenz, so werden wir stutzig. Der Ton dauert etwa; da haben wir die evident gegebene Einheit des Tones und seiner Zeitstrecke mit ihren Zeitphasen, der Jetztphase und den Vergangenheitsphasen; andrerseits, wenn wir reflektieren, das Phänomen der Tondauer, das selbst ein zeitliches ist, seine jeweilige Jetztphase hat und seine Gewesenheitsphasen. Und in einer herausgegriffenen Jetztphase des Phänomens ist nicht nur gegenständlich das Jetzt des Tones selbst, sondern das Tonjetzt ist nur ein Punkt in einer Tondauer.

0-35  Diese Andeutung genügt schon 　— ausführliche Analysen werden zu unseren speziellen Aufgaben in der Folgezeit gehören —, um uns auf das Neue aufmerksam zu machen: das Phänomen der Tonwahrnehmung , und zwar der evidenten und reduzierten, fordert innerhalb der Immanenz eine Unterscheidung zwischen ***Erscheinung*** und ***Erscheinendem***. Also zwei absolute Gegebenheiten haben wir, die Gegebenheit des Erscheinens und die Gegebenheit des Gegenstandes, und der Gegenstand ist innerhalb dieser Immanenz nicht in dem reellen Sinne immanent[原注1], er ist nicht Stück der Erscheinung: nämlich die vergangenen Phasen der Tondauer

---

[原注 1]  Im Ms *transzendent*.

的內容如其所如地有效，只是這些都只能在現象學的還原之下，這似乎是唯一的困難。因而很自然地，我們現在所要做的，不外就只是將所直觀者提昇到普遍性意識。**42**

0-33　但是，倘若更仔細地來觀察所與性的話，事情就會變得不那麼容易了。首先，我們所認為的素樸的所與性，甚至被認為是一點都不神秘的思惟//，卻包藏着種種不同的超越。

*11*

0-34　倘若我們更進一步地觀察與注意，例如在一個聲音的體驗的內部，即使在現象學的還原之後，仍然有**顯現與顯現者的對立**，並且是**在純粹的所與性的內部當中**，也就是在真正的內在當中的對立，然後我們就會感到奇怪：一個聲音持續了一陣子，在這裡我們明證地擁有這個所與的聲音的單元及其所伴隨的時間相位（也就是現在相位與過去相位）的時間延展。另一方面，當我們進行反省的時候，這個聲音持續的現象本身就是一個時間的現象並且皆有其自身的現在相位（Jetztphase）與種種曾在相位（Gewesenheitsphasen）。因而從這個現象取出的一個現在相位，這個聲音的現在本身並不只是對象性的存在，聲音的現在毋寧只是一段聲音持續中的一個點而已。**43**

0-35　這個指示已經足夠了 —— 詳細的分析則是我們今後的特殊的課題 —— 讓我們注意新的東西：聲音知覺的現象，而且是明證的與還原了的聲音知覺的現象，它要求我們在內在中，區別開**顯現**（*Erscheinung*）與**顯現者**（*Erscheinendes*）。**44**因而我們擁有兩種絕對的所與性，即顯現（Erscheinen）的所與性與對象的所與性，而且內在於這種內在的對象並不是實質意義下的內在 [原注1]，它並不是顯現的一部分，也就是說，聲音持續的流逝的相位現在仍然是以對象性的方式存在，但是並不是實質地被包含在顯現的現在時點當中。**45**因而如同我們在普遍性意識的情況中所發現到的，這是

[原注1] 在手稿中〔的文字〕是 "**超越的**"。

sind jetzt noch gegenständlich und doch nicht reell im Jetztpunkt der Erscheinung enthalten. Also dasselbe, was wir auch beim Allgemeinheitsbewußtsein fanden, daß es ein Bewußtsein ist, das eine Selbstgegebenheit konstituiert, die nicht im Reellen enthalten ist und überhaupt nicht als *cogitatio* zu finden ist, das finden wir auch beim Phänomen der Wahrnehmung.

0-36  Auf der untersten Stufe der Betrachtung, im Stande der Naivität, scheint es zunächst so, als wäre Evidenz ein bloßes Schauen, ein wesenloser Blick des Geistes, überall ein und dasselbe und in sich unterschiedslos: das Schauen schaut eben die Sachen, // die Sachen sind einfach da und im wahrhaft evidenten Schauen im Bewußtsein da, und das Schauen schaut eben einfach auf sie hin. Oder mit dem Bilde aus dem anderen Sinn: ein direktes Fassen oder Nehmen oder Hinzeigen auf etwas, das einfach ist und da ist. Aller Unterschied «ist» also in den Sachen, die für sich sind und durch sich ihre Unterschiede haben.

0-37  Und nun wie anders erweist sich das Schauen der Sachen bei näherer Analyse. Mag man unter dem Titel Aufmerksamkeit das an sich unbeschreibliche und unterschiedslose Schauen noch festhalten, so zeigt es sich doch, daß es eigentlich gar keinen Sinn hat von Sachen zu sprechen, die einfach da sind und eben nur geschaut werden brauchen, sondern dieses "einfach dasein" das sind gewisse Erlebnisse von spezifischer und wechselnder Struktur, als da ist Wahrnehmung, Phantasie, Erinnerung, Prädikation u.s.w., und in ihnen sind nicht die Sachen etwa wie in einer Hülse oder einem Gefäß, sondern in ihnen **konstituieren** sich die Sachen, die reell in ihnen gar nicht zu finden sind. "Gegebensein der Sachen", das ist sich so und so in solchen Phänomenen **darstellen** (vorgestellt sein). Und dabei sind nicht etwa die Sachen dann noch einmal für sich selbst da und "schicken in das Bewußtsein ihre Repräsentanten hinein". Dergleichen kann uns nicht einfallen innerhalb der Sphäre der phänomenologischen Reduktion, sondern die Sachen sind und sind in der Erscheinung und vermöge der Erscheinung selbst gegeben; sie sind oder gelten von der Erscheinung zwar als individuell abtrennbar, sofern es nicht auf diese einzelne Erscheinung (Gegebenheitsbewußtsein) ankommt, aber essentiell, dem Wesen nach, unabtrennbar.

一種構成自身所與性的意識，這種自身所與性並不是實質地被包含的東西，而且根本不能被視為是思惟，我們發現知覺現象也是如此。[46]

0-36　　在考察的最底層的階段，也就是在素樸性的立場當中，起初明證性看似是一種純然的直觀，一種單純的精神直觀（ein wesenloser Blick des Geistes），始終是同一的並且在其自身是沒有分別的：直觀只是直觀著實事，// 實事單純地存在著，並且是在真正的明證的直觀中而在意識中存在著，　*12* 直觀就只是單純地指向實事的直觀。[47] 或者我們透過圖像用另外一種意義來說，直觀是對單純的存在並且在此存在（da）[48] 的某物所進行的一種直接的把握、攝取或指示。所有的分別都在實事中「存在」，而實事都是對自的（für sich）存在並且透過自身（durch sich）而擁有分別。

0-37　　而現在在我們進一步的分析之下，實事的直觀卻顯示出如此的不同。就算人們在注意力這個名稱之下，仍然還堅持著某種在其自身不可描述的且無分別的直觀，但是即使如此，說實事只是單純地存在並且就只是需要被直觀而已，這在根本上是無意義的事，這個「單純的存在」毋寧是某種關於特殊的與變動結構的體驗，就如同知覺、想像、記憶與陳述等等那樣，而實事內在於這些體驗當中，並不是如同內在於一個盒子或是內在於一個容器那樣，這些根本無法實質地在體驗的內部發現的實事，毋寧是在體驗的內部**構成**自身的。[49]「實事的所與存在」就是在如此的現象當中這樣地**展示**（或表象）自身（sich *darstellen* (vorgestellt sein)）的東西。因而在這裡，實事並不是先是實事，然後才再次地對它自身而在此存在（da），並且「派遣它的表象到意識中」。內在於現象學還原的領域內部，這種事情根本不會發生，而是實事存在、存在於顯現中（in der Erscheinung）並且透過顯現（vermöge der Erscheinung）而自身所與：就個物來看，就其不依賴於此個別的顯現（或所與性意識）而言，它們的存在或有效性與顯現是分離的，但是就本質來看，它們在本質上是不能夠與顯現分離的。[50]

0-38 Also das zeigt sich überall, diese wunderbare Korrelation zwischen *Erkenntnisphänomen* und *Erkenntnisobjekt*. Nun merken wir, daß die Aufgabe der Phänomenologie, oder vielmehr das Feld ihrer Aufgaben und Untersuchungen keine so triviale Sache ist, als ob man bloß zu schauen, bloß die Augen aufzumachen hätte. Schon bei den ersten und einfachsten Fällen, bei den niedersten Formen der Erkenntnis, stellen sich der reinen Analyse und Wesensbetrachtung die größten Schwierigkeiten entgegen; es ist leicht, allgemein von der Korrelation zu sprechen, aber sehr schwer, die Art, wie ein Erkenntnisobjekt sich in der Erkenntnis *konstituiert*,

13 // zur Klarheit zu bringen. Und die Aufgabe ist nun doch die, innerhalb des Rahmens reiner Evidenz oder Selbstgegebenheit *allen Gegebenheitsformen und allen Korrelationen nachzugehen* und an allen die aufklärende analyse zu betreiben. Und natürlich kommen da nicht nur die einzelnen Akte in Betracht, sondern auch ihre Komplexionen, ihre Zusammenhänge der Einstimmigkeit und Unstimmigkeit und die daran zutage tretenden Teleologien. Diese Zusammenhänge sind nicht Konglomerationen, sondern eigentümlich verbundene, sich gleichsam deckende Einheiten und Einheiten der Erkenntnis, die als Erkenntniseinheiten auch ihre einheitlichen gegenständlichen Korrelate haben. Also sie gehören selbst mit zu den *Erkenntnisakten*, ihre Typen sind Erkenntnistypen, die ihnen einwohnenden Formen die Denkformen und Anschauungsformen (das Wort hier nicht im kantischen Sinne verstanden).

0-39 Es gilt nun, schrittweise den Gegebenheiten in allen Modifikationen nachzugehen, den eigentlichen und uneigentlichen, den schlichten und synthetischen, den sozusagen mit einem Schlage sich konstituierenden und den sich ihrem Wesen nach nur schrittweise aufbauenden, den absolut geltenden und den eine Gegebenheit und Geltungsfülle sich im Erkenntnisprozeß in unbegrenzter Steigerung zueignenden.

0-40 Auf diesem Wege gelangen wir schließlich auch zum Verständnis, wie das transzendente reale Objekt im Erkenntnisakt getroffen (die Natur erkannt) werden kann, als was es zunächst gemeint ist, und wie der Sinn dieser Meinung sich im fortlaufenden Erkenntniszusammenhange (woferne er nur die gehörigen Formen hat,

0-38　　到處都顯現出了這種在**_認識的現象_**與**_認識的客觀_**之間的令人感到驚訝的相關關係。[51] 現在我們注意到，現象學的任務，或者更恰當地說，現象學的任務與研究的領域，並不是一件那麼平凡瑣碎的事，彷彿我們只需要單純的直觀，只要單純地睜開眼睛就可以。甚至在最初的與最簡單的情況當中，在認識的最底層的形式中，純粹的分析與純粹的本質考察就會遭遇到非比尋常的困難。普遍地來談這個相關關係是簡單的，但是要釐清一個認識的客觀如何在認識中**_構成_**自身的方式 //，則是非常的困難。而我們現在的任務　　_13_ 就是，在純粹明證性或自身所與性的範圍內部，來**_探究一切的所與性的形式以及一切的相關關係_**，並且對這一切進行解明的分析。而我們在這裡所要考察的東西，當然不僅僅是個別的活動而已，也要考察其複合的活動，其一致性與不一致性的關係脈絡，以及在這些關係脈絡中所顯現出來的種種目的性（Teleologien）。[52] 這種關係脈絡並不是混合的，而是以獨特的方式連結在一起的，可以說是相互一致的統一與認識的統一，它們作為認識的統一也擁有其統一的對象相關者。因而這些本身就是屬於**_種種認識活動_**的，它們的類型是認識的類型，而寓居於其中的形式則是思惟的形式與直觀的形式（這個語詞在這裡不能在康德的意義下來理解）。[53]

0-39　　現在我們必須一步步地來探究在所有的變樣中的所與性，也就是本然的（eigentlich）所與性與非本然的（uneigentlich）所與性、單純的所與性與綜合的所與性，可以說一次就構成自身的所與性與在本質上只能循序地建立的所與性、絕對有效的所與性以及一個在無限上升的認識過程中才能獲得其有效性的充實的所與性。[54]

0-40　　沿著這條路而行，我們最終將能夠理解超越的、現實的對象（das transzendente reale Objekt）如何能夠在認識的活動中被切中（也就是說，自然如何被認識）。[55] 首先是作為被意指的東西，並且這種意指的意義如何在持續的認識的關係脈絡中循序地被充實（只要這個關係脈絡擁有屬於經驗對象的構成形式）。然後我們就會理解，經驗的對象如何連續地構成自身，而且

die eben zur Konstitution des Erfahrungsobjektes gehören) schrittweise erfüllt. Wir verstehen dann, wie das Erfahrungsobjekt kontinuierlich sich konstituiert und wie diese Art der Konstitution ihm eben vorgeschrieben ist, daß es seinem Wesen nach eben solche schrittweise Konstitution fordert.

0-41 Offenbar liegen auf diesem Wege die methodischen Formen, die für alle Wissenschaften bestimmend und für alle wissenschaftlichen Gegebenheiten konstitutiv sind, also die Aufklärung der Wissenschaftstheorie und dadurch implizite die Aufklärung aller Wissenschaften: aber freilich nur lmplizite, d.h.

14 Erkenntniskritik wird, wenn diese ungeheure aufklärende Arbeit geleistet // ist, Kritik an den Einzelwissenschaften zu üben befähigt sein und damit befähigt zu ihrer metaphysischen Auswertung.

0-42 Das sind also die Probleme der Gegenbenheit, die Probleme der ***Konstitution von Gegenständlichkeiten jeder Art in der Erkenntnis***. Die Phänomenologie der Erkenntnis ist Wissenschaft von den Erkenntnisphänomenen in dem doppelten Sinn, von den Erkenntnissen als Erscheinungen, Darstellungen, Bewußtseinsakten, in denen sich diese und jene Gegenständlichkeiten darstellen, bewußt werden, passiv oder aktiv, und andrerseits von diesen Gegenständlichkeiten selbst als sich so darstellenden. Das Wort Phänomen ist doppelsinnig vermöge der wesentlichen Korrelation zwieschen ***Erscheinen*** und ***Erscheinendem***. Φαινόμενον heißt eigentlich das Erscheinende und ist aber doch vorzugweise gebraucht für das Erscheinen selbst, das subjektive Phänomen (wenn dieser grob psychologisch mißzuverstehende Ausdruck gestattet ist).

0-43 In der Reflexion wird die *cogitatio*, das Erscheinen selbst zum Gegenstande, und das begünstigt die Ausbildung der Äquivokation. Endlich braucht nicht abermals betont zu werden, daß, wenn von Erforschung der Erkenntnisgegenstände und der Erkenntnismodi die Rede ist, diese immer als Wesensforschung gemeint ist, die generell in der Sphäre absoluter Gegebenheit den letzten Sinn, die Möglichkeit, das Wesen von Gegenständlichkeit der Erkenntnis und von Erkenntnis der Gegenständlichkeit herausstellt.

這樣的構成的樣式是如何先行地規定著經驗的對象，經驗的對象在本質上就需要這樣的循序的構成。

0-41　　明顯地，在這條路上有種種方法論的形式，它們規定著一切學問並且構成一切學問的所與性，因而學問論的解明也隱含地解明了所有的學問，當然只是隱含著的，也就是說，認識的批判學在完成了這個巨大的解明的工作之後 //，我們就有能力對個別的學問進行批判，並且也因而有能力對這些個別 *14* 的學問給與其形上學的評價。[56]

0-42　　這就是所與性的問題，也就是***在認識中的每一個種類的對象性的構成***問題。認識的現象學是一門在雙重意義下的認識現象的學問，〔首先〕是關於認識作為顯現、表現、意識活動的學問，各個個別的對象性在這些認識的內部，以被動或主動的方式被表現或被意識，而另一方面則是關於作為如此展現自身的對象性本身的學問。[57] 現象這個語詞由於***顯現***（*Erscheinen*）與***顯現者***（*Erscheinendes*）在本質上的相關關係而擁有雙重的意義。現象（Φαινόμενον）本來是意謂著顯現者，但是卻主要用來指稱顯現本身，這是一種主觀的現象（倘若容許我們使用這個在粗糙的心理學的方式下令人誤解的表達的話）。

0-43　　在反省當中，思惟或顯現本身會成為對象，而這很容易形成同音多義語。[58] 最後不需我們再次給予強調的事情是，當我們談到認識對象與認識樣態的究明的時候，它始終是意指著本質的研究，而且是在絕對的所與性的領域，以類型的方式來展示關於認識的對象性與對象性的認識的最終的意義、可能性與本質。

0-44　　當然，***理性的普遍現象學***還必須解決***評價***與***價值***的相關性等等這些平行的問題。如果我們如此廣泛地使用現象學這個語詞，讓它是「一門」包含了所有的自身所與性的分析學的話，那麼或許甚至那些看似沒有關連的材料也會聚集在一起：例如依據其不同的類型來對感性的所與性進行分析等等——在這裡的一個共通點在於，這些都是內在於直接的明證的領域中的本

0-44  Natürlich hat die ***allgemeine Phänomenologie der Vernunft*** auch die parallelen Probleme für die Korelation von ***Wertung*** und ***Wert*** etc. zu lösen. Gebraucht man das Wort Phänomenologie so weit, daß «die» Analyse aller Selbstgegebenheit umspannt würde, so würden damit doch wohl zusammenhanglose Data zusammenkommen: Analyse der sinnlichen Gegebenheiten nach ihren verschiedenen Gattungen usw. — das Gemeinsame ist dann im Methodischen der Wesensanalyse in der Sphäre der unmittelbaren Evidenz.

質分析的方法。[59]

# // I. VORLESUNG

*15*

# // 第一講稿

*17* 1-1 // Ich habe in früheren Vorlesungen unterscheiden zwischen ***natürlicher*** und ***philosophische Wissenschaft***; die erstere entspringt aus der natürlichen, die letztere aus der philosophischen Geisteshaltung.

1-2 ***Natürliche Geisteshaltung*** ist um Erkenntniskritik noch unbekümmert. In der natürlichen Geisteshaltung sind wir anschauend und denkend ***den Sachen*** zugewandt, die uns jeweils gegeben sind und selbstverständlich gegeben sind, wenn auch in verschiedener Weise und in verschiedener Seinsart, je nach Erkenntnisquelle und Erkenntnisstuffe. In der Wahrnehmung z.B. steht uns selbstverständlich ein Ding vor Augen; es ist da inmitten der anderen Dinge, lebendigen und leblosen, beseelten und unbeseelten, also inmitten einer Welt, die partiell wie die einzelnen Dinge in die Wahrnuhmung fällt, partiell auch im Zusammenhange der Erinnerung gegeben ist und sich von da aus ins Unbestimmte und Unbekannte ausbreitet.

1-3 Auf diese Welt beziehen sich unsere Urteile. Über die Dinge, ihre Relationen, ihre Veränderungen, ihre funktionellen Änderungsabhängigkeiten und Änderungsgesetze machen wir teils singuläre, teils allgemeine Aussagen. Wir drücken aus, was uns direkte Erfahrung bietet. Den Erfahrungsmotiven folgend, schließen wir vom dierkt Erfahrenen (Wahrgenommenen und Erinnerten) auf nicht Erfahrenes; wir generalisieren, wir übertragen dann wieder allgemeine Erkenntnis auf einzelne Fälle, oder deduzieren im analytischen Denken aus allgemeinen Erkenntnissen neue Allgemeinheiten. Erkenntnisse folgen nicht bloß auf Erkenntnisse in der Weise der bloßen Aneinanderreihung, sie treten zueinander in logische Beziehungen, sie folgen auseinander, sie "stimmen" zueinander, sie bestätigen sich, ihre logische Kraft gleichsam verstärkend.

1-4 Andrerseits treten sie zueinander auch in Verhältnisse des Widerspruchs und Widerstreits, sie stimmen zueinander nicht, sie werden durch ***gesicherte*** Erkenntnis

*18* aufgehoben, zu // bloßen Erkenntnisprätentionen herabgesetzt. Die Widersprüche entspringen vielleicht der Sphäre der Gesetzmäßigkeit der rein prädikativen Form: wir sind Äquivokationen unterlegen, haben Trugschlüsse begangen, haben uns verzählt oder verrechnet. Steht es so, dann stellen wir die formale Einstimmigkeit her, wir lösen die Äquivokationen auf und dgl.

1-1　　// 我曾在先前的演講 [60] 裡區分了***自然的學問***與***哲學的學問***。前者出自　*17*
於自然的精神態度，後者出自於哲學的精神態度。[61]

1-2　　***自然的精神態度***並沒有照顧到一門認識的批判學。在自然的精神態度
當中，我們以直觀與思想的方式來面對***種種的實事***，[62] 這些實事各自根據其
不同的認識的來源以及認識的階段，而以不同的方式與不同的存在類型對我
們所與，並且是以自明的方式對我們所與。[63] 例如：在知覺的經驗裡面，物
體以自明的方式站立在我們的眼前，它就在此，在其他的事物的環繞當中，
在活生生的或死寂的、有生命的或無生命的事物的環繞當中，也就是說，它
存在於一個世界裡面，而這個世界就如同各個個別的物體那樣，部分地進入
我們的知覺經驗，部分地在記憶的關係脈絡中所與，並且也從此（da）而延
伸入未定和未知的事物當中。[64]

1-3　　我們的判斷關連著這個世界。[65] 對於種種事物、其間的關係、變動、
其功能的變化的依存性和變化的法則，我們有些以單稱、有些以普遍的語句
來述說它。我們表達出直接的經驗所提供給我們的東西。跟隨著經驗的動
機，我們從直接經驗到的事物（例如所知覺者與所回憶者）再推論出沒有經
驗到的事物。我們將其類型化（generalisieren），[66] 再將這普遍化的認識轉嫁
到各個個別的情況中；或者我們在分析的思想中，從普遍的認識再推演出新
的普遍性。認識並不單單只是來自於認識間單純的排列，而是相互之間進入
邏輯的關係當中，它們環環相扣、相互「呼應」、相互驗證，可以說強化了
其邏輯的力量。

1-4　　另一方面，認識與認識間也在相互矛盾與相互衝突的關係中出現。[67]
它們相互不一致，並且為***可靠的***認識所揚棄並且貶抑為 // 一種單純的偽裝的　*18*
認識（Erkenntnisprätention）。認識間的矛盾或許是來自於純粹論述形式的合
法則性領域。比如說，我們混淆了語義、做了錯誤的推論、算錯或錯估。如
果是這樣的話，我們就要恢復論述形式的一致性、解消語義的含混等等。[68]

1-5  Oder die Widersprüche stören den Motivationszusammenhang, der die Erfahrung stiftet: Erfahrungsgründe streiten mit Erfahrungsgründen. Wie helfen wir uns da? Nun wir wägen die Gründe für die verschiedenen Bestimmungs- oder Erklärungsmöglichkeiten ab, die schwächeren müssen den stärkeren weichen, die nun ihrerseits solange gelten, als sie eben Stand halten, d.h. solange sie nicht einen ähnlichen logischen Kampf gegen neue Erkenntnismotive, die eine erweiterte Erkenntnissphäre hereinbringt, auskämpfen müssen.

1-6  So schreitet die natürliche Erkenntnis fort. Sie bemächtigt sich in immer weiterem Umfang der von vornherein selbstverständlich existierenden und gegebenen und nur nach Umfang und Inhalt, nach Elementen, Verhältnissen, Gesetzen näher zu erforschenden Wirklichkeit. So werden und wachsen die verschiedenen natürlichen Wissenschaften, die Naturwissenschaften als Wissenschaften von der physischen und psychischen Natur, die Geisteswissenschaften, andrerseits die mathematischen Wissenschaften, die Wissenschaften von den Zahlen, den Mannigfaltigkeiten, den Verhältnissen usw. In den letzteren Wissenschaften handelt es sich nicht um reale Wirklichkeiten, sondern um ideale, an sich gültige, im übrigen aber auch von vornherein fraglose Möglichkeiten.

1-7  In jedem Schritt der natürlichen wissenschaftlichen Erkenntnis ergeben und lösen sich Schwierigkeiten, und sie tun es rein *logisch* oder *sachlich*, auf Grund der Antriebe oder Denkmotive, die eben in den Sachen liegen, gleichsam von ihnen auszugehen scheinen als *Forderungen*, die sie, diese Gegebenheiten, an die Erkenntnis stellen.

1-8  Wir kontrastieren nun mit der *natürlichen Denkhaltung*, bzw. den natürlichen Denkmotiven die *philosophischen*.

1-9  Mit dem Erwachen der Reflexion über das Verhältnis von Erkenntnis und
19 Gegenstand tun sich abgrundtiefe // Schwierigkeiten auf. Die Erkenntnis, im natürlichen Denken die allerselbstverständlichste Sache, steht mit einem Mal als Mysterium da. Doch ich muß genauer sein. *Selbstverständlich* ist dem natürlichen Denken die Möglichkeit der Erkenntnis. Sich unendlich fruchtbar betätigend, in

1-5　　或者矛盾擾亂了讓經驗得以成立的動機的關係脈絡：經驗基礎與經驗基礎間的相互抵觸。在這種情況下我們要如何自助？這個時候我們就檢討各種不同的規定與解釋的可能性的基礎，較薄弱的解釋必須讓位給較強力的解釋。解釋力強的只要它經得住考驗，也就是說，只要它沒有與另一種新的、而且能夠帶來認識領域的擴張的認識動機，產生一種類似的邏輯的抵觸的話，那麼它就仍然是有效的。**69**

1-6　　自然的認識就是以這樣的方式而進展下去。它在持續擴張的範圍內征服了所有從一開始就被認為是以自明的方式（selbstverständlich）**70** 而現實存在的與所與的東西，並且只是在範圍、內容、在要素、關係與法則中對其做更進一步的研究而已。於是就形成並生長出種種不同的自然的學問，例如作為探討物理的自然與心靈的自然的自然學問與精神學問；另一方面則是數學的學問，這是關於數量、多樣性、關係等等的學問。數學的學問並不關涉現實的（reale）實在性，而是涉及觀念的（ideale）、自身有效的、此外這也是從一開始就無疑問的可能性。**71**

1-7　　自然的學問的認識在其每一個步驟裡面，都會自行產生種種難題並且自行解決這些難題，而且這些都是純粹**邏輯地**或是**實事地**發生的事，都是基於存在於實事當中的動力或思想的動機，就像是從實事而來的**種種要求**，要求我們去認識這些所與性。**72**

1-8　　我們現在將**自然的思惟態度**或思惟動機，與**哲學的思惟態度**或思惟動機進行對比。

1-9　　隨著我們對認識與對象關係之反省的覺醒，一些深奧難解的困難會跟著浮現出來 //。認識，這個在自然的思惟當中最為自明的事情，在一下子之間就變成了一個神祕的東西。然而更正確地來說：認識的可能性對自然的思惟來說是**自明的（Selbstverständlich）**。自然的思惟在其本身無止盡的豐碩活動中，不斷地在新的學問當中一個發現接著一個發現地前進著，這個情形使得自然的思惟沒有任何動力去提出認識全般的可能性的問題。即使如此，***認***

*19*

immer neuen Wissenschaften von Entdeckung zu Entdeckung fortschreitend hat das natürliche Denken keinen Anlass, die Frage nach der Möglichkeit der Erkenntnis überhaupt aufzuwerfen. Zwar wird ihm wie alles, was in der Welt vorkommt, so auch die **Erkenntnis** in **gewisser Weise** zum Problem, sie wird zum Objekt natürlicher Forschung. Die Erkenntnis ist eine Tatsache der Natur, sie ist Erlebnis irgendwelcher erkennender organischer Wesen, sie ist ein psychologisches Faktum. Nach ihren Arten und Zusammenhangsformen kann sie beschrieben, in ihren genetischen Verhältnissen erforscht werden wie jedes psychologische Faktum. Andrerseits ist Erkenntnis ihrem Wesen nach **Erkenntnis von Gegenständlichkeit**, und sie ist es durch den ihr immanenten **Sinn**, mit dem sie sich auf Gegenständlichkeit **bezieht**. Auch in diesen Beziehungen betätigt sich schon natürliches Denken. Es macht die apriorischen Zusammenhänge der Bedeutungen und Bedeutungsgeltungen, die apriorischen Gesetzmässigkeiten, die zur Gegenständlichkeit **als solcher** gehören, in **formaler** Allgemeinheit zum Gegenstande der Forschung; es erwächst eine **reine Grammatik** und in höherer Stufen eine reine Logik (vermöge ihrer verschiedenen möglichen Begrenzungen ein ganzer Komplex von Disziplinen) und wieder erwächst eine normative und praktische Logik als eine Kunstlehre des Denkens und zumal des wissenschaftlichen Denkens.

1-10  Soweit stehen wir noch immer auf dem Boden des **natürlichen Denkens.**[原注2]

1-11  Aber gerade die soeben zu Zwecken einer Gegenüberstellung von Psychologie der Erkenntnis und reiner Logik und den Ontologien berührte Korrelation zwischen Erkenntniserlebnis, Bedeutung und Gegenstand ist die Quelle der tiefsten und schwierigsten Probleme, in eins gefaßt des Problems von der Möglichkeit der Erkenntnis.

**20**  1-12  // In allen ihren Ausgestaltungen ist die Erkenntnis ein psychisches Erlebnis: Erkenntnis des erkennenden Subjekts. Ihr stehen die erkannten Objekte gegenüber. Wie kann nun aber die Erkenntnis ihrer Übereinstimmung mit den erkannten Objekten

---

[原注 2] Vgl. Beilage.I.

*識*也跟任何在世界中出現的事物一樣，**在某種方式下**成為自然思惟的問題，成為自然的研究的對象。[73] 認識是一個自然的事實，它是任何能認識的有機體的體驗，它是一個心理學的事實。就如同任何一個心理學事實那樣，人們可以根據認識的種類與關連形式對它進行描述，並且對其發生的關係進行研究。[74] 然而在另一方面，認識在本質上就是**對象性的認識**（*Erkenntnis von Gegenständlichkeit*），並且認識之關連於對象乃是基於其內在的**意義**，認識以其內在的意義而**關係著**對象性。即使是自然的思惟也同樣已經是在這樣的關係當中運作的。[75] 它在**形式的**普遍性之下，將種種意義與意義有效性的先天關係以及屬於對象性**本身**的先天法則性作為研究的對象，於是產生了一門**純粹文法學**並且在更高的階段上產生了一門純粹邏輯學（藉由其種種不同的可能的限定，而為一門種種不同學科的複合體），並甚至產生一門能作為思想的、特別是作為學問的思想的技術學的規範的邏輯學與實用的邏輯學。[76]

1-10　　至此，我們仍然一直站立在**自然思惟**的地盤上。[原注 2]

1-11　　不過，剛才我們為了對比於認識的心理學、純粹的邏輯學與種種不同的存在論，所提到的關於認識體驗、意義與對象間的相關性，乃是一切最深奧與最艱深的問題的泉源，一言以蔽之，乃是認識的可能性的問題的泉源。[77]

1-12　　// 認識，從它所有的形成樣式來看，都是一種心理的體驗，也就是 *20* 說，它是認識的主觀的認識。與認識的主觀相對立的是被認識的客觀。但是現在的問題是：認識如何能夠確定它與被認識的客觀是一致的？認識如何能夠越出其自身而可靠地切中其客觀？對自然的思惟來說，認識的客觀在認識中的所與性是自明的，但是這個所與性現在將成為一個謎。[78] 在知覺裡面，所知覺的事物應是以直接的方式而所與。它就站立在我的知覺著它的眼睛之前，我看著它、把握著它。但是這個知覺，單單只是作為知覺者的我的主觀的體驗而已。同樣地，回憶與期待也是這樣，一切以知覺為基礎的思想活動

---

[原注 2] 參閱附件一。

gewiß werden, wie kann sie über sich hinaus und ihre Objekte zuverlässig treffen? Die dem natürlichen Denken selbstverständliche Gegebenheit der Erkenntnisobjekte in der Erkenntnis wird zum Rätsel. In der Wahrnehmung soll das wahrgenommene Ding unmittelbar gegeben sein. Da steht das Ding vor meinem es wahrnehmenden Auge, ich sehe und greife es. Aber die Wahrnehmung ist bloß Erlebnis meines, des wahrnehmenden, Subjektes. Ebenso sind Erinnerung und Erwartung, sind alle darauf gebauten Denkakte, durch die es zur mittelbaren Setzung eines realen Seins und zur Festsetzung jederlei **Wahrheit** über das Sein kommt, subjektive Erlebnisse. Woher weiß ich, der Erkennende, und kann ich je zuverlässig wissen, daß nicht nur meine Erlebnisse, diese Erkenntnisakte, sind, sondern auch daß ist, was sie erkennen, ja daß überhaupt irgend etwas ist, das als Objekt der Erkenntnis gegenüber zu setzen wäre?

1-13  Soll ich sagen: nur die Phänomene sind dem Erkennenden wahrhaft gegeben, über den Zusammenhang seiner Erlebnisse kommt er nie und nimmer hinaus, also kann er mit wahrhaftem Rechte nur sagen: Ich bin, alles Nicht-Ich ist bloß Phänomen, löst sich in phänomenale Zusammenhänge auf? Soll ich mich also auf den Standpunkt des Solipsismus stellen? Eine harte Zumutung. Soll ich mit *Hume* alle transzendente Objektivität auf Fiktionen reduzieren, die sich mittels der Psychologie erklären, aber nicht vernunftmäßig rechtfertigen lassen? Aber auch das ist eine harte Zumutung. Transzendiert nicht wie jede, so auch die Hume'sche Psychologie die Sphäre der Immanenz? Operiert sie unter den Titeln: Gewohnheit, menschliche Natur (*human nature*), Sinnesorgan, Reiz und dgl. nicht mit transzendenten (und nach ihrem eigenen Eingeständnis transzendenten) Existenzen, während ihr Ziel darauf gerichtet ist, alles Transzendieren der aktuellen "Impressionen" und "Ideen" zur Fiktion zu degradieren?
[原注 3]

21    1-14  Aber was nützt die Berufung auf Widersprüche, wenn die// **Logik selbst im Frage** ist und problematisch wird. In der Tat, **die reale Bedeutung der logischen Gesetzlichkeit**, die für das natürliche Denken außer aller Frage steht, wird nun

---

[原注 3] Vgl. Beilage II.

都是主觀的體驗，主觀透過這些思想活動而間接地設定一個現實的存在，並且對於這個存在定立各式各樣的**真理**。作為一個認識者，我要從何得知、並且要如何才能確實地知道，不是只有我的種種不同的體驗存在、不是只有這些種種不同的認識活動存在，而是也能夠確實地知道，那些為認識活動所認識的東西，也確實是某種存在，也就是說，那些對立於認識的活動而被設定為認識的客觀的東西，也確實是某種存在呢？[79]

1-13　　我是不是應當這麼主張：只有現象對認識者而言才是真實的所與。認識者從來不能夠越出他的體驗的關係脈絡，因此他真正擁有權利而能夠主張的事情是：我存在，所有的非我都只是現象並且可以解消在現象的關係脈絡當中呢？也就是說，我是否就因此而應當站在獨我論的立場上呢？這是一個過多的要求。我是否應當像休謨一樣，將所有的超越的客觀性，通通化約為一種可以透過心理學來解釋、但卻無法以理性的方式來證實的虛構呢？這也是一個過多的要求。[80] 休謨的心理學難道不也是和任何其他的心理學一樣，都超越了內在的領域嗎？當休謨的心理學的目的在將所有超越了現前的（aktuell）「印象」與「觀念」的東西貶抑為一種虛構的時候，他同時也是在習性、人類的本性（人性）、感覺器官、刺激等等名稱之下來操作的，而這些難道不正是一種超越的（而且正就是休謨的心理學自己所承認的超越的）現實存在嗎？[原注 3] [81]

1-14　　但是 // 倘若**邏輯本身就是可疑的**並且是有問題的，那麼就算訴諸於矛 **21** 盾也是沒有用的。事實上，這個對自然思惟來說是毫無疑問的**邏輯法則的現實的意義（reale Bedeutung）**，現在是**有問題的**，並且甚至就是**可懷疑的**。[82] 於是一系列的生物學思想就出現了。我們可以想想當代的演化論，根據這種理論，人類是在生存競爭中經過自然天擇而演化出來的，而隨著人類的演化，當然也包括人類的理智，以及屬於理智所特有的一切形式（更確切地

---

[原注 3]　參閱附件二。

*fraglich* und selbst *zweifelhaft*. Biologische Gedankenreihen drängen sich auf. Wir werden an die moderne Entwicklungstheorie erinnert, wonach sich der Mensch etwa im Kampf ums Dasein und durch natürliche Zuchtwahl entwickelt hat, und mit ihm natürlich auch sein Intellekt und mit dem Intellekt auch alle die ihm eigentümlichen Formen, näher die logischen Formen. Drücken danach die logischen Formen und logischen Gesetze nicht die zufällige Eigenart der menschlichen Species aus, die auch anders sein kännte und im Verlauf der künftigen Entwicklung auch anders sein wird? Erkenntnis ist also wohl nur *menschliche Erkenntnis*, gebunden an die *menschlichen intellektualen Formen*, unfähig die Natur der Dinge selbst, die Dinge an sich zu treffen.

1-15  Aber alsbald springt wieder ein Unsinn hervor: die Erkenntnisse, mit denen eine solche Ansicht operiert und selbst die Möglichkeiten, die sie erwägt, haben sie noch Sinn, wenn die logischen Gesetze in solchem Relativismus dahingegeben werden? Setzt die Wahrheit, es bestehe die und die Möglichkeit, nicht die absolute Geltung des Satzes vom Widerspruch implizite voraus, wonach mit einer Wahrheit die Kontradiktion ausgeschlossen ist?

1-16  Diese Beispiele mögen genügen. Die Möglichkeit der Erkenntnis wird überall zum Rätsel. Leben wir uns in die natürlichen Wissenschaften ein, so finden wir, soweit sie exakt entwickelt sind, alles klar und verständlich. Wir sind sicher, im Besitz objektiver Washrheit zu sein, begründet durch zuverlässige, die Objektivität wirklich treffende Methoden. Sowie wir aber reflektieren, geraten wir in Irrungen und Verwirrungen. Wir verwickeln uns in offenbare Unzuträglichkeiten und selbst Widersprüche. Wir sind in ständiger Gefahr, in den Skeptizismus zu verfallen, oder besser: in irgend eine der verschiedenen Formen des Skeptizismus, deren gemeinsames Merkmal leider ein und dasselbe ist: der Widersinn.

1-17  Der Tummelplatz dieser unklaren und widerspruchsvollen Theorien, sowie der damit zusammenhängenden endlosen // Streitigkeiten, ist die *Erkenntnistheorie* und die mit ihr historisch wie sachlich innig verwobene *Metaphysik*. Die Aufgabe der Erkenntnistheorie oder Kritik der theoretischen Vernunft ist zunächst eine kritische.

說，即一切的邏輯形式）也跟著演化出來。根據這種主張，邏輯形式與邏輯法則是不是只是表達出人種的一種偶然特性？也就是說，它是不是可能是另一種樣子，並且在未來的演化發展中也會變成另外一種樣子呢？因此認識可以說只是**人類的認識**，緊緊地束縛在**人類的理智的形式**當中，而無法切中事物自身的本性，無法切中事物本身。[83]

1-15　但是在這裡馬上又會產生出一個矛盾：也就是說，如果邏輯法則在這麼一種相對主義中被排除之後，那麼運作在這麼一種見解之上的認識，以及這樣的見解所考慮的種種可能性，仍然還有意義嗎？某某東西擁有這樣的或那樣的可能性，這樣的真理難道沒有隱含地預設了矛盾律的絕對有效性嗎？難道不是根據矛盾律我們才可以以某一真理來排除與其矛盾的主張嗎？[84]

1-16　這些例子應該就足夠了。認識的可能性將到處都是一個謎。只要我們置身於自然態度下的學問，我們就會發現，就這些學問基本上是一門精確發展的學問而言，一切都是清楚而可理解的，我們可以確定我們擁有客觀的真理，而且這些客觀的真理乃是經由一些可靠的、真實切中於對象性的方法所建立起來。[85] 但是只要我們一反省，我們就要陷入錯誤與混亂當中，就要陷自己於明顯的糾結、甚至矛盾當中。我們常處於陷入懷疑論的危險之中，或者更恰當地來說，常處於陷入種種不同形式的懷疑論的一種，而這些不同形式的懷疑論的共通的標誌就是：荒謬（Widersinn）。[86]

1-17　這些紊亂、充滿矛盾的理論以及與其相互關連、無止盡的爭論之戰場 //，正是**認識論**以及與認識論在歷史上、實事上內在地纏結在一起的**形上學**。　*22*
[87] 認識論或者理論理性的批判論的任務，首先乃是批判性的。它必須焚毀那些對認識、認識的意義與認識的對象的關係的自然的反省所幾乎不可避免地要陷入於其中的顛倒見解，[88] 也就是說，要對那些關於認識的本質，明白地或隱藏地持懷疑論立場的學說，透過顯示其荒謬而予以駁斥。[89]

Sie hat die Verkehrtheiten, in welche die natürliche Reflexion über das Verhältnis von Erkenntnis, Erkenntnissinn und Erkenntnisobjekt fast unvermeidlich gerät, zu brandmarken, also die offenen oder versteckten skeptischen Theorien über das Wesen der Erkenntnis durch Nachweisung ihres Widersinns zu widerlegen.

1-18  Andrerseits ist es ihre positive Aufgabe, durch Erforschung des Wesens der Erkenntnis die zur Korrelation von Erkenntnis, Erkenntnissinn und Erkenntnisobjekt gehörigen Probleme zur Lösung zu bringen. Zu diesen Problemen gehört auch die Herausstellung des Wesens-Sinnes von erkennbarer Gegenständlichkeit oder, was dasselbe ist, von Gegenständlichkeit überhaupt: des Sinnes, der ihr vermöge der Korrelation von Erkenntnis und Erkenntnisgegenständlichkeit apriori (das ist dem Wesen nach) vorgeschrieben ist. Und dies betrifft natürlich auch alle durch das Wesen der Erkenntnis vorgezeichneten Grundgestaltungen von Gegenständlichkeiten überhaupt. (Die ontologischen Formen, die apophantischen wie metaphysischen.)

1-19  Eben durch die Lösung dieser Aufgaben wird die Erkenntnistheorie zur Erkenntniskritik befähigt, deutlicher zur *Kritik der natürlichen Erkenntnis* in allen natürlichen Wissenschaften. Sie setzt uns dann nämlich in Stand, die Ergebnisse der natürlichen Wissenschaften hinsichtlich des Seienden in der richtigen und endgiltigen Weise zu interpretieren. Denn die erkenntnistheoretische Verworrenheit, in die uns die natürliche (vorerkenntnistheoretische) Reflexion über Erkenntnismöglichkeit (über eine mögliche Triftigkeit der Erkenntnis) versetzte, bedingt nicht nur falsche Ansichten über das Wesen der Erkenntnis, sondern auch grundverkehrte, weil in sich selbst wiedersprechende *Interpretationen* des in den natürlichen Wissenschaften erkannten Seins. Je nach der in Folge jener Reflexionen für nötig erachteten Interpretation wird ein und dieselbe Naturwissenschaft in materialistischem, spiritualistischem, dualistischem, psychomonistischem, positivistischem und mancherlei anderm Sinn interpretiert. Erst die erkenntnistheoretische Reflexion
23  erzeugt also die Scheidung zwischen // natürlicher Wissenschaft und Philosophie. Erst durch sie kommt zutage, daß die natürlichen Seinswissenschaften nicht endgiltige Seinswissenschaften sind. Es bedarf einer Wissenschaft vom Seienden in absolutem

1-18　　另一方面認識批判學的積極任務在於透過對認識的本質的探究，解決屬於認識、認識的意義與認識的對象間相互關係的問題。[90] 這些問題也包含了展示可認識的對象性的本質意義（Wesens-Sinn）。[91] 或即對象性全般的本質意義，也就是說，展示由認識與認識的對象性的相關關係而先天地（即本質地）被規定的意義。而這些當然也適用於一切經由認識的本質所先行地規定的對象性全般的基本型態（存在論的、命題的與形上學的形式）。

1-19　　正就是透過這些任務的解決，使得認識論能夠成為一門認識的批判學，更清楚地說，能夠在一切自然的學問中成為*自然的認識的批判學*。而這門認識的批判學讓我們能夠站立在這樣的立場，即能夠對關於存在物的種種自然學問的成果予以正確且終極地解釋的立場。這是因為我們陷入了一種認識論的混亂，而在這種認識論的混亂當中，我們對認識的可能性問題（亦即對認識的切中的可能性 [92]）進行自然的（前認識論的）反省，這不僅會招致對認識的本質的錯誤見解，甚至會招致在根本上是顛倒錯誤的見解，這是因為在種種自然的學問所認識的存在當中，在其自身就存在著種種矛盾的*解釋*。[93] 根據每一個認為這樣的反省 [94] 的結果是必要的解釋，同一的自然的學問將在物質主義、精神主義、二元論、心理一元論、實證論以及其他種種不同的意義下被解釋。唯有認識論的反省，才能創造出（erzeugen）自然的學問與哲學的分離 //。[95] 唯有透過認識論的反省，才能夠顯露出自然的存在學不是 *23* 最終的存在學。我們需要一門在絕對的意義下關於存在者的學問。這門我們稱之為*形上學*的學問，乃是產生自對個別的學問內部的自然的認識的「批判學」，也就是說，是產生自建立在普遍的認識批判學中所獲得的洞見，即根據其不同的基本型態、在認識與認識的對象性之間的不同的基本相關關係當中，對認識與認識的對象性的本質的洞見。[96]

Sinn. Diese Wissenschaft, die wir *Metaphysik* nennen, erwächst aus einer "Kritik" der natürlichen Erkenntnis in den einzelnen Wissenschaften auf Grund der in der allgemeinen Erkenntniskritik gewonnenen Einsicht in das Wesen der Erkenntnis und der Erkenntnisgegenständlichkeit nach ihren verschiedenen Grundgestaltungen, in den Sinn der verschiedenen fundamentalen Korrelationen zwischen Erkenntnis und Erkenntnisgegenständlichkeit.

1-20  Sehen wir von den metaphysischen Abzweckungen der Erkenntniskritik ab, halten wir uns rein an ihre Aufgabe, *das Wesen der Erkenntnis und Erkenntnisgegenständlichkeit aufzuklären, so ist sie Phänomenologie der Erkenntnis und Erkenntnisgegenständlichkeit* und bildet das Erste und Grundstück der Phänomenologie überhaupt.

1-21  Phänomenologie: das bezeichnet eine Wissenschaft, einen Zusammenhang von wissenschaftlichen Disziplinen; Phänomenologie bezeichnet aber zugleich und vor allem eine Methode und Denkhaltung: die spezifisch *philosophische Denkhaltung*, die spezifisch *philosophische Methode*.

1-22  In der zeitgenössischen Philosophie, sowie sie Anspruch erhebt, ernste Wissenschaft zu sein, ist es fast zum Gemeinplatz geworden, daß es nur eine allen Wissenschaften und somit auch der Philosophie gemeinsame Erkenntnismethode geben könne. Diese Überzeugung entspricht vollkommen den großen Traditionen der Philosophie des 17. Jahrhunderts, die ja auch meinte, alles Heil der Philosophie hänge davon ab, daß sie die exakten Wissenschaften zum methodischen Vorbild nehme, vor allem also die Mathematik und die mathematische Naturwissenschaft. Mit der methodischen hängt auch die sachliche Gleichstellung der Philosophie mit den anderen Wissenschaften zusammen, und man muß gegenwärtig noch als die vorherrschende Meinung bezeichnen, daß die Philosophie, und näher die oberste Seins- und Wissenschaftslehre, nicht nur auf alle sonstigen Wissenschaften

*24* bezogen, sondern auch auf deren Ergebnisse gegründet // sein könne: in derselben Art wie Wissenschaften sonst aufeinander gegründet sind, die Ergebnisse der einen als Prämissen für die anderen fungieren können. Ich erinnere an die beliebten

1-20　　我們不考慮認識的批判學的形上學意圖，而只是純粹地緊握其使命，也就是說***要解明認識與認識的對象性的本質，因而認識的批判學是一門認識與認識對象性的現象學***，並且形成了現象學全般的首要與基礎部分。[97]

1-21　　現象學：它表達出一門關連於種種不同學科的學問；但是同時現象學也表達出一門特有的方法學和思惟態度：亦即一門特殊的***哲學的思惟態度***與特殊的***哲學的方法***。[98]

1-22　　在當今的哲學裡面，只要它要求成為一門嚴肅的學問的話，那麼這麼一個觀點就幾乎快成為共識了：即認為只能有一個共通於一切學問因而也共通於哲學的認識方法。[99] 這麼一個信念完全符合了十七世紀哲學的大傳統，這個大傳統認為：哲學的解救有賴於哲學要以精確的學問為方法的典範，特別是以數學與數學的自然學問作為其方法的模範。隨著將哲學視為與其他的學問在方法上的平等，在實事上也一併將哲學與其它的學問視為平等。[100] 並且人們現在亦必須承認這樣的想法是一種支配的想法：哲學或者更進一步地說，這門最高的存在的與認識的學問，不僅與所有的其它的學問關連在一起，並且也跟其他的學問一樣，以互為基礎的方式建立在其它的學問的成果上 //，某一門學問的成果能夠作為另一門學問之前提。我所想到的是那種受人 *24* 們歡迎的想法，即透過認識的心理學與生物學來為認識論奠基的工作。在我們這個時代，反對這種會帶來危險後果的成見是愈來愈多了。而事實上，這些反對本身就是一種成見。[101]

Begründungen der Erkenntnistheorie durch Erkenntnispsychologie und Biologie. In unseren Tagen häufen sich die Reaktionen gegen diese verhängnisvollen Vorurteile. In der Tat, es sind Vorurteile.

1-23   In der natürlichen Forschungssphäre kann eine Wissenschaft auf eine andere sich ohne weiteres bauen und kann die eine für die andere als methodisches Vorbild dienen, wenn auch nur in gewissen durch die Natur der jeweiligen Forschungsgebiete bestimmten und begrenzten Ausmaßen. *Die Philosophie aber liegt in einer völlig neuen Dimension*. Sie bedarf *völlig neuer Ausgangspunkte* und einer völlig neuen Methode, die sie von jeder "natürlichen" Wissenschaft prinzipiell unterscheidet. Darin liegt, daß die logischen Verfahrungsweisen, die den natürlichen Wissenschaften Einheit geben, mit allen von Wissenschaft zu Wissenschaft wechselnden speziellen Methoden, einen einheitlichen prinzipiellen Charakter haben, dem sich die methodischen Verfahrungsweisen der Philosophie gegenübersetzen als eine im Prinzip neue Einheit. Und wieder liegt darin, daß die *reine* Philosophie innerhalb der gesamten Erkenntniskritik und der "kritischen" Disziplinen überhaupt von der ganzen in den natürlichen Wissenschaften und in der wissenschaftlich nicht organisierten natürlichen Weisheit und Kunde geleisteten Denkarbeit absehen muß und von ihr keinerlei Gebrauch machen darf.

1-24   Vorweg wird uns diese Lehre, deren nähere Begründung die weiteren Ausführungen geben werden, durch folgende Überlegung nahe gebracht.

1-25   Im skeptischen Medium, das die erkenntniskritische Reflexion (ich meine die erste, vor der wissenschaftlichen Erkenntniskritik liegende und in der natürlichen Denkweise sich vollziehende) notwendig erzeugt, hört jede natürliche Wissenschaft und jede natürliche wissenschaftliche Methode auf, als ein verfügbarer Besitz zu gelten. Denn objektive Triftigkeit der Erkenntnis überhaupt ist nach Sinn und Möglichkeit rätselhaft und dann auch zweifelhaft geworden, und exakte Erkenntnis *25* wird dabei nicht minder rätselhaft als nicht-exakte, wissenschaftliche nicht // minder als vorwissenschaftliche. Fraglich wird die Möglichkeit der Erkenntnis, genauer die Möglichkeit, wie sie eine Objektivität, die doch in sich ist, was sie ist,

1-23　　在自然的研究領域當中，一門學問可以輕易地建立在另一門學問之上，並且某一門學問可以做為另一門學問在方法上的典範，儘管這只是在為各個研究領域的本性所決定與限制的範圍之下才是可能的，**但是哲學卻存在於一個全新的向度**，它需要**全新的出發點**和一個全新的方法，能夠讓它在原則上與任何的「自然的」學問區別開，其中包括了要與提供種種自然的學問以統一性的邏輯的操作程序區別開，這種操作程序在學問的不同的特殊方法之間擁有一種原則上統一的性格，但是哲學的方法的操作程序與此是對立的，它在原則上是一種新的單元。[102] 此外這也是為什麼**純粹的**哲學，在整個認識的批判學與整個「批判的」學說全般的內部，必須完全不考慮在任何的自然的學問與未被組織成學問的自然的智慧與學識中所完成的思想成果，並且根本不能夠使用它們的原因。[103]

1-24　　關於這個學說，我們會在以下的論述中對它給出進一步的奠基，首先我們要在以下的思考中來稍微予以釐清。

1-25　　認識的批判學的反省（我指的是那種最初的、先於學問性的認識批判學的、並且是在自然的思惟方式下所進行的反省）必然地會產生出懷疑論的中間階段，在這個懷疑論的中間階段當中，一切自然的學問與自然的學問的方法，其作為一個可以使用的所有物的有效性皆被停止。因為認識全般的客觀的切中性（objektive Triftigkeit der Erkenntnis überhaupt），其意義與可能性是不可解的，並且甚至是有疑問的。而在這一點上，精確的認識與非精確的認識，同樣都是不可解的，學問的認識與 // 前學問的認識都是一樣。[104] 認識 *25* 的可能性乃是問題所在，更恰當地來說，問題在於認識如何能夠切中一個雖在其自身，但仍保有自身的是什麼的客觀性（eine Objektivität, die doch in sich ist, was sie ist）。[105] 在這問題的背後存在著認識的構作（Leistung）的問題、認識的有效性或合法性要求的意義問題，以及有效性認識與單純的偽裝的認識之間的意義的區別問題；同樣地，另一方面則有對象性的意義問題，其存在與其本質無關於這個對象性是不是被認識，但是它作為對象性卻是某種可

treffen kann. Dahinter aber liegt: daß die Leistung der Erkenntnis, der Sinn ihres Geltungs- oder Rechtsanspruches, der Sinn der Unterscheidung zwischen giltiger und bloß prätendierter Erkenntnis in Frage ist; ebenso andererseits der Sinn einer Gegenständlichkeit, die ist und ist, was sie ist, ob sie erkannt wird oder nicht und die doch als Gegenständlichkeit Gegenständlichkeit möglicher Erkenntnis ist, prinzipiell erkennbar, auch wenn sie faktisch nie erkannt worden ist und erkennbar sein wird, prinzipiell wahrnehmbar, vorstellbar, durch Prädikate in einem möglichen urteilenden Denken bestimmbar usw.

1-26  Es ist aber nicht abzusehen, wie ein Operieren mit Voraussetzungen, die der natürlichen Erkenntnis entnommen und in ihr noch so "exakt begründet" sind, uns dazu verhelfen könne, die erkenntniskritischen Bedenken zu lösen, die erkenntniskritischen Probleme zu beantworten. Ist Sinn und Wert der natürlichen Erkenntnis *überhaupt* mit *allen* ihren methodischen Veranstaltungen, mit allen ihren exakten Begründungen problematisch geworden, so trifft dies auch jeden als Ausgangspunkt vorzugebenden Satz aus der natürlichen Erkenntnissphäre und jede vorgeblich exakte Methode der Begründung. Strengste Mathematik und mathematische Naturwissenschaft hat hier nicht den mindesten Vorzug vor irgend einer wirklichen oder vorgeblichen Erkenntnis der gemeinen Erfahrung. Es ist also klar, daß gar keine Rede davon sein kann, es habe die Philosophie (die doch mit der Erkenntniskritik anhebt und die mit allem, was sie sonst ist, in der Erkenntniskritik wurzelt) sich nach den exakten Wissenschaften methodisch (oder gar sachlich!) zu orientieren, sie habe sich deren Methodik zum Vorbild zu nehmen, es komme ihr zu, nach einer prinzipiell in allen Wissenschaften identischen Methodik die in den exakten Wissenschaften geleistete Arbeit nur fortzuführen und zu vollenden. Die Philosophie liegt, ich wiederhole es, in einer gegenüber aller natürlichen Erkenntnis *neuen Dimension*, und der neuen Dimension, möge sie auch, wie das schon in der bildlichen Rede liegt, ihre wesentlichen Zusammenhänge mit den alten Dimensionen

*26*  haben, entspricht eine *neue*, von Grund auf neue *Methode*, die // der "natürlichen" entgegengesetzt ist. Wer das leugnet, der hat die ganze der Erkenntniskritik

能的認識的對象性，就算它在事實上從來沒有被認識過並且今後也不會被認識，但是它在原則上就是可認識的、在原則上可知覺的、可表象的，並且在原則上是可以在一個可能的判斷的思考中透過種種謂詞（Prädikate）來加以限定的。

1-26　　但是我們沒有辦法預見，一個取自於自然的認識，並且又如此「精確地建立在」自然的認識上的前提的操作，如何來幫助我們化解認識的批判學的種種疑慮並且解決種種認識的批判學的問題。既然自然的認識**全般**（*überhaupt*）的意義與價值，包括其***所有的***方法的活動與所有的精確的奠基，現在都是有疑問的，而且這一種情況也適用於每一個基於自然的認識領域並且自稱為出發點的命題，以及每一個自稱為精確的奠基方法。在這裡，最嚴格的數學與數學化的自然學問，相對於任何一個對通常的經驗的真正的認識或偽裝的認識，都絲毫不具有優位性。因此很明顯地，主張哲學（以認識的批判學為開始，並且其他的部分也全都以認識的批判學為根基的哲學）必須在方法論上（甚至在實事上！）以精確的學問方法來確立其方向，這樣的說法是根本行不通的。同樣地，主張哲學必須以精確的學問的方法論為典範，認為哲學的工作僅是在根據原則上共通於一切學問的同一的方法論，來承接與完成精確的學問所完成的工作，這樣的說法也是行不通的。我再一次重複，相對於一切的自然的認識，哲學存在於一個***新的向度***，就如同我們在比喻中就已經說過的，即使它與舊的向度有本質上的關連，這一新的向度在根本上也相應地擁有一個與「自然的」方法論相對立的***新的方法論*** //。[106] *26* 否定這一點的人，就不能夠理解認識的批判學所本有的問題層次的全部，也因此沒有辦法理解哲學真正想要什麼以及哲學應該是什麼，也沒有辦法理解在相對於一切自然的認識與學問之下，是什麼東西賦予哲學以如此獨特的性質與權威。

eigentümliche Problemschicht nicht verstanden und hat somit auch nicht verstanden, was Philosophie eigentlich will und soll, und was ihr, aller natürlichen Erkenntnis und Wissenschaft gegenüber, Eigenart und Eingenberechtigung verleiht.

*27*

# // II. VORLESUNG

# // 第二講稿

*27*

認識的批判學的出發點：對一切知識的質疑（頁 29）——銜接於笛卡兒懷疑的考察法之下的絕對確實的地盤的獲得（頁 30）——絕對的所與性的領域（頁 31）——再論與補充：對反對一門認識的批判學的可能性的論證的反駁（頁 32）——自然的認識的謎：超越（頁 34）——內在與超越這兩個概念的區分（頁 35）——認識的批判學的首要問題：超越者的認識的可能性（頁 36）——認識論的還原的原理（頁 39）

**29** 2-1 // Im Anfang der Erkenntniskritik ist also die ganze Welt, die physische und psychische Natur, schließlich auch das eigene menschliche Ich mitsamt allen Wissenschaften, die sich auf diese Gegenständlichkeiten beziehen, mit dem Index der *Fraglichkeit* zu versehen. Ihre Sein, ihre Geltung bleibt dahingestellt.

2-2 Wie kann sich, das ist nun die Frage, *Erkenntniskritik etablieren*? Als wissenschaftliche Selbstverständigung der Erkenntnis will sie wissenschaftlich erkennend und damit objektivierend feststellen, was Erkenntnis ihrem Wesen nach ist, was im Sinne der Beziehung auf eine Gegenständlichkeit liegt, die ihr zugeschrieben wird, und der gegenständlichen Giltigkeit oder Triftigkeit, wenn sie Erkenntnis im echten Verstande sein soll. Die ἐποχή, die Erkenntniskritik üben muß, kann nicht den Sinn haben, daß sie damit nicht nur anfängt, sondern auch dabei bleibt, jede Erkenntnis in Frage in Frage zu stellen, also auch ihre eigene, und keine Gegebenheit gelten zu lassen, also auch diejenige nicht, die sie selbst feststellt. Darf sie nichts als *vorgegeben* voraussetzen, so muß sie mit irgendeiner Erkenntnis anheben, die sie nicht anderweits unbesehen hernimmt, die sie sich selbst vielmehr gibt, die sie selbst als erste setzt.

2-3 Diese erste Erkenntnis darf schlechthin nichts von der Unklarheit und Zweifelhaftigkeit enthalten, die Erkenntnissen sonst den Charakter des Rätselhaften, Problematischen verleihen, welcher uns schließlich so in Verlegenheit setzte, daß wir veranlaßt wurden zu sagen, Erkenntnis überhaupt sei ein Problem, eine unverständliche, klärungsbedürftige, ihrem Anspruch nach zweifelhafte Sache. Korrelativ ausgedrückt: wenn wir kein Sein als vorgegeben hinnehmen dürfen, weil die erkenntniskritische Unklarheit es mit sich bringt, daß wir nicht verstehen, welchen Sinn ein Sein haben kann, das *an sich* und doch *in der Erkenntnis erkannt sei*, so muß sich doch ein Sein aufweisen lassen, das wir als absolut gegeben und zweifellos **30** // anerkennen müssen, sofern es eben in einer Weise gegeben ist, daß bei ihm völlige Klarheit besteht, aus der jede Frage ihre unmittelbare Antwort findet und finden muß.

2-4 Und nun erinnern wir uns an die Cartesianische Zweifelsbetrachtung. Die vielfältigen Möglichkeiten des Irrtum und der Täuschung bedenkend, mag ich solch

2-1　　// 認識的批判學的一開始即要將整個世界，也就是要將物理的自然與　*29*
心理的自然，最後也要將自身的人類的自我，連同一切與這些的對象性相關
的學問，加上**疑問**的標記來看待。這些東西的存在、它們的有效性，保留為
懸而未決的。[107]

2-2　　現在我們的問題在於**認識的批判學**要如何**建立**？認識的批判學作為認
識在學問上的自我理解，我們要在學問的層面上來認識，並且以客觀化的方
式來確定認識就其本質而言是什麼？屬於認識所擁有的關連著一個對象性的
意義是什麼？以及對真正意義下的認識來說，對象的有效性或切中性應該是
什麼？[108] 認識的批判學所必須進行的存而不論（ἐποχή），其意義不僅是在
認識的批判學的開始而已，尚且是在認識的批判學當中保持對每個認識、也
包括對認識的批判學自身的認識的質疑，它不會允許任何的所與性擁有有效
性，也不會允許那些自身確定的東西，認識的批判學不能預設任何東西作為
**先行的所與**（*vorgegeben*），因而倘若要從某個認識開始的話，那麼它就不能
夠沒有檢查地從別的地方拿過來，而毋寧是要認識的批判學自己給出，開始
於自己設定為最先的認識。

2-3　　這個最先的認識，完全不容許包含任何的不清晰性與可疑性，否則認
識就會擁有不可理解、可懷疑的特性，最終會讓我們陷入一種困境而迫使我
們說：認識全般就是一個問題，一個不可理解的，需要解釋清楚的問題，就
其要求 [109] 而言就是可懷疑的事。相關地來說，我們不應該接受任何存在做為
先行的所與，因為倘若如此，認識的批判學的不明確性將伴隨而來，也就是
說，我們不能理解一個**在其自身的**，但卻又是**在認識中被認識到**的存在能夠
擁有什麼樣的意義，然而卻一定有一種被我們承認為絕對的所與且無可置疑
的存在 //，它以就其自身是完全清晰的方式而所與，而從這完全的清晰性中，　*30*
我們可以找到並且必然可以找到一切問題的直接答案。[110]

2-4　　現在讓我們回想一下笛卡兒的懷疑觀察法。考慮到謬誤和錯覺的多
樣的可能性，我可能會陷入一種懷疑的絕望當中，並且最終要說出沒有任何

eine skeptische Verzweiflung geraten, daß ich damit ende zu sagen: nichts steht mir sicher, alles ist mir zweifelhaft. Aber alsbald ist evidenz, daß mir doch nicht alles zweifelhaft sein kann, denn indem ich so urteile, alles ist mir zweifelhaft, ist das unzweifelhaft, daß ich so urteile, und so wäre es wiedersinnig einen universellen Zweifel festhalten zu wollen. Und in jedem Falle eines bestimmten Zweifels ist es zweifellos gewiß, daß ich so zweifle. Und ebenso bei jeder *cogitatio*. Wie immer ich wahrnehme, vorstelle, urteile, schließe, wie immer es dabei mit der Sicherheit oder Unsicherheit, der Gegenständlichkeit oder Gegenständslosigkeit dieser Akte sich verhalten mag, im Hinblick auf das Wahrnehmen ist es absolut klar und gewiß, daß ich das und das wahrnehme, in Hinblick auf das Urteil, daß ich das und das urteile usw.

2-5  Descartes hat diese Erwägung zu anderen Zwecken angestellt; passend modifiziert können wir sie hier aber gebrauchen.

2-6  Fragen wir nach dem Wesen der Erkenntnis, so ist, wie immer es mit dem Zweifel an ihrer Triftigkeit und mit dieser selbst beschaffen sein mag, zunächst doch die Erkenntnis selbst ein Titel für eine vielgestaltige Seinssphäre, die uns absolut gegeben sein kann und in Einzelheiten jeweils absolut zu geben ist. Nämlich die Denkgestaltungen, die ich wirklich vollziehe, sind mir gegeben, wofern ich auf sie **reflektiere**, sie **rein schauend** aufnehme und setze. Ich kann in vager Weise von Erkenntnis, von Wahrnehmung, Vorstellung, Erfahrung, Urteil, Schluß und dgl. reden, dann ist, wenn ich reflektiere, freilich nur gegeben, aber auch absolut gegeben, dieses Phänemen des vagen "von Erkenntnis, Erfahrung, Urteil usw. Redens und Meinens". Schon dieses Phänomen der Vagheit ist eins derjenigen, die unter den Titel der Erkenntnis im weitesten Sinn fallen. Ich kann aber auch eine Wahnehmung aktuell vollziehen und auf sie hinblicken, ich kann ferner eine Warhnehmung mir in Phantasie oder Erinnerung vergegenwärtigen und auf sie in dieser Phantasiegegebenheit

*31*  hinblicken. Dann habe ich nicht mehr // eine leere Rede oder eine vage Meinung, Vorstellung von Wahrnehmung, sondern Wahrnehmung steht mir gleichsam vor Augen als eine aktuelle oder Phantasiegegebenheit. Und so für jedes intellektive

事物對我來說是確定的，一切對我來說都是可疑的，然而隨之而具明證性的事情是：對我來說不可能所有的事情都是可疑的，因為當我這麼下這麼一個判斷，" 一切對我來說都是可懷疑的 " 的時候，" 我在做如此的判斷 " 則是不可懷疑的，因此想要堅持一個普遍的懷疑是不合理的。無論如何，" 我如此懷疑 " 的這個特定的懷疑活動是無可懷疑地確定。同樣地每一個思惟（*cogitatio*）[111] 皆是如此。不論我是如何地知覺、表象、判斷、推論，不論在做這些活動的時候，是確定的或是不確定的、也不論這些活動關連著對象性或無對象性，就知覺的活動而言，" 我在如此如此地知覺著 " 這件事情是絕對地清晰與確定的，而就判斷而言，" 我在如此如此地判斷著 " 也是如此等等。[112]

2-5　笛卡兒將這項考慮在另外一個目的下來進行，透過一個適當的改變，我們也可以在這裡來使用它。[113]

2-6　在我們問向認識的本質的時候，這個問題總是伴隨著對認識的切中性的懷疑，伴隨於此而可能產生的，首先在於認識本身是一種名稱，用以稱呼多樣形態的存在領域，這種存在領域對我們來說不僅可以是絕對的所與的東西，並且總是在個別性中對我們是絕對的所與。[114] 也就是說，我實際地（wirklich）進行的思想型態，當我**反省**它，**_純粹直觀地_**來接受並且設定它的時候，這些對我都是所與的。我可以模糊地談論認識、知覺、表象、經驗、判斷與推論等等，然後在我反省的時候，這些模糊地「關於認識、經驗、判斷等等的談論與意指」的現象，當然是所與的，而且是絕對地所與。[115] 這些模糊的現象都是包含在最廣義的認識的名稱之下的一種認識。我也可以顯態地（aktuell）執行一個知覺並且注視這個知覺，進一步地我可以在想像或回憶中現前化（vergegenwärtigen）[116] 一個知覺，並且注視著這個在想像的所與性當中的知覺。這個時候我所擁有的不再是一個 // 空虛的談論或者是一個模糊的意指或知覺的表象，而是知覺就站立在我的眼前，如同一個顯態的所與物或想像的所與物那樣。同樣地，任何一個知性的體驗，任何一個思惟型態與

*31*

Erlebnis, für jede Denk- und Erkenntnisgestaltung.

2-7　Ich habe hier gleich schauende reflektive Wahrnehmung und Phantasie zusammengestellt. Der Cartesianischen Betrachtung folgend wäre zunächst die Wahrnehmung herauszustellen: der sogenannten inneren Wahrnehmung der traditionellen Erkenntnistheorie einigermaßen entsprechend, die freilich ein schillernder Begriff ist.

2-8　*Jedes intellektive Erlebnis und jedes Erlebnis überhaupt*, indem es vollzogen wird, *kann zum Gegenstand eines reinen Schauens und Fassens gemacht werden, und in diesem Schauen ist es absolute Gegebenheit*. Es ist gegeben als ein Seiendes, als ein Dies-da, dessen Sein zu bezweifeln gar keinen Sinn gibt. Ich kann zwar überlegen, was das für ein Sein ist und wie diese Seinsweise sich zu anderen verhält, ich kann ferner überlegen, was *hier* Gegebenheit besagt, und kann, weiter Reflexion übend, mir das Schauen selbst zum Schauen bringen, in dem sich diese Gegebenheit, bzw. diese Seinsweise konstituiert. Aber ich bewege mich dabei fortgesetzt auf absolutem Grund, nämlich: diese Wahrnehmung ist und bleibt solange sie dauert ein Absolutes, ein Dies-da, etwas, das in sich ist, was es ist, etwas an dem ich messen kann als an einem letzten Maß, was Sein und Gegebensein besagen kann und hier besagen muß, minderstens natürlich für die Seins- und Gegebenheitsartung, die durch "Dies-da" exemplifiziert wird. Und das gilt für alle spezifischen Denkgestaltungen, wo immer sie gegeben sind. Sie alle können aber auch in der Phantasie Gegebenheiten sein, sie können "gleichsam" vor Augen stehen und doch nicht dastehen als aktuelle Gegenwärtigkeiten, als aktuell vollzogene Wahrnehmungen, Urteile usw. Auch dann sind sie in einem gewissen Sinn Gegebenheiten, sie stehen *anschaulch* da, wir reden über sie nicht bloß in vager Andeutung, in leerer Meinung, wir schauen sie und sie schauend können wir ihr Wesen, ihre Konstitution, ihren immanenten Charakter herausschauen und unsere Rede in reiner Anmessung an die geschaute Fülle der Klarheit anschmiegen. Doch dies wird sogleich // Ergänzung fordern durch Erörterung von Wesensbegriff und Wesenserkenntnis.

*32*

認識型態都是如此。[117]

2-7　　我在這裡將直觀的、反省的知覺與想像並列。[118] 倘若我們跟隨著笛卡兒的考察，那麼我們首先要強調就是知覺，這在某種程度上相應於傳統的認識論所謂的內部知覺，這不用說是一個含混不清的概念。

2-8　　***任何的知性的體驗以及任何的體驗全般***，當它被體驗的時候，***都能夠成為一個純粹直觀與純粹把握的對象，並且它在這個直觀當中是絕對的所與性***。它是作為一個懷疑它的存在是毫無意義的存在者，作為一個「這個在此」（Dies-da）[119] 而所與。我確實可以這麼想：這是什麼樣的一種存在，並且這個存在樣態是如何關連著其他的存在樣態的。[120] 我可以進一步地考察***這裡***所說的所與性是什麼意思，並且可以再進一步地反省，怎麼樣才能夠直觀到這種所與性或存在樣態在其中構成自身的直觀本身。[121] 然而這個時候，我仍然要持續地站立在絕對的基礎之上，也就是說，只要這個知覺存在並且持續存在著，那麼它就是一個絕對的東西、一個這個在此的東西，也就是一個在其自身之內保有其自身的是什麼的某物（etwas, das in sich ist, was es ist），[122] 它是一個最終的標準，是我可以拿來評定存在與所與存在可以意味著什麼，或者在這裡至少可以評定透過「這個在此」而實例化出來的存在的樣式與所與的樣式可以意謂著什麼的最終標準。[123] 而這一點對任何所與的特殊的（spezifisch）思想形態[124] 來說都一樣是有效的，這些思想形態也可以是想像中的所與，它可以「彷彿」立於眼前而不需作為顯態的當前物而存在，也就是不需作為顯態地執行的知覺、判斷等等而存在。[125] 即使如此，這些特殊的思想形態也是在某種意義下的所與，它***以直觀的方式***站立於前，我們並不單純是在模糊的暗示的方式下、不單純在空虛的意指中談論著它，我們直觀它並且能夠以直觀的方式看出它的本質、它的構成、它的內在特性，[126] 而我們的言說則是在純粹的適切性當中，緊緊地黏著於所直觀到的充實清晰性。但是對於這一點，馬上 // 就需要我們透過對本質概念與本質認識的解說來加以補充。 *32*

2-9  Vorläufig halten wir fest, daß eine Sphäre von absoluter Gegebenheit sich von vornherein bezeichnen läßt; und es ist die Sphäre, die wir gerade brauchen, wenn das Absehen auf eine Erkenntnistheorie möglich sein soll. In der Tat, die Unklarheit über die Erkenntnis hinsichtlich ihres Sinnes oder Wesens fordert eine Wissenschaft von der Erkenntnis, eine Wissenschaft, die nichts anderes will als Erkenntnis zu wesenhafter Klarheit bringen. Nicht Erkenntnis als psychologisches Faktum will sie erklären, die Naturbedingungen erforschen, unter denen Erkenntnisse kommen und gehen, und die Naturgesetze, an die sie in ihrem Werden und Wandeln gebunden sind: das zu erforschen ist die Aufgabe, die sich eine natürliche Wissenschaft stellt, die Naturwissenschaft von den psychischen Tatsachen, von den Erlebnissen erlebender psychischer Individuen. Vielmehr will die Erkenntnisktitik das Wesen der Erkenntnis und den zu ihrem Wesen gehörigen Rechtsanspruch der Geltung aufklären, klar machen, ans Licht bringen; was heißt das aber anderes als zur direkten Selbstgegebenheit bringen.

2-10  *Wiederholung und Ergänzung*. Natürliche Erkenntnis in ihrem stetigen erfolgreichen Fortgang in den verschiedenen Wissenschaften ist ihrer Triftigkeit ganz sicher und hat keinen Anlaß, an der Möglichkeit der Erkenntnis und an dem Sinn der erkannten Gegenständlichkeit Anstoß zu finden. Sowie aber die Reflexion sich auf die Korrelation von Erkenntnis und Gegenständlichkeit richtet (und eventuell auch auf den idealen Bedeutungsgehalt der Erkenntnis in seinem Verhältnis zum Erkenntnisakt auf der einen und der Erkenntnisgegenständlichkeit auf der anderen Seite), stellen sich Schwierigkeiten ein, Unzuträglichkeiten, widersprechende und doch vermeintlich begründete Theorien, die zu dem Zugeständnis forttreiben, die Möglichkeit der Erkenntnis überhaupt hinsichtlich ihrer Triftigkeit sei ein Rätsel.

2-11  Eine neue Wissenschaft will hier entspringen, die Erkenntniskritik, welche diese Verwirrungen schlichten und uns über das Wesen der Erkenntnis aufklären will. Von dem Glücken dieser Wissenschaft hängt offenbar die Möglichkeit einer Metaphysik
*33*  ab, einer Seinswissenschaft im absoluten und letzten Sinn. Wie // kann sich aber eine solche Wissenschaft von der Erkenntnis überhaupt etablieren? Was eine Wissenschaft

2-9　　目前我們確定的是，一個絕對所與的領域是可以從一開始就被標示出來的；而倘若預見到一門認識論是可能的話，那麼這正就是我們所需要的領域。事實上，由於我們對於認識的意義或本質是不清楚的，所以會要求一門關於認識的學問，也就是說，會要求一門學問，而這門學問所想要完成的，不外就是將認識帶向其本質的清晰性。但是這門學問並不是要將認識解釋為心理學的事實，也就是說，它並不是要去探究認識的生成與消逝的自然條件以及制約著認識的生成與變動的自然的法則，探究這些東西是自然的學問（即一門關於心理的事實、關於作為體驗的個體的心理的體驗的自然學問）為自己所設立的任務。認識的批判學毋寧是想要解明、釐清並揭露認識的本質以及屬於認識的本質的有效性的合法性基礎；而這不外就是要讓這些東西成為直接的自身所與性。[127]

2-10　　**再論與補充：**自然的認識在其種種不同的學問的持續不斷的豐收的進展中，對其認識的切中性是充滿信心的，並且也沒有在認識的可能性與所認識的對象性的意義上遭遇到阻礙的情況。但是就如同它只要將反省一指向認識與對象性的相關關係（Korrelation）時候（依情況的不同，認識活動一方面有可能是與認識的理想的意義內容相關，另一方面也有可能是與認識的對象性相關）就會陷於困難當中一樣，它是一門不可靠的、矛盾的又缺乏真實基礎的理論，進而被迫要承認：認識全般的可能性，就其切中性而言是一個謎。

2-11　　一門嶄新的學問將在此誕生，這是一門想要調解這些混亂並且為我們闡明認識的本質的認識的批判學。形上學的可能性，也就是一門絕對的且究極的意義下的存在的學問的可能性，很明白地與這門學問的成功與否連結在一起。那麼 // 這麼一門關於認識全般的學問要怎麼樣才能夠建立呢？被一門　*33*　學問所質疑的東西，是不能夠作為先行所與的基礎來使用的。而由於認識的批判學針對認識全般的可能性，甚至是針對其切中性而提出問題，所以在這裡一切的認識皆被置入疑問當中。這門認識的批判學一旦開始，就沒有任何

in Frage stellt, das kann sie nicht als vorgegebenes Fundament benützen. In Frage gestellt ist aber, da die Erkenntniskritik die Möglichkeit von Erkenntnis überhaupt, und zwar hinsichtlich ihrer Triftigkeit als Problem setzt, alle Erkenntnis. Fängt sie an, so kann ihr keine Erkenntnis als gegeben gelten. Sie darf also aus keiner vorwissenschaftlichen Erkenntnissphäre irgend etwas übernehmen, jede Erkenntnis trägt den Index der Fraglichkeit.

2-12 Ohne gegebene Erkenntnis als Anfang ist auch keine Erkenntnis als Fortgang. Also kann Erkenntniskritik gar nicht anfangen. Eine solche Wissenschaft kann es überhaupt nicht geben.

2-13 Ich meinte nun, daran ist so viel richtig, daß zu Anfang keine Erkenntnis als *unbesehen* vorgegeben gelten kann. Darf aber Erkenntniskritik keine Erkenntnis von vornherein übernehmen, so kann sie selbst damit anfangen sich Erkenntnis zu *geben* und natürlich Erkenntnis, die sie nicht begründet, logisch herleitet, was unmittelbare Erkenntnisse, die vorher gegeben sein müßten, erfordern würde, sondern Erkenntnis, die sie unmittelbar aufweist und die von einer Art ist, daß sie, absolut klar und zweifellos, jeden Zweifel an ihrer Möglichkeit ausschließt und schlechthin nichts von dem Rätsel enthält, das den Anlaß zu allen skeptischen Verwirrungen gegeben hatte. Und nun wies ich auf die *Cartesianische Zweifelsbetrachtung* hin und auf die Sphäre absoluter Gegebenheiten, bzw. auf den Kreis absoluter Erkenntnis, die unter dem Titel Evidenz der *cogitatio* erfaßt ist. Es sollte nun näher gezeigt werden, daß die *Immanenz* dieser Erkenntnis sie geeignet macht, als erster Ausgangspunkt der Erkenntnistheorie zu dienen, daß sie ferner *durch diese Immanenz* frei von derjenigen Rätselhaftigkeit ist, die die Quelle aller skeptischen Verlegenheiten ist und endlich weiter, *daß die Immanenz überhaupt der notwendige Charakter aller erkenntnistheoretischen Erkenntnis ist* und daß nicht nur am Anfang sondern überhaupt jede Anleihe aus der Sphäre der Transzendenz, m.a.W. jede Gründung der Erkenntnistheorie auf Psychologie und welche natürliche Wissenschaft immer, ein *nonsens* ist.

*34* 2-14 Ergänzend füge ich noch bei: die so scheinbare Argumentation: // wie

的認識能夠做為所與而是有效的。因而這門認識的批判學不能接受任何從前學問的認識領域而來的東西，任何一個認識都要被冠上疑問的標誌。[128]

2-12　倘若沒有任何所與的認識作為出發點，也就沒有任何進一步的認識。於是認識的批判學也就根本不能開始。一門如此的學問根本不可能存在。[129]

2-13　我認為上述的說法只在這一點上是正確的：即沒有任何認識可以在一開始的時候，就**不經檢查地**作為先行的所與而具有有效性。然而就算認識的批判學從一開始就不接受任何的認識，它仍然可以從自身**給出**（*geben*）認識而開始——當然〔這種自身給出的認識〕並不是建立在認識的批判學之上的、也不是邏輯地導出的認識，這些都要求直接的認識的先行的所與——[130] 認識的批判學所要求的毋寧是直接地顯示的認識，也就是這麼一種類型的認識，即它是絕對清晰與無可懷疑的、排除了一切對其可能性的懷疑，並且根本不包含任何能夠引起懷疑論的錯亂的誘因的謎。現在我要指出**笛卡兒的懷疑的考察**並且指出一個絕對的所與性的領域，也就是指出一個在被稱為思惟（*cogitatio*）的明證性之下所把握到的絕對認識的範圍。現在我們應該進一步指出這種認識的**內在**（*Immanenz*），賦予這種認識作為認識論的最初的出發點的資格，進而再**透過這種內在**將我們從作為一切懷疑論的困惑的泉源的難題中解放出來，並且最後再指出，**內在全般是一切認識論的認識的必然特性**，並且這不僅僅只是在出發點而已，而是在根本上，任何一個自超越領域的借用，也就是說，任何要將認識論的基礎，建立在心理學與任何其他的自然的學問之上的工作都是無意義的。[131]

2-14　此外，我還要做出下列的補充。// 有這麼一種似是而非的論證，認 *34* 為一門懷疑認識全般的認識論，由於將任何出發點的認識也作為一種認識而置入懷疑的緣故，所以這樣的認識論究竟是沒有辦法開始的。再者由於所有的認識對認識論來說都是一個謎，所以做為認識論本身的出發點的最初的認識，也會是一個謎。而我要說的是，這麼一種似是而非的論證，當然是一種虛假的論證。這種虛假的乃是基於言說的模糊的普遍性而產生的。將認識全

kann Erkenntnistheorie, da sie Erkenntnis überhaupt in Frage stellt, überhaupt anfangen, da jede anfangende Erkenntnis als Erkenntnis mit in Frage gestellt ist; und ist der Erkenntnistheorie alle Erkenntnis ein Rätsel, so auch die erste, mit der sie selbst beginnt; ich sage, diese so scheinbare Argumentation ist natürlich eine Trugargumentation. Der Trug entspringt aus der vagen Allgemeinheit der Rede. "In Frage gestellt" ist Erkenntnis überhaupt, d.h. doch nicht, es ist geleugnet, daß es Erkenntnis überhaupt gibt (was auf Widersinn führte), sondern Erkenntnis enthält ein gewisses Problem, nämlich wie eine gewisse ihr zugeschriebene Leistung der Triftigkeit möglich sei, und vielleicht zweifle ich sogar, ob sie möglich sei. Aber mag ich selbst zweifeln, so kann doch ein erster Schritt darin bestehen, diesen Zweifel alsbald aufzuheben dadurch, daß gewisse Erkenntnisse aufweisbar sind, die einen solchen Zweifel gegenstandslos machen. Ferner wenn ich damit anfange, ich verstehe Erkenntnis überhaupt nicht, so umschließt dieses Unverständnis in seiner unbestimmten Allgemeinheit freilich jede Erkenntnis. Es ist aber nicht gesagt, daß mir jede Erkenntnis, auf die ich künftig stoßen werde, für alle Zeiten unverständlich bleiben muß. Es kann sein, daß ein großes Rätsel bei einer überall sich zunächst aufdrängenden Erkenntnisklasse statt hat und ich nun, in allgemeine Verlegenheit kommend, sage: Erkenntnis überhaupt ist ein Rätsel, während sich bald zeigt, daß das Rätsel gewissen anderen Erkenntnissen nicht einwohnt. Und so verhält es sich, wie wir hören werden, in der Tat.

2-15  Ich sagte, die Erkenntnisse, mit denen die Erkenntniskritik anheben muß, dürfen nichts von Fraglichkeit und Zweifelhaftigkeit enthalten, nichts von alledem, was uns in erkenntnistheoretische Verwirrung versetzte und was die ganze Erkenntniskritik hervortreibt. Wir müssen zeigen, daß dies für die Sphäre der *cogitatio* zutrifft. Dazu bedarf es aber einer tiefer gehenden Reflexion, die uns wesentliche Förderungen bringen wird.

2-16  Sehen wir näher zu, was so rätselhaft ist und was uns in den nächstliegenden Reflexionen über die Möglichkeit der Erkenntnis in Verlegenheit bringt, so ist es ihre Transzendenz. Alle natürliche Erkenntnis, die vorwissenschaftliche und erst recht die

般「置入懷疑當中」，這並不是對認識全般的否定（這將會導向矛盾），而是認為認識包含著某種問題，也就是說，包含著歸屬於認識的切中性的構作物究竟如何可能的問題，或者我甚至也可以懷疑這種切中性的構作物到底可不可能。[132] 然而就算我懷疑我自己，但是經由顯示一種讓這樣的懷疑成為不恰當的確實的認識的存在，那麼這麼一種懷疑隨即就會被揚棄，在這裡我們就可以建立起第一步。再者倘若我這樣來開始：我根本不能理解認識是什麼。那麼這種不理解，在其不確定的普遍性當中，很自然地就會將所有的認識都包含在內。[133] 但是這並不是說：每一個我在未來會遭遇的認識，自始至終都必須是不可理解的。一個大的謎可能會在最初出現的認識類別上產生，而陷入這個普遍的混淆的我則可能會說出：認識全般是個謎。然而事情很快地就會自己顯示，在某些特定的認識當中並不內含著這樣的謎，而正如我們所聽到的那樣，在事實上也是如此。

2-15　　我說過認識的批判學所必須據以為開端的認識，不應包含任何的不確實性與可懷疑性、不應包含任何會讓我們陷入認識理論的混亂中的東西、不應包含任何超出全部認識批判學的東西。我們必須顯示這正切中於思惟的領域。但是對此我們還需要一個能夠帶給我們以本質上的推進的更深入的反省。[134]

2-16　　更仔細地來看，那個如此難解並且會讓我們在以下對認識的可能性的反省陷入困境的東西，就是認識的超越。所有的自然的認識，前學問的、特別是學問的認識，都是超越地客觀化的 // 認識。這種認識將種種客觀設定為 *35* 存在，並且提出這樣的要求，要在認識上切中於在認識中不是「在真正意義下所與的」事態，也就是要切中於對認識來說不是「內在的」事態。

**35** wissenschaftliche, ist transzendent objektivierende // Erkenntnis; sie setzt Objekte als seiend, erhebt den Anspruch, Sachverhalte erkennend zu treffen, die in ihr nicht "im wahren Sinne gegeben" sind, ihr nicht "immanent" sind.

2-17　Näher besehen ist die **Transzendenz** freilich **doppelsinnig.** Es kann entweder gemeint sein das im Erkenntnisakt Nicht-reell-enthaltensein des Erkenntnisgegenstandes, so daß unter dem im "wahren Sinne gegeben" oder "immanent gegeben" das reelle Enthaltensein verstanden wären; der Erkenntnisakt, die *cogitatio* hat reelle Momente, sie reell konstituierende, das Ding aber, das sie meint und das sie angeblich wahrnimmt, dessen sie sich erinnert usw., ist in der *cogitatio* selbst, als Erlebnis, nicht reell als Stück, als wirklich darin Seinendes zu finden. Die Frage ist also: wie kann das Erlebnis sozusagen über sich hinaus? *Immanent heißt hier also im Erkenntniserlebnis reell immanent.*

2-18　Es gibt aber noch eine **andere Transzendenz**, deren Gegenteil eine ganz andere Immanenz ist, nämlich **absolute und klare Gegebenheit, Selbstgegebenheit im absoluten Sinn.** Dieses Gegebensein, das jeden sinnvollen Zweifel ausschließt, ein schlechthin unmittelbares Schauen und Fassen der gemeinten Gegenständlichkeit selbst und so wie sie ist, macht den prägnanten Begriff der Evidenz aus, und zwar verstanden als unmittelbare Evidenz. Alle nicht evidente, das Gegenständliche zwar meinende oder setzende, aber **nicht selbst schauende** Eekenntnis ist im zweiten Sinn transzendent. In ihr gehen wir über das jeweiles **im wahren Sinne Gegebene**, über das **direkt zu Schauende** und **zu Fassende hinaus**. Hier lautet die Frage: wie kann Erkenntnis etwas als seiend setzen, das in ihr nicht direkt und wahrhaft gegeben ist?

2-19　Diese beiden Immanenzen und Transzendenzen laufen zunächst, bevor die erkenntniskritische Überlegung tiefer eingesetzt hat, verworren ineinander. Es ist ja klar, daß, wer die erste Frage nach der Möglichkeit der reellen Transzendenzen, aufwirft, eigentlich auch die zweiter mit hineinspielen läßt, die nach der Möglichkeit der Transzendenz über die Sphäre evidenter Gegebenheit. Nämlich stillschweigend supponiert er: die einzig wirklich verständliche, fraglose, absolut evidente

**36** Gegebenheit sei die des im Erkenntnisakte **reell enthaltenen** // **Momentes**, und darum

2-17　　更進一步來看，***超越***確實擁有***兩層意義***。它可能意指著不實質地包含在認識活動中的認識對象（das im Erkenntnisakt Nicht-reell-enthaltensein des Erkenntnisgegenstandes），因而在這個意義下，所謂的「真實意義下的所與」或者「內在的所與」就應該要理解為〔在認識活動中〕實質地包含的東西；[135] 認識活動或思惟擁有其實質的要素，也就是擁有實質地構成思惟的實質的要素。然而在認識的活動中，為其所意指的與表面上為其所知覺的、為其所回憶的事物等等，皆在作為體驗的思惟自身當中非實質地作為一部分，作為一種可以現實地（wirklich）在體驗中發現的存在物，所以就會有這樣的問題：體驗如何越出它自己？[136] ***因而在這裡內在意謂著在認識的體驗中的實質內在***（***Immanent heißt hier also im Erkenntniserlebnis reell immanent***）。[137]

2-18　　不過還有***另一種超越***，其對立面是另外一種完全不同的內在，即***絕對的與清晰的所與性、在絕對意義下的自身的所與性***（***absolute und klare Gegebenheit, Selbstgegebenheit im absoluten Sinn***）。[138] 這種所與排除了任何有意義的懷疑，是一種對所意指的對象性本身的如其自身（so wie sie ist）的單純而直接的直觀與把握，而這形成了簡明意義下的明證性，並且也可以理解為直接的明證性。[139] 所有不具明證性的認識，即使意指著或設定著對象的存在，但是***本身不是直觀的***認識，則是在第二層意義下的超越。[140] 在這樣的認識當中，我們總是越出了***真正意義下的所與物***（***im wahren Sinne Gegebene***），越出了我們***所直接直觀到的***與***把握到的東西***（über das ***direkt zu Schauende*** und ***zu Fassende hinaus***）。[141] 在這裡問題就在於：認識如何能夠設定某物的存在，而這個某物在認識中並不是直接且真正所與的呢？

2-19　　這兩層的內在與超越，在認識的批判學的考察還沒有深入地探討之前，是相互混同在一起的。而顯而易見的是，那些對實質超越的可能性提出第一個問題的人，實際上也將第二個問題，即越出明證的所與性領域的超越的可能性問題包含在內了。也就是說，他隱默地支持這樣的看法：即唯一真正可理解的、無疑問的、絕對明證的所與性，是在認識的活動中***實質地被包***

gilt ihm jedes darin nicht reell Enthaltene an einer erkannten Gegenständlichkeit als rätselhaft, Problematisch. Wir werden bald hören, daß das ein verhängnisvoller Irrtum ist.

2-20　Man mag nun die Transzendenz im einen oder anderen oder zunächst im vieldeutigen Sinne verstehen, sie ist das Ausgangs- und Leitproblem der Erkenntniskritik, sie ist das Rätsel, das der natürlichen Erkenntnis in den Weg tritt und den Antrieb für die neuen Forschungen bildet. Man könnte zu Anfang die Lösung dieses Problems als die Aufgabe der Erkenntniskritik bezeichnen, der neuen Disziplin also dadurch ihre erste vorläufige Begrenzung geben, statt allgemeiner das Problem des Wesens der Erkenntnis überhaupt als ihr Thema zu bezeichnen.

2-21　Ist nun jedenfalls bei der ersten Etablierung der Disziplin *hier* das Rätsel, so bestimmt sich jetzt genauer, was nicht als vorgegeben in Anspruch genommen werden darf. Nämlich es darf danach Transzendentes nicht als vorgegeben benützt werden. Begreife ich nicht, *wie* es möglich ist, daß Erkenntnis etwas ihr Transzendentes treffen soll, so weiß ich auch nicht, *ob* es möglich ist. Die wissenschaftliche Begründung einer transzendenten Existenz hilft mir nun nichts mehr. Denn alle mittelbare Begründung geht auf unmittelbare zurück und das Unmittelbare enthält schon das Rätsel.

2-22　Doch vielleicht sagt jemand: daß wie mittelbare so unmittelbare Erkenntnis das Rätsel enthält, ist sicher. Aber das *Wie* ist rätselhaft, während das *Daß* absolut sicher ist; kein Vernüftiger wird an der Existenz der Welt zweifeln, und der Skeptiker straft sich durch seine Praxis Lügen. Nun gut, dann antworten wir ihm mit einem stärkeren und weiter tragenden Argument. Denn es beweist nicht nur, daß man *bei Beginn* der Erkenntnistheorie auf den Inhalt der natürlichen und transzendent objektivierenden Wissenschaften überhaupt nicht rekurrieren darf, sondern auch nicht *in ihrem ganzen Fortgang*. Es beweist also die fundamentale These, *daß Erkenntnistheorie nie und nimmer auf natürliche Wissenschaft irgend welcher Art gebaut sein kann*. Wir fragen also: was will unser Gegner mit seinem transzendenten Wissen anfangen; 37 wir geben ihm den gesamten Vorrat an transzendenten Wahrheiten der // objektiven

*含的要素* //。[142] 因而對他來說，任何在所認識的對象性當中，以非實質的方 *36*
式而被包含的東西 [143] 都是不可解的、可疑的。而我們很快地就會知道，這樣
的想法是一個極為致命的錯誤。

2-20　　現在我們可以將超越在其中任一個意義下或者先以多義的方式來理
解。超越性是認識的批判學的起始與主導的問題，它就是阻止自然認識的前
進並且形成新的研究的推動力的謎。我們可以在一開始的時候，將這個問題
的解決標示為認識的批判學的課題，並且透過這樣的方式，先對這門新的學
科給予一個暫時的限定，而不需要以普遍的方式將認識全般的本質問題標示
為認識的批判學的課題。[144]

2-21　　無論如何，這個學科在一開始建立的時候，這個謎就**在這裡**了，現
在我們更確切地來規定：沒有任何東西能夠要求作為先行的所與物，也就是
說，根據這樣的想法，我們不應該將超越者（Transzendentes）作為先行的所
與物來使用。我不能夠理解，認識之切中於某種超越者是**如何**可能的，我也
同樣不知道這究竟**是不是**可能。[145] 以超越者的存在為學問的基礎，現在對我
來說是沒有用的，因為所有間接的基礎皆可回溯到直接的基礎，而在這個直
接性的東西裡面就已經包含這個謎了。

2-22　　然而或許有人會說，不論是間接的認識或是直接的認識都包含著這
個謎，這一點是確實的，但是即使**如何可能**（das **Wie**）是個謎，然而**這個事
實**（das **Daß**）則是絕對地確定，沒有一個理性者會懷疑世界的存在，而懷
疑論者透過他的實踐就宣判了自己在說謊。那麼現在我們就以更為強力且更
為廣泛的論證來回答他。因為這不僅證明了，我們不僅完全不應該在認識論
的**出發點**，而且也不應該在**認識論的全部進程當中**，退回到自然的、進行超
越者的客觀化活動的內容的學問。[146] 這證明了一項基本的命題：**認識的理論
絕不能夠建立在任何形式的自然的學問之上**。我們這麼來詢問：我們的對手
打算如何利用他的超越者的認識來開始。我們讓他得以自由地使用所有客觀
的 // 學問的超越者的真理，並且設想他在節節升高的謎，也就是在超越者的 *37*

Wissenschaften zu freier Verfügung und denken sie durch das emporgestiegene Rätsel, wie transzendente Wissenschaft möglich sei, in ihrem Wahrheitswert nicht alteriert. Was will er nun mit seinem allumfassenden Wissen anfangen, wie gedenkt er vom Daß auf das Wie zu kommen? Sein Wissen als Tatsache, daß transzendente Erkenntnis wirklich sei, verbürgt ihm als logisch selbstverständlich, daß transzendente Erkenntnis möglich sei. Aber das Rätsel ist, *wie* sie möglich sei. Kann er es auf Grund der Setzung selbst aller Wissenschaften, unter Voraussetzung aller oder welcher tranzendenten Erkenntnisse immer, lösen? Überlegen wir: was fehlt ihm denn eigentlich noch? Ihm ist ja die Möglichkeit transzendenter Erkenntnis selbstverständlich, ja eben nur analytisch selbstverständlich da, daß er sich sagt, es besteht bei mir Wissen von Transzendentem. Was ihm fehlt, ist offenbar[原注 4]. Unklar ist ihm die Beziehung auf Transzendenz, unklar ist ihm das "ein Transzendentes Treffen", das der Erkenntnis, dem Wissen zugeschrieben wird. Wo und wie wäre ihm Klarheit? Nun, wenn ihm das Wesen dieser Beziehung irgendwo *gegeben* wäre, daß er es schauen könnte, daß er die Einheit von Erkenntnis und Erkenntnisobjekt, die das Wort Triftigkeit andeutet, eben selbst vor Augen hätte und damit nicht nur ein Wissen von ihrer Möglichkeit, sondern diese Möglichkeit in ihrer klaren Gegebenheit hätte. Die Möglichkeit selbst gilt ihm eben als ein Transzendentes, als eine gewußte aber nicht selbst gegebene, geschaute Möglichkeit. Sein Gedanke ist offenbar der: Erkenntnis ist ein anderes als Erkenntnisobjekt; Erkenntnis ist gegeben, das Erkenntnisobjekt aber ist nicht gegeben; und doch soll Erkenntnis sich auf das Objekt beziehen, es erkennen. Wie kann ich diese Möglichkeit verstehen? Natürlich lautet die Antwort: nur dann könnte ich sie verstehen, wenn die Beziehung eben selbst zu geben wäre, als etwas zu Schauendes. Ist und bleibt das Objekt ein transzendentes und fällt Erkenntnis und Objekt wirklich auseinander, dann freilich kann er hier nichts sehen und seine Hoffnung auf einen Weg, doch irgendwie klar zu werden, nun gar durch Rückschluß aus transzendenten Präsuppositionen, ist eben eine offenbare Torheit.

---

[原注 4] Vgl. Beilage III.

學問如何可能的這個謎的節節升高當中，不改變其真理的價值。現在，從他的廣包性的知識中，他打算用什麼作為開始？他如何從事實（Daß）前進到如何可能（Wie）呢？ **147** 他的作為事實的認識，即確實有超越者的認識這個事實，邏輯地且自明地向他保證了超越者的認識是可能的。然而它究竟*如何*可能，這才是謎之所在。他可不可能以所有的學問本身的設定為基礎、不論是以所有的或者任何一個超越者的認識為預設來解開這個謎？我們來思考一下：它究竟還欠缺了什麼？確實對他來說，超越者的認識的可能性不僅僅是自明的，不僅僅只是在分析上是自明地存在，他也跟自己這麼說，我擁有超越者的認識（Wissen von Transzendentem）。他的錯誤是很明白的。[原注4] 他所不明白的是與超越的關係，所不明白的是歸屬於認識或知識的「切中於超越者」這件事。對他來說，這種清晰性要在哪裡獲得？要怎麼樣才能獲得呢？現在倘若對他來說這種關係的本質能在某個地方*所與*（*gegeben*），那麼他就能夠直觀到其本質。認識與認識客觀的統一性，就如同切中性這個語詞所暗示的，本身就能夠出現在他眼前，這樣的話，他就不僅僅只是擁有一種關於其可能性的認識而已，而是在清晰的所與性當中來獲得這個可能性。然而這個可能性本身對他來說是一個超越者，雖然是一種已知的（eine gewußte），但是並不是自身所與的、不是被直觀到的可能性。**148** 他的思想明顯的是這樣的：認識與認識的客觀是不同的東西，認識是所與的，但是認識的客觀並不是所與的。然而不論如何，認識應該關連著客觀，應該是對客觀的認識。**149**這樣我究竟要怎麼樣才能夠了解這個可能性呢？當然，這個問題的答案，唯有在當這個關係本身能夠作為某種直觀的事物而自身所與的時候，我才能夠理解這個可能性。倘若客觀始終停留為一個超越者，並且認識與客觀真的是相互分離的話，那麼在這裡他當然是沒有辦法直觀到的，而他所希望的一條追求清晰性的道路，就只是從超越者的前提來進行逆推而已，而這很明顯地

[原注4] 參閱附件三。

**38** 2-23 // Konsequenterweise müßte er bei diesen Gedanken freilich auch seinen Ausgangspunkt aufgeben: er müßte anerkennen, daß bei dieser Sachlage die Erkenntnis von Transzendentem unmöglich, sein angebliches Wissen davon ein Vorteil sei. Das Problem wäre dann nicht mehr, wie transzendente Erkenntnis möglich sei, sondern wie das Vorurteil sich erklären läßt, das der Erkenntnis eine transzendente Leistung zuschreibt: genau der *Hume'sche* Weg.

2-24 Doch sehen wir davon ab und fügen wir zur Illustration des fundamentalen Gedankens, daß das Problem des Wie (wie transzendente Erkenntnis möglich sei und selbst allgemeiner: wie Erkenntnis überhaupt möglich sei) niemals auf dem Grunde von vorgegebenem Wissen über Transzendentes, von vorgegebenen Sätzen darüber, entnommen woher immer und sei es aus exakten Wissenschaften, gelöst werden kann, folgendes bei: ein Taubgeborener weiß, daß es Töne gibt, daß Töne Harmonien begründen und daß in diesen eine herrliche Kunst gründe; aber verstehen, *wie* Töne das anstellen, wie Tonkunstwerke möglich sind, kann er nicht. Dergleichen kann er sich eben nicht *vorstellen*, d.h. er kann es nicht schauen und im Schauen das Wie fassen. Sein Wissen um die Existenz hilft ihm nichts, und es wäre absurd, wenn er darauf ausgehen wollte, auf Grund seines Wissens das Wie der Tonkunst zu deduzieren, sich ihre Möglichkeiten durch Schlüsse aus seinen Kenntnissen klar zu machen. Aus bloß gewußten und nicht geschauten Existenzen deduzieren, das geht nicht. Das Schauen läßt sich nicht demonstrieren oder deduzieren. Es ist offenbar ein *nonsens*, Möglichkeiten aufklären zu wollen (und zwar schon unmittelbare Möglichkeiten) durch logische Herleitung aus einem nicht intuitiven Wissen. Mag ich also völlig sicher sein, daß es transzendente Welten gibt, mag ich alle natürlichen Wissenschaften vollinhaltlich gelten lassen: bei ihnen kann ich keine Anleihen machen. Ich darf mir nie einbilden, durch transzendente Suppositionen und wissenschaftliche Schlußfolgerungen je dahin zu gelangen, wohin ich in der Erkenntniskritik will: nämlich die Möglichkeit der transzendenten Objektivität der Erkenntnis abzusehen. Und das gilt offenbar nicht nur für den Anfang, sondern auch für allen Fortgang der Erkenntniskritik, solange sie eben bei dem Problem

是一件愚蠢的事。**150**

2-23　// 在貫徹這個思惟之下，他很自然地也必須要放棄他的出發點：他必　*38*
須承認在這麼一種情況下，超越者的認識是不可能的，而他所聲稱的對超越
者的知識則是一種成見。於是問題不再是超越者的認識如何可能，而是在於
要如何來說明認識帶有一個超越者的構作（transzendente Leistung）的成見。
這正是休謨的道路。**151**

2-24　但是我們擱置這個問題，並且透過以下的補充來闡明我們的基本的
想法，即如何可能的問題（超越者的認識的如何可能，或者更普遍地來說，
認識全般的如何可能）根本不可能建立在先行所與的關於超越者的知識、或
先行所與的關於超越者的命題，即使這些知識或命題始終是來自於精確的學
問，我們也不能夠借用來解決問題。附帶地說：一個天生的聾者知道有種種
不同的聲音，這些聲音是和聲的基礎，在和聲中建立了美好的藝術。但是他
沒有辦法了解聲音是**如何可能**（*wie*）產生這些的東西的，換句話說，他沒
有辦法了解音樂作品的如何可能。**152** 同樣地，他也不能**表象**（*vorstellen*）這
個事情，也就是說，他不能夠直觀到並在直觀中把握這個事情的如何可能。
他的關於〔音樂與和聲的〕存在的知識，在這裡是沒有用的，而倘若他想要
從他的知識出發來演繹音樂藝術的如何可能、想要透過他的知識的推論來釐
清音樂藝術的種種可能性，這些都是不合理的事。想要從只是知道的（bloß
gewußtes）、而沒有直觀到的存在來進行推演，這是不行的。直觀並不來自
於論證或推演。**153** 想要透過一個非直觀知識的邏輯推演來解明可能性（或者
甚至是直接的可能性），這明白地是一種荒謬的舉動。就算我完全地確信有
種種不同的超越者的世界的存在、就算我承認一切的自然的學問的所有的內
容都是有效的，我也不能從中借用任何一個東西。我不允許自己有這樣的想
像，想要透過超越者的假說或學問的推演的程序，去獲得我在認識的批判學
中所想要獲得的東西：即直觀到認識的超越者的客觀性的可能性。只要**認識
的如何可能**（*wie Erkenntnis möglich sei*）對認識的批判學來說，// 仍然是一個　*39*

**39** bleibt aufzuklären: ***wie Erkenntnis // möglich sei.*** Und es gilt offenbar nicht bloß für das Problem der transzendenten Objektivität, sondern für die Aufklärung jeder Möglichkeit.

2-25 Bringen wir damit in Verbindung die außerordentlich starke Neigung, in allen Fällen, wo ein transzendierender Denkakt vollzogen und ein Urteil auf Grund desselben zu etablieren ist, in transzendierendem Sinn zu urteilen und somit in eine μετάβασις εἰς ἄλλο γένος zu verfallen, so ergibt sich die zureichende und volle Deduktion des ***Erkenntnistheoretischen Prinzips***: bei jeder erkenntnistheoretischen Untersuchung, sei es dieses oder jenes Erkenntnistypus, ist die erkenntnistheoretische ***Reduktion*** zu vollziehen, d.h. alle dabei mitspielende Transzendenz mit dem Index der Ausschaltung zu behaften, oder mit dem Index der Gleichgiltigkeit, der erkenntnistheoretischen Nullität, mit einem Index, der da sagt: die Existenz aller dieser Transzendenzen, ob ich sie glauben mag oder nicht, geht mich hier nichts an, hier ist nicht der Ort, darüber zu urteilen, das bleibt ganz außer Spiel.

2-26 Mit der genannten μετάβασις hängen alle Grundirrtümer der Erkenntnistheorie zusammen, auf der einen Seite der Grundirrtum des Psychologismus, auf der anderen der des Anthropologismus und Biologimus. Sie wirkt so überaus gefährlich, weil der eigentliche Sinn des Problems niemals zur Klarheit gebracht worden ist und in der μετάβασις völlig verloren geht, teils auch darum, weil selbst derjenige, der es sich zur Klarheit gebracht hat, diese Klarheit nur schwer immerfort wirksam erhalten kann und gar letcht im schweifenden Nachdenken wieder in die Versuchungen der natürlichen Denk- und Urteilsweise verfällt, sowie in alle die falschen und verführerischen Problemstellungen, die auf ihrem Boden erwachsen.

有待解明的問題，那麼這一點很明白地不僅僅是在認識的批判學的出發點，尚且是對認識的批判學的所有進程都是有效的。並且很明白地這不僅對超越者的客觀性問題是有效的，對任何一個可能性問題的解明也都是有效的。

2-25　在任何的情況下，只要我們進行一個超越化的思想活動（transzendierender Denkakt），並且以之為基礎而建立一個判斷的時候，我們就會在超越化的意義下來進行判斷，並因此而陷入思想的踰越（μετάβασις εἰς ἄλλο γένος）[154] 的這個傾向是非常強烈的，而倘若我們將上述的想法與這個傾向連結在一起來看的話，那麼就會產生一個從**認識論的原理**而來的充分且完全的推論：在任何一個認識論的研究當中，不論它是哪一種認識的類型，我們都必須執行認識論的**還原（Reduktion）**。也就是說，在這個時候所有一起作用著的超越都必須要被冠上懸置（Ausschaltung）、無關（Gleichgiltigkeit）或是在認識論上無效（Nullität）的符號。也就是說，都要冠上表示這樣的說法的符號：即所有的這種超越的存在，不論我是不是願意相信它，在這裡都與我不相干，這裡並不是要對這種超越的存在進行判斷的地方，這件事是完全被擱置的（außer Spiel）。[155]

2-26　所有的認識論的基本的謬誤，一方面是心理主義的謬誤，另一方面則是人類學主義的與生物學主義的謬誤，這些都與所謂的思想的踰越關連在一起。思想的踰越之所以是那麼地危險，其原因在於，在其影響之下，問題的真正意義從來沒有被釐清過，並且在這個思想的踰越中是完全遺失的。而這部分也是因為那些已將這個問題帶向清晰性的人，很難將這個清晰性持續有效地保持著，並且很容易在其搖擺不定的思索中，再次地陷入自然的思惟方式與自然的判斷方式的誘惑當中，也很容易陷入從自然的思惟方式的土地上所生起的虛假的與誘惑的提問方式當中的緣故。

*41*

# // III. VORLESUNG

# // 第三講稿

*41*

*43* 3-1  // Nach diesen Ausführungen ist genau und zuverlässig begründet, was die Erkenntniskritik benützen darf und was nicht. Ihr Rätsel ist die Transzendenz zwar nur ihrer Möglichkeit nach, aber die Wirklichkeit von Transzendentem darf gleichwohl nie und nimmer in Rechnung gezogen werden. Offenbar schränkt sich die Sphäre der benützbaren Gegenständlichkeiten, bzw. der benützbaren Erkenntnisse, derjenigen die als geltend auftreten und vom Vorzeichen der erkenntnistheoretischen Nullität befreit bleiben können, nicht auf Null ein. Die gesamte Sphäre der cogitationes haben wir ja gesichert. Das Sein der cogitatio, näher das Erkenntnisphänomen selbst, ist außer Frage, und es ist vom Rätsel der Transzendenz frei. Diese Existenzen sind schon im Ansatz des Erkenntnisproblems vorausgesetzt, die Frage, wie Transzendentes in die Erkenntnis hineinkomme, verlöre ja ihren Sinn, wenn nicht bloß Transzendnetes, sondern auch Erkenntnis selbst dahingegeben würde. Es ist auch klar, daß die cogitationes eine Sphäre **absoluter immanenter Gegebenheiten** darstellen, **in welchem Sinn wir Immanenz auch deuten**. Im Schauen des reinen Phänomens ist der Gegenstand nicht außer der Erkenntnis, außer dem "Bewußtsein" und zugleich gegeben im Sinne der absoluten Selbstgegebenheit eines rein Geschauten.

3-2  Doch hier bedarf es der Sicherung durch die **erkenntnistheoretische Reduktion**, deren methodisches Wesen wir hier zum ersten Male *in concreto* studieren wollen. Wir bedürfen hier der Reduktion, damit ja nicht die Evidenz des Seins der *cogitatio* verwechselt werde mit der Evidenz, daß **meine** cogitatio ist, des *sum cogitans* und dgl. Vor der fundamentalen Verwechslung zwischen dem **reinen Phänomen** im Sinne der Phänmenologie und dem **psychologischen Phänomen**, dem Objekt der naturwissenschaftlichen Psychologie, muß man sich hüten. Blicke ich als natürlich

*44* denkender Mensch auf die Wahrnehmung hin, die ich gerade erlebe, // so apperzipiere ich sie alsbald und fast unausbleiblich (das ist Faktum) in Bezihung auf mein Ich, sie steht da als Erlebnis dieser erlebenden Person, als ihr Zustand, als ihr Akt, der Empfindungsinhalt als das ihr inhaltlich Gegebene, Empfundene, Bewußte und ordnet sich mit dieser der objektiven Zeit ein. Die Wahrnehmung, überhaupt die *cogitatio*, so apperzipiert, ist das **psychologische Faktum**. Apperzipiert also als Datum in der

3-1　　// 根據我們至今的闡述，我們已經為認識的批判學能使用什麼與不能　*43*
使用什麼給予詳細且可靠的奠基了。認識的批判學的謎在於超越，更恰當地
說，是超越的可能性，然而我們始終都不應該將超越者的現實性納入考慮。
[156] 很明顯地，認識的批判學可利用的對象性領域或者可利用的認識領域——
也就是其有效性是被認可的，並且可以被免除認識論的無效性的符號的認識
領域——並不是空無一物。我們已經確定了這就是種種思惟（*cogitationes*）的
全部領域。[157] 思惟的存在，或者更確切地來說，認識的現象本身是毫無疑問
的，它擺脫了超越的謎。[158] 這些存在（Existenzen）[159] 在認識問題的開瑞就預
先被設定了。倘若我們不只將超越者、而且也將認識本身都放棄的時候，那
麼超越者如何進入認識當中，這個問題就會變成無意義的。[160] 此外，再者**不
論我們是在什麼意義下來解釋內在**，種種的思惟都展示了一個**絕對的內在所
與性**的領域，這是清晰的。在直觀純粹現象 [161] 的時候，對象並不是在認識之
外、也就是說，它並不是在「意識」之外，並且又同時是在一種純粹地被直
觀者的這樣的絕對的自身所與性的意義之下而所與的。[162]

3-2　　但是在這裡需要經過一個**認識論的還原**（*erkenntnistheoretische
Reduktion*）的保證。我們在這裡首次想要以具體的方式來研究其方法論的本
質。在這裡我們需要這麼一種還原，這種還原讓我們不至於混同思惟的存在
（das Sein der cogitatio）的明證性，與**我的**思惟（*meine* cogitatio）存在的明證
性或思惟存在者（sum cogitans）的明證性或等等。[163] 我們必須提防一項基本
的混同，也就是提防將現象學意義下的**純粹現象**與**心理學的現象**予以混同，
後者是自然學問的心理學的對象。[164] 作為一個以自然的方式而思惟的人類，
當我將目光投向我正在體驗著的知覺的時候，// 我馬上統覺到它，而且幾乎必　*44*
然地（這是一個事實）關連著我的自我。這個知覺就在那裡，作為這個體驗
的人格 [165] 的體驗，作為他的狀態，作為他的活動。感覺的內容則是作為其在
內容上所與的、所感覺到的、所意識到的東西，並且與這個體驗的人格一齊
在客觀的時間中被秩序化。[166] 如此所統覺到的知覺或者普遍地來說的思惟，

objektiven Zeit, zugehörig zum erlebenden Ich, dem Ich, das in der Welt ist und seine Zeit dauert (eine Zeit, die durch die empirischen chronometrischen Hilfsmittel zu messen ist). Das also ist das Phänomen im Sinne der Naturwissenschaft, die wir Psychologie nennen.

3-3   Das Phänomen in diesem Sinne verfällt dem Gesetz, dem wir uns in der Erkenntniskritik unterwerfen müssen, dem der ἐποχή in Betreff alles Transzendenten. Das Ich als Person, als Ding der Welt, und das Erlebnis als Erlebnis dieser Person, eingeordnet — sei es auch ganz unbestimmt — in die objektive Zeit: das alles sind Transzendenzen und sind als das erkenntnistheoretisch Null. Erst durch eine Reduktion, die wir auch schon *phänomenologische Reduktion* nennen wollen, gewinne ich eine absolute Gegebenheit, die nichts von Transzendenz mehr bietet. Stelle ich Ich und Welt und Icherlebnis als solches in Frage, so ergibt die einfach schauende Reflexion auf das Gegebene in der Apperzeption des betreffenden Erlebnisses, auf mein Ich, das **Phänomen** dieser Apperzeption: das Phänomen etwa "Wahrnehmung aufgefaßt als meine Wahrnehmung". Natürlich kann ich auch dieses Phänomen in natürlicher Betrachtungsweise wieder auf mein Ich beziehen, dies Ich im empirischen Sinne setzend, indem ich wieder sage: ich habe dieses Phänomen, es ist das meine. Dann hätte ich, um das reine Phänomen zu gewinnen, wiederum das ich, ebenso Zeit, Welt in Frage zu stellen und so ein reines Phänomen, die reine *cogitatio*, herauszustellen. Ich kann aber auch, indem ich wahrnehme, rein schauend auf die Wahrnehmung hinblicken, auf sie selbst, wie sie da ist, und die Beziehung auf das Ich unterlassen, oder von ihr abstrahieren: dann ist die schauend so gefaßte und begrenzte Wahrnehmung eine absolute, jeder Transzendenz entbehrende, gegeben als reines Phänomen im Sinne der Phänomenologie.

45  3-4   // *Jedem psychischen Erlebnis entspricht also auf dem Wege phänomenologischer Reduktion ein reines Phänomen, das sein immanentes Wesen* (vereinzelt genommen) *als absolute Gegebenheit herausstellt*. Alle Setzung einer "nicht immanenten Wirklichkeit", einer im Phänomen nicht enthaltenen, obschon in ihm gemeinten, und zugleich einer nicht gegebenen im zweiten Sinne ist

乃是**心理學的事實**。也就是被統覺為在客觀的時間中的與料而屬於體驗著的我、屬於在世界中的存在並且持續其時間的自我（這是一種透過經驗的計時工具所測量到的時間）。這就是我們稱為心理學的這種自然學問的意義下的現象。

3-3　　在這意義下的現象，就必須遵從我們在認識的批判學中所必須要服從的法則，也就是對一切的超越者的存而不論。自我作為人格、作為在世界中的事物，以及體驗作為這個人格的體驗，都在客觀的時間中被秩序化 [167]（儘管這個秩序仍然完全是不確定的）。這些全部都是超越的東西（Transzendenzen）並且在認識論上是無效的。只有在通過還原之後，對此我們想要稱呼它為**現象學的還原**，我才能夠獲得一種絕對的所與性，而這種絕對的所與性不再提供任何的超越。[168] 倘若我將自我、世界以及自我體驗本身皆置入疑問，那麼對於在這個相應的體驗的統覺中的所與，也就是對於我的自我進行一個單純的直觀的反省的話，我們就會獲得這個統覺的**現象**：即「將知覺把握為我的知覺」的現象。[169] 當然，我也可以在自然的觀察方式下，將這個現象再次地關連到我的自我，這個自我是在經驗意義下所設定的，同時在經驗意義下，我再次主張：我擁有這個現象，這是我的現象。[170]那麼為了獲得純粹的現象，我就必須再次地將自我、以及時間與世界置入懷疑，並因此而展示出一個純粹的現象、純粹的思惟。我也可以在我知覺的同時，純粹直觀地注視著知覺，注視著知覺本身，就好像有這麼一種知覺本身存在，它排除了與我的關係，或者抽離了與我的關係。這樣一來，如此以直觀的方式而把握與限定的知覺，就是一種絕對的、將任何的超越皆排除在外的知覺，這是在現象學意義下作為純粹的現象而所與的知覺。[171]

3-4　　// **因而任何一個心理的體驗，在通過現象學的還原的道路之下，皆** *45* **對應到一個純粹的現象，並且這個純粹現象將其內在的本質**（在個別的意義下）**作為絕對的所與而展示出來。** 任何一種「非內在的現實性」的設定，也就是任何一種雖然在現象中被指涉、但是卻不包含在現象中的、不是在第二

ausgeschaltet, d.h. suspendiert.

3-5  Gibt es Möglichkeiten, solch reine Phänomene zu Forschungsobjekten zu machen, so ist evident, daß wir nun nicht mehr in der Psychologie, dieser natürlichen, transzendent objektivierenden Wissenschaft stehen. Wir erforschen dann nichts und sprechen dann nicht von psychologischen Phänomenen, von gewissen Vorkommnissen der sogenannten realen Wirklichkeit (deren Existenz ja durchaus in Frage bleibt), sondern von dem, was ist und gilt, ob es so etwas wie objektive Wirklichkeit gibt oder nicht, ob die Setzung solcher Transzendenzen berechtigt ist oder nicht. Wir sprechen eben dann von solchen absoluten Gegebenheiten; mögen diese auch intentional sich auf objektive Wirklichkeit beziehen, so ist das Sich-beziehen irgendein Charakter *in* ihnen, während für das *Sein und Nichtsein der Wirklichkeit* doch nichts präjudiziert ist. Und so werfen wir schon Anker an der Küste der Phänomenologie, deren Gegenstände als seiend gesetzt sind, wie Wissenschaft ihre Forschungsobjekte setzt, aber als keine Existenzen in einem Ich, in einer zeitlichen Welt gesetzt sind, sondern im rein immanenten Schauen erfaßte absolute Gegebenheiten: das rein Immanente ist hier zunächst durch die *phänomenologische Reduktion* zu charakterisieren: ich meine eben dies da, nicht was es transzendierend meint, sondern was es in sich selbst ist und als was es gegeben ist. Dergleichen Reden sind natürlich nur Umwege und Behelfe um anzuleiten, das erste zu sehen, was hier zu sehen ist, den Unterschied zwischen den Quasi-gegebenheiten des transzendenten Objektes und der absoluten Gegebenheit des Phänomens selbst.

3-6  Nun sind aber neue Schritte notwendig, neue Überlegungen, damit wir in dem neuen Lande festen Fuß fassen können und nicht am Ende an seiner Küste scheitern.

**46**  Denn diese Küste // hat ihre Klippen, über ihr liegt das Gewölk der Unklarheit, das uns mit skeptischen Sturmwinden bedroht. Was wir bisher sagten, betrifft alle Phänomene, uns interessieren zu Zwecken der Vernunftkritik natürlich nur die Erkenntnisphänomene. Doch kann, was wir jetzt ausführen werden, gleich für alle beachtet werden, wie es denn *mutatis mutandis* für alle gilt.

個意義下的所與的現實性的設定，皆要被排除在外或懸置。[172]

3-5　　既然讓如此純粹的現象成為研究的對象的可能性是存在的，那麼很明顯地，我們現在就不再立基於心理學之上，不再立基於這門自然的、進行了超越者的對象化的學問之上。因而我們所探究的與所談論的將不再是關於心理學的現象，也就是說，不再是關於某種人們所說的具有現實的實在性（reale Wirklichkeit）的事件（其存在與否始終是一個問題），而是不論它是不是擁有像客觀的實在性（objektive Wirklichkeit）那樣的存在、不論這麼一種超越的設定是不是正當的[173]，它都仍然是存在的與有效的。[174] 我們要說的正是這樣的絕對的所與性。在不預先斷定**現實性的存在與不存在**的情況，倘若這些所與性也意向地關連著客觀的實在的話，那麼這個關連性（das Sich-beziehen）就是**內在於**絕對所與性當中的某種特性。[175] 這麼一來我們就已經停靠在現象學的岸邊了。[176] 現象學的對象雖然被設定為存在的，就像學問設定它的研究對象一樣，但是這些對象並不被設定為在一個自我當中的、在某個時間的世界當中的存在，而是在純粹的內在的直觀中所把握到的絕對的所與性。也就是說，純粹的內在物在這裡首先是透過**現象學的還原**來賦予其性格。[177] 我的意思是說這正就是這個在此（dies da），而不是其所意指的超越物，而是它的在其自身之所是並且是作為如其所與而存在的東西（was es in sich selbst ist und als was es gegeben ist）。[178] 這一類的談論，當然只是迂迴與輔助的道路，在這裡是為了幫助我們得以直觀到首要的事情，即超越者的對象的虛假的所與性與現象的絕對的所與性的差別。

3-6　　現在，我們需要一個新的步驟，一個新的考慮，以使我們得以在這片新的土地上站穩腳步，而不至於最後在現象學的岸邊跌倒。因為在其岸邊 // 有著岩礁，在其上覆蓋著不清晰性的烏雲，以懷疑的風暴威脅著我們。至 *46* 此，我們所說的東西是適用於一切的現象的。在理性的批判學的目的之下，讓我們感興趣的東西自然就只是認識的現象而已。然而，我們現在所要論述的東西，在通過一個適當的變更（*mutantis mutandis*）之後，則是對一切現象

3-7　Unser Absehen auf eine Erkenntniskritik führt uns zu einem Anfang, zu einem Festlande von Gegebenheiten, über die wir verfügen dürfen und die wir vor allem zu brauchen scheinen: das Wesen der Erkenntnis zu ergründen muß ich natürlich Erkenntnis in allen ihren fraglichen Gestaltungen *als Gegebenheit* besitzen und in einer Weise, daß diese Gegebenheit nichts von dem Problematischen an sich hat, das sonstige Erkenntnis, wie sehr sie Gegebenheiten zu bieten scheint, mit sich bringt.

3-8　Das Feldes der reinen Erkenntnis haben wir uns versichert, wir können sie nun studieren und eine Wissenschaft von den reinen Phänomenne etablieren, eine *Phänomenologie*. Wird diese nicht selbstverständlich die Grundlage für die Lösung der uns bewegenden Probleme sein müssen? Es ist doch klar, das Wesen der Erkenntnis kann ich nur zur Klarheit bringen, wenn ich sie mir selbst ansehe, und wenn sie mir im Schauen, so wie sie ist, selbst gegeben ist. Ich muß sie immanent und rein schauend im reinen Phänomen, im "reinen Bewußtsein" studieren: ihre Transzendenz ist ja fraglich; das Sein der Gegenständlichkeit, auf die sie sich, wofern sie transzendent ist, bezieht, ist mir nicht gegeben und in Frage ist gerade, wie sie trotzdem gesetzt werden kann und welchen Sinn sie, wenn solche Setzung möglich sein soll, hat und haben darf. Andrerseits hat diese Beziehung auf Transzendentes, wenn ich dessen Sein auch ihrer Triftigkeit nach in Frage stelle, doch etwas im reinen Phänomen Faßbares. Das Sich-auf-Tranzendentes-beziehen, es in dieser oder jener Weise meinen, ist doch ein innerer Charakter des Phänomens. Fast scheint es, als käme es nur auf eine Wissenschaft von den absoluten *cogitationes* an. Wo sonst könnte ich, da ich die Vorgegebenheit des gemeinten Transzendenten streichen muß, nicht nur den *Sinn* dieses über sich hinaus Meinens, sondern mit dem Sinn auch seine mögliche *Geltung*, oder den Sinn von Geltung studieren, als eben da, wo dieser

47　Sinn absolut // gegeben ist und wo im reinen Phänomen der Beziehung, Bestätigung, Rechtfertigung der Sinn der Geltung seinerseits zur absoluten Gegebenheit kommt?

都是有效的。

3-7　我們對一門認識的批判學的預期，引領我們走向一個出發點，走向一片我們可以使用的、並且對我們來說似乎又是特別需要的所與性的堅實的土地。為了建立認識的本質的基礎，我當然必須將所有在可疑的型態中的認識**作為所與性**而擁有，但是我是以這樣的方式來擁有這些認識，即這些〔可疑的認識〕的所與性在其自身是絲毫不擁有任何疑問的，也就是說，它不挾帶其他的認識，即使這些所挾帶的認識看起來是那麼地能夠提供所與性。[179]

3-8　我們已經確保了純粹認識的領域，現在我們可以研究這個領域，並且從純粹的現象建立起一門學問，也就是建立起一門**現象學**。這門現象學是不是理所當然地就是那個能夠解答推動著我們的問題的基礎呢？然而明白的是，關於認識的本質，我只能以這樣的方式將它帶向清晰性，即唯有在當我自己直視著它，並且當它在直觀中如其自身地對我而給出自身的時候，它才是清晰的，我必須將這些在純粹現象內部，在「純粹意識」內部，以內在且純粹直觀的方式來研究它。它的[180]超越確實是可懷疑的，也就是說，就認識是關連認識的超越而言，它所關連的對象性的存在，對我來說並不是所與的，然而問題就在於它如何可以被設定，此外倘若這麼一種設定是可能的話，它[181]擁有或應該擁有什麼樣的意義。另一方面，關於這個向著超越者的關係，就算我質疑它的存在與其切中性的話，它也仍然是可以在純粹現象中把握到的。這個向著超越者的關係（Sich-auf-Tranzendentes-beziehen）或者說在此一或彼一的方式下指涉著超越者這件事，確實是現象的內在性格。這樣看來的話，這個問題似乎就只能依賴於一門關於絕對思惟的學問了（eine Wissenschaft von den absoluten cogitationes）。[182]既然我必須讓所有的超越者的先行所與失去作用，那麼我要在哪裡才能研究這種不僅只是越出自身的指涉的**意義**（**Sinn** dieses über sich hinaus Meinens），而且伴隨著這個意義的同時，也研究其[183]可能的**有效性**（**Geltung**），或者其有效性的意義呢？這種研究除了在這個意義是絕對地所與的地方//，並且有效性的意義是在與關係、確證、　*47*

3-9  Freilich beschleicht uns hier gleich der Zweifel, ob nicht doch noch ein Mehr in Aktion treten muß, ob denn Gegebenheit der Geltung nicht auch Gegebenheit des Objektes mit sich führt, die andrerseits nicht Gegebenheit der *cogitatio* sein könnte, wofern es überhaupt so etwas wie geltende Transzendenz gibt. Aber wie immer, eine Wissenschaft von den absoluten Phänomenen, verstanden als *cogitationes*, ist das erste, was nottut und mindestens ein Hauptstück der Lösung hätte sie zu leisten.

3-10  Also auf Phänomenologie, hier auf Phänomenologie der Erkenntnis als Wesenslehre der reinen Erkenntnisphänomene, ist es wohl abgesehen. Die Aussichten sind schön. Aber wie soll Phänomenologie angehen; wie ist sie möglich? Urteilen soll ich und doch wohl objektiv giltig urteilen, reine Phänomene wissenschaftlich erkennen. ***Führt aber nicht alle Wissenschaft auf Feststellung an sich seiender Objektivität und damit auf Transzendentes?*** Das wissenschaftlich Festgestellte ist, ist an sich, es gilt schlechthin als seiend, ob ich es erkennend als seiend setze oder nicht. Gehört nicht zum Wesen der Wissenschaft als Korrelat die Objektivität des in ihr nur Erkannten, wissenschaftlich Begründeten? Und ist wissenschaftlich Begründetes nicht allgemein giltig? Wie steht es aber hier? Wir bewegen uns in dem Feld der reinen Phänomene. Doch warum sage ich **Feld**; es ist vielmehr ein ewiger **Heraklitischer Fluß** von Phänomenen. Welche Aussagen kann ich hier machen? Nun, schauend kann ich sagen: dies da! Es ist, zweifellos. Ich kann vielleicht sogar sagen, dieses Phänomen schließt als Teil jenes ein, oder ist mit jenem verknüpft, dieses fließt in jenes über usw.

3-11  Offenbar ist es aber nichts mit der "*objektiven*" **Giltigkeit** dieser Urteile, sie haben **keinen "*objektiven Sinn*"**, sie haben bloß "*subjektive*" **Wahrheit**. Nun wollen wir uns hier nicht in eine Untersuchung einlassen, ob denn nicht in gewissem Sinn diese Urteile, sofern sie "subjektiv" wahr zu sein beanspruchen, auch ihre Objektivität haben. Aber klar ist schon bei flüchtigem Blick, jene höhere Dignität der Objektivität, *48* die die vorwissenschaftlichen // natürlichen Urteile sozusagen inszenieren und die die giltigen Urteile der exakten Wissenschaften zu ungleich höherer Vollendung bringen, fehlt hier ganz und gar. Besonderen Wert werden wir solchen Urteilen, dies da ist und

合理性的純粹現象中而成為絕對地所與的地方之外，我還能在哪裡來進行這些研究呢？[184]

3-9　當然，在這裡懷疑馬上就會悄悄地襲擊我們：是不是還有一種在活動中多於的東西（ein Mehr in Aktion）[185] 必須參與進來，有效的所與性是不是也伴隨著要引進客觀的所與性，而且這個客觀的所與性，就其根本而言，就如同某種有效的超越一樣，一方面又可能不是思惟的所與物。[186] 但是一如往常地，一門關於思惟這種意義下的絕對現象的學問是第一的而且必要的，並且這門學問至少能夠完成問題的解答的主要部分。

3-10　因而我們大概可以預見一門現象學，在這裡特別是預見到一門作為純粹認識現象的本質理論的現象學。這個展望是很美的。但是現象學應該如何開始？它如何可能呢？我應該判斷並且客觀有效地判斷，並且應該以學問的方式來認識純粹的現象。*任何的學問難道都不指向在其自身存在的客觀性的確定，並且以此而指向超越者嗎*？學問所要確定的是存在著的東西，並且是在其自身而存在的東西，它自身就是作為存在者而有效的，不論我是不是能夠認識到它並且將其設定為存在者。在學問裡面只是被認識到的、被學問地奠基的客觀性，難道不是作為〔學問的〕相關物而屬於學問的本質嗎？而以學問的方式而被奠基的東西，難道不是普遍有效的東西嗎？這一點在我們這裡要如何來回答呢？我們要〔先〕進入純粹現象的領域。[187] 但是為什麼我要稱之為*領域*，它毋寧是一條永恆的*赫拉克里特斯的現象流*。[188] 在這裡，我能給出什麼樣的言表（Aussage）？[189] 現在我可以直觀地說出：這個在此，它的存在是無可懷疑的。甚至我或許也可以說：這個現象作為部分是包含在那個現象當中的、或者這個現象與那個現象結合、這個現象流入那個現象等等。[190]

3-11　但是很明顯地，這根本不涉及這些判斷的**「客觀的」有效性**，這些判斷並*沒有「客觀的」意義*，它們只有**「主觀的」真理**。[191] 現在在這裡，我們並不打算進入這麼一項研究，即研究這些判斷就其「主觀的」真理的要求而

dgl., die wir rein schauend fällen, nicht beimessen.

3-12　Sie werden sich übrigens hier der berühmten kantischen Unterscheidung zwischen **Wahrnehmungs-** und **Erfahrungsurteilen** erinnern. Die Verwandtschaft ist offenbar. Andrerseits hat Kant, wie ihm der Begriff der Phänomenologie und phänomenlogischen Reduktion fehlte, und wie er vom psychologismus und Anthropologismus sich nicht ganz loszuringen vermochte, die letzte Intention der hier notwendigen Unterscheidung nicht erreicht. Natürlich handelt es sich bei uns nicht um bloß subjektiv giltige Urteile, die auf das empriische Subjekt beschränkt sind in ihrer Giltigkeit, und um objektiv giltige, nämlich giltig für jedes Subjekt überhaupt: das empirische Subjekt haben wir ja ausgeschaltet, und die transtendentale Apperzeption, das Bewußtsein überhaupt, wird für uns bald einen ganz anderen und gar nicht mysteriösen Sinn bekommen.

3-13　Doch gehen wir zum Hauptzug unserer Betrachtung wieder zurück. Phänomenologische Urteile als singuläre Urteile haben uns nicht viel zu lehren. Wie aber sind Urteile, und zwar wissenschaftlich giltige zu gewinnen? Und das Wort **wissenschaftlich** setzt uns alsbald in Verlegenheit. Kommt nicht mit der Objektivität, fragen wir, die **Transzendenz** und mit dieser eben der Zweifel, was sie zu bedeuten habe, ob und wie sie möglich sei? Durch **erkenntnistheoretische Reduktion** schließen wir transzendente Präsuppositionen aus, weil Transzendenz in Frage ist, ihrer möglichen Giltigkeit und ihrem Sinn nach. Sind dann aber noch die wissenschaftlichen Feststellungen, transzendente Feststellungen der Erkenntnistheorie selbst möglich? Ist es nicht selbstverständlich, daß vor der Begründung der Möglichkeit der Transzendenz keine transzendente Feststellung der Erkenntnistheorie selbst statthaft ist? Verlangt aber die erkenntnistheoretische ἐποχή — wie es scheinen möchte — , daß wir keine Transzendenz gelten lassen, ehe wir ihre Möglichkeit begründet haben, und verlangt die Begründung der Möglichkeit der Transzendenz

*49*　selbst, in Form objektiver Begründung, transzendente Setzungen, so scheint // hier in Zirkel vorzuliegen, der Phänomenologie und Erkenntnistheorie unmöglich macht; und die bisherige Lebesmühe wäre umsonst.

言，究竟是不是在某種意義上也擁有其客觀性。但是只要很快地看一下，我們就已經很清楚，那種擁有更高尊嚴的客觀性，也就是說，那種由所謂前學問的 // 自然的判斷所改編的，並且由精確的學問的有效性判斷帶向一個不可 *48* 比較的更高的完滿性的那種客觀性，在這裡是根本沒有的。[192] 對於這些我們在純粹的直觀中所下的判斷，例如：這是存在的等等，我們不能附加任何特殊的價值。

3-12　　另外在這裡，各位將回想起康德的一項著名的區分：即**知覺判斷**與**經驗判斷**的區分。[193]〔我們的想法與康德的想法〕有著明顯的類似點。另一方面，康德由於缺乏現象學與現象學還原的觀念，並且也由於他不能夠完全擺脫心理學主義與人類學主義，因而無法達到這裡的必然的區別的最終的意向。[194] 當然對我們來說，問題並不在於單純的主觀有效的判斷，這種判斷的有效性是限制在經驗的主觀當中的，我們的問題在於客觀有效性的判斷，也就是說，問題在於對每一個主觀全般地皆有效的判斷：我們已經懸置了經驗的主觀，因而對於超越論的統覺（transtendentale Apperzeption）或意識全般（Bewußtsein überhaupt），我們很快地就會獲得另一種完全不帶有神祕的意義。[195]

3-13　　現在讓我們再次地回歸我們的考察的主要道路。現象學的判斷作為一種單稱的判斷，這一點我們不需多說。但是我們如何去獲得那些在學問上有效的判斷呢？而所謂的**學問的**這個語詞馬上就會讓我們陷入一種困境，我們提出這樣的問題：客觀性難道沒有伴隨著**超越**嗎？而且伴隨著這一點而來的，難道沒有這樣的超越意謂著什麼？它是不是可能並且如何可能的疑問嗎？藉由**認識論的還原**，我們排除了超越者的前提，因為超越就其可能的有效性與意義而言就是可疑的。[196] 那麼這樣的話，學問的論斷或者認識論本身的超越者的論斷，究竟是不是還是可能的呢？在超越的可能性被賦予基礎之前，不能有任何認識論上的超越者的論斷是允許的，這一點難道不是自明的嗎？認識論的存而不論（ἐποχή），如其所想要顯示的那樣，要求我們在對

3-14 Wir werden an der Möglichkeit einer Phänomenologie und, was hierin offenbar mitbeschlossen ist, einer Erkenntniskritik nicht sorfort verzweifeln können. Wir brauchen jetzt einen Fortschritt, der uns diesen trüglichen Zirkel aufrollt. Wir haben ihn im Grunde genommen schon vollzogen, da wir die doppelte Transzendenz und Immanenz unterschieden. Descartes fragte, wie Sie sich erinnern, nachdem er die Evidenz der *cogitatio* festgestellt hatte (oder vielmehr, was wir nicht übernommen haben, das *cogito ergo sum*): ***was ist es, was mich dieser Grundgegebenheiten versichert***? Nun, die *clara et distincta perceptio*. Daran können wir anknüpfen. Ich brauche nicht zu sagen, daß wir hier die Sachen schon reiner und tiefer gefaßt haben als Descartes, und daß somit auch die Evidenz, die *clara et distincta perceptio*, von uns in reinerem Sinne gefaßt und verstanden ist. Mit Descartes können wir nun den weiteren Schritt (*mutatis mutandis*) machen: was immer, so wie die singuläre *cogitatio*, durch *clara et distincta perceptio* gegeben ist, das dürfen wir ebensogut in Anspruch nehmen. Das läßt freilich, wenn wir uns der 3. und 4. Meditation erinnern, der Gottesbeweise, des Rekurses auf die *veracitas dei* etc., Böses erwarten. Immerhin, seien Sie nur sehr skeptisch oder vielmehr kritisch.

3-15  Die Gegebenheit der reinen *cogitatio* haben wir als absolut zugestanden, die Gegebenheit des Außendinges in der Äußeren Wahrnehmung, obschon diese den Anspruch erhebt, das Sein des Dinges selbst zu geben, nicht. Die Transzendenz des Dinges fordert, daß wir es in Frage stellen. Wir verstehen nicht, wie Wahrnehmung Transzendentes treffen kann; aber wir verstehen, wie Wahrnehmung Immanentes treffen kann, in Form der reflektiven und rein immanenten Wahrnehmung, der reduzierten. Ja warum verstehen wir das? Nun, wir schauen direkt und fassen direkt das, was wir schauend und fassend meinen. Eine Erscheinung vor Augen haben, die etwas meint, was nicht selbst in ihr gegeben ist, und zweifeln, ob das sei und wie es zu verstehen sei, daß es sei, das hat einen Sinn. Aber Schauen und gar nichts anderes *50* meinen als das, was schauend gefaßt ist, und da noch // zu fragen und zu zweifeln, das hat keinen Sinn. Im Grund also sagt das nichts anderes: Schauen, Selbstgegebenes Fassen, wofern eben wirkliches Schauen, wirkliche Selbstgegebenheit im strengsten

超越的可能性建立基礎之前，不能允許任何的超越是有效的，而倘若超越本身的可能性的奠基工作，又在客觀的奠基的形式之下要求種種超越者的設定（transzendente Setzungen）的話，那麼在這裡似乎就陷入了循環論證之中 //，　**49**　這個循環論證使得現象學與認識論皆不可能成立，並且讓我們先前的努力皆徒勞無功。[197]

3-14　　然而我們不能馬上就懷疑一門現象學以及明白地包含在其中的一門認識的批判學的可能性。我們現在所需要的是再跨進一步，將這個似是而非的循環予以破解。由於我們區分了雙重的超越與內在，所以基本上我們已經跨出了這一步了。[198] 如各位所記得的，笛卡兒在確定了思惟的明證性（或者毋寧說在確定了我們在這裡不採用的 " 我思故我在 "）之後，接著問：**能夠向我保證這些根本所與性的東西是什麼？**這正是清晰與明辨的知覺（*clara et distincta perceptio*）。我們可以銜接在這一點上。我不需要去說，在這裡我們已經比笛卡兒更為純粹地且深刻地把握了實事，也因而在一個更為純粹的意義下，把握與理解了明證性或清晰與明辨的知覺。我們現在可以借助笛卡兒而更跨出一步（透過 " 適當地變更 "），也就是說，就如同單稱的思惟始終是透過清晰與明辨的知覺而所與一樣，這同樣也是我們可以利用的東西。然而當我們想到笛卡兒第三、第四沈思中的神存在的論證、訴諸於神的真誠（*veracitas dei*）[199] 等等的論述的時候，則是會產生不好的結果的。各位始終仍然要保持極為懷疑性的或者甚至批判性的態度。[200]

3-15　　我們承認純粹思惟的所與性是絕對的。雖然在外部知覺中所與的外在事物提出了一種要求，要求給出了事物本身的存在，但是我們不承認這是絕對的所與。事物的超越就要求我們對它加以質疑。[201] 我們並不理解，知覺如何能夠切中於超越者，但是在反省的與純粹內在知覺的形式之下，也就是在還原了的知覺之下，我們就可以理解知覺如何切中於內在者。那麼為什麼我們能夠理解呢？因為我們直接地直觀到並且直接地把握到了那些我們直觀地、把握地所意指的東西。一個站立在眼前的顯現（Erscheinung），它指向

Sinn vorliegt und nicht eine andere Gegebenheit; die ein Nichtgegebenes meint, das ist ein Letztes. Das ist die ***absolute Selbstverständlichkeit***; das nicht Selbstverständliche, das Problematische, vielleicht gar Mysteriöse liegt bei dem transzendierenden Meinen, d.h. im Meinen, Glauben, ev. sogar umständlichen Begründen eines nicht Gegebenen; es hilft uns nichts, daß dabei gleichwohl eine absolute Gegebenheit zu konstatieren ist, das Gegebensein des Meines, Glaubens selbst: wir brauchen nur zu reflektieren und finden es vor. Aber dieses Gegebene ist ja nicht das Gemeinte.

3-16 Aber wie, ist die absolute Selbstverständlichkeit, die schauende Selbstgegebenheit nur beim singulären Erlebnis und seinen singulären Momenten und Teilen vorhanden, d.i. nur schauende Setzung des ***Dies-da***? Sollte es nicht eine schauende Setzung von anderen Gegebenheiten als absoluten Gegebenheiten geben, z.B. von Allgemeinheiten, derart, daß schauend ein Allgemeines zur selbstverständlichen Gegebenheit käme, deren Bezweiflung abermals widersinnig wäre ?

3-17 Wie sonderlich eine Beschränkung auf die phänomenologisch-singulären Gegebenheiten der *cogitatio* wäre, geht schon daraus hervor, daß die ganze Evidenzbetrachtung, die wir in Anlehnung an Descartes angestellt haben und die sicherlich von absoluter Klarheit und Selbstverständlichkeit durchleuchtet war, ihre Geltung verlöre. Nämlich für den singulär vorliegenden Fall einer *cogitatio*, etwas eines Gefühls, das wir gerade erleben, dürften wir vielleicht sagen: das ist gegeben, aber beileibe dürften wir nicht den allgemeinsten Satz wagen: ***die Gegebenheit eines reduzierten Phänomens überhaupt ist eine absolute und zweifellose***.

3-18 Doch das nur, um Sie auf den Weg zu leiten. Jedenfalls ist es einleuchtend, daß die Möglichkeit einer Erkenntniskritik von der Aufweisung noch anderer absoluter Gegebenheiten abhängt als den reduzierten *cogitationes*. Genauer besehen überschreiten wir sie schon mit den prädizierenden Urteilen, die wir über sie fällen. Schon wenn wir sagen: diesem Urteilsphänomen liegt das und das **51** Vorstellungsphänomen zu Grunde, dieses // Wahrnehmungsphänomen enthält die und die Momente, Farbeninhalte und dgl. Und selbst wenn wir vorausgesetztermaßen

某個自身並不是在這個顯現中給出的某物，而懷疑這個某物是否存在以及如何去理解它的存在，這件事是有意義的。但是，直觀不外是意指著為我們所直觀地把握到的，而倘若還要 // 去質疑與懷疑這一點，則是沒有意義的。基本上這不外是說：直觀或自身所與的把握，如果是一個真正的直觀與在嚴格意義下的真正的自身所與性的現前，而不是對另外一種的、對不所與的事物的意指的話，那麼這種直觀或自身所與的把握就是終極的基礎。這是**絕對的自明性**。[202] 而那些在超越化的意指裡面，也就是在意指、相信等等，或甚至那些建立在一個不所與的繁雜的基礎上的東西，它們並不是自明的、而是有疑問的，甚至或許包含著神秘性的。這些東西並不能夠幫助我們來確認在這裡的一種絕對的所與性，即意指或相信本身的所與存在。[203] 我們只需要去反省並發現它，但是這種所與並不是所意指者（das Gemeinte）。[204]

3-16    但是這種絕對的自明性或直觀的自身所與性，究竟如何可能只在單稱的體驗與其單稱的要素與部分中出現呢？也就是說，它如何可能就只是直觀地設定**這個在此**（**Dies-da**）的事情而已呢？會不會有作為絕對的所與性的另外一種直觀地設定的所與性？比如說普遍性的所與性，而這種普遍者是可以直觀地成為自明的所與性的，並且我們對它的懷疑是荒謬的。[205]

3-17    限制在現象學的、單稱的思惟的所與性上，這件事情之所以是那麼地奇特，其原因在於我們曾經依據笛卡兒所進行的全部的明證的考察，以及那些曾經確實為絕對的清晰性與自明性所穿透的明證的考察都將喪失其有效性。[206] 也就是說〔就笛卡兒來看〕，對於一個以單稱的方式而現前的思惟的事件來說，比如說我們剛剛體驗著的情感，我們或許可以說這個情感是所與的，但是我們當然不能夠魯莽地說出一個最普遍的語句：**一個還原了的現象全般的所與性是絕對的且無可置疑的所與性**。[207]

3-18    但是這麼說只是為了引導各位進入〔現象學的〕軌道而已。[208] 無論如何，我們明示出這一點，即認識的批判學的可能性除了還原的思惟之外，還有賴於顯示另一種絕對的所與性。[209] 更仔細地來看，隨著我們對這些思惟

diese Aussagen in reinster Anmessung an die Gegebenheiten der *cogitatio* machen, gehen wir wohl mit den logischen Formen, die sich im sprachlichen Ausdruck auch spiegeln, über die bloßen *cogitationes* hinaus. Es ist da ein Superplus, das nicht etwa in einer bloßen Agglomerierung neuer *cogitationes* besteht. Und mögen auch zu den *cogitationes*, über die wir Aussagen machen, mit dem prädikativen Denken neue hinzutreten, so sind diese es doch nicht, die den prädikativen Sachverhalt, die Gegenständlichkeit der Aussage, ausmachen.

3-19  Leichter faßbar ist, mindestens für den, der sich in die stellung des reinen Schauens zu versetzen und sich alle natürlichen Vormeinungen vom Leibe zu halten vermag, die Erkenntnis, daß nicht nur Einzelheiten, sondern auch ***Allgemeinheiten, allgemeine Gegenstände und allgemeine Sachverhalte zu absoluter Selbstgegebenheit gelangen können***. Diese Erkenntnis ist von entscheidender Bedeutung für die Möglichkeit einer Phänomenologie. Denn das ist ihr eigentümlicher Charakter, daß sie Wesensanalyse und Wesensforschung im Rahmen rein schauender Betrachtung ist, im Rahmen absoluter Selbstgegebenheit. Das ist notwendig ihr Charakter; sie will ja Wissenschaft und Methode sein, um Möglichkeiten, Möglichkeiten der Erkenntnis, Möglichkeiten der Wertung aufzuklären, aufzuklären aus ihrem Wesensgrunde; es sind allgemein fragliche Möglichkeiten und ihre Forschungen somit allgemeine Wesensforschungen. Wesensanalyse ist *eo ipso* generelle Analyse, Wesenserkenntnis auf Wesen, auf Essenzen, auf allgemeine Gegenständlichkeiten gerichtete Erkenntnis. Und hier hat auch die Rede vom Apriori ihre legitime Stelle. Denn was bedeutet apriorische Erkenntnis anderes, mindestens wofern wir die empirisch verfälschten Begriffe von Apriori ausschließen, als eine rein auf generelle Essenzen gerichtete, rein aus dem Wesen ihre Geltung schöpfende Erkenntnis?

3-20  Jedenfalls ist das der eine berechtigte Begriff von Apriori, ein anderer ergibt sich, wenn wir darunter alle Begriffe verstehen, die als Kategorien eine in bestimmtem Sinn prinzipielle Bedeutung haben, und dann weiter die Wesensgesetze, die in diesen Begriffen gründen.

進行論述的判斷的時候，我們就已然越出了這些思惟。當我們說出：這個判斷是以這個那個表象現象為基礎，這個 // 知覺現象包含了這個那個成素、顏 *51* 色內容等等的時候，就已經是越出了這些思惟了。而即使假定我們是在完全地依據思惟的所與性來做出這個陳述的情況，隨著反映在語言表達中的邏輯的形式，我們確實就已經越出了單純的思惟。[210] 在這裡有一個超出的東西（ein Superplus），它不是單純地由凝聚新的思惟所形成，而且也不是在我們進行陳述的時候，隨著陳述的思想而新添加進來的東西，這些都不能形成陳述的事態、陳述的對象性。[211]

3-19　　至少對於那些投身入純粹的直觀，並且能夠與所有自然的前見（Vormeinungen）保持距離的人來說，比較可以簡單地把握的事情是：認識不僅僅是個別性的，尚且也是**普遍性的，它能夠將普遍的對象性與普遍的事態帶向絕對的自身所與性**。這種認識對一門現象學的可能性而言具有決定性的意義。因為這正是現象學獨有的特性之所在，現象學是一門在純粹直觀的考察範圍內或即一門在絕對的自身所與性的範圍內的本質分析與本質研究。[212] 這必然是現象學的特性；現象學希望成為一門學問與方法，以期經由其本質的基礎來解釋可能性，也就是說，認識的可能性與評價的可能性。[213] 這些都是以普遍的方式來詢問的可能性，因而現象學的研究是一門普遍的本質研究。本質分析就其自身而言是全般性的分析，也就是一門指向本質（Wesen）、本質性事物（Essenzen）[214]、普遍的對象性的認識。在這裡，談論認識的先天性也有其合法的地位。因為至少就我們排除了以經驗的方式所偽裝的先天概念而言，先天的認識除了純粹地指向全般性的本質、指向其純粹地從認識的本質而產生的有效性的認識之外還能意指什麼呢？[215]

3-20　　無論如何，這是一種具正當性的先天性概念。而倘若當我們將所有的作為範疇而擁有某特定意義下的原理的意義的概念，以及建立在這些概念上的本質法則，全都理解為是一種先天性的時候，就會產生另外一種先天性的概念。[216]

**52** 3-21　// Halten wir den ersten Begriff von Apriori hier fest, so hat es die Phänomenologie mit dem Apriori in der Sphäre der Ursprünge, der absoluten Gegebenheiten zu tun, mit den in generellem Schauen zu fassenden Spezies und mit den apriorisichen Sachverhalten, die unmittelbar schaubar sich auf Grund derselben konstituieren. In den Richtungen auf die Kritik der Vernunft, der theoretischen nicht nur, sondern auch der praktischen und jedweder Vernunft ist das Hauptziel freilich das Apriori im zweiten Sinn, die Feststellung der selbst zu gebenden prinzipiellen Formen und Sachverhalte und mittels dieser Selbstgegebenheiten die Realisierung, die Auswertung und Bewertung der mit dem Anspruch auf prinzipielle Bedeutung auftretenden Begriffe und Gesetze der Logik, der Ethik, der Wertlehre.

3-21　// 倘若在這裡堅持在我們所把握到的第一種先天性概念，那麼現象學　*52*
所要處理的東西，就是在根源的領域中的先天性、在絕對的所與的領域中的
先天性，[217] 也就是說，現象學所要處理的乃是在全般性的直觀中所把握到的
類概念（Spezies），以及基於這個類概念所構成的、具有可直接直觀的可能
性的先天性事態。[218] 但是在理性的批判論的這一方向上，〔更恰當地說〕不
只是在理論理性的批判論的、尚且包括實踐理性的批判論的、以及任何理性
的批判論的這一方向上，其主要的目標當然是第二個意義下的先天性，也就
是說，其主要的目的在於確定自身能給出原理的形式與事態，以及透過這些
自身所與性，來實現、評估與評價那些伴隨著要求成為原理的意義而出現的
種種概念，以及邏輯學、倫理學、價值論的種種法則。[219]

*53*

# // IV. VORLESUNG

Erweiterung der Forschungssphäre durch die Intentionalität S.55.— Die Selbstgegebenheit des Allgemeinen; die philosophische Methode der Wesensanalyse S.56.— Kritik der Gefühlstheorie der Evidenz; Evidenz als Selbstgegebenheit S.59.— Keine Beschränkung auf die Sphäre der reellen Immanenz; Thema alle Selbstgegebenheit S.60.

# // 第四講稿

**55**  4-1  // Halten wir uns an die bloße Phänomenologie der Erkenntnis, so handelt es sich in ihr um das direkt anschaulich aufweisbare ***Wesen der Erkenntnis***, d.h. um eine schauende, im Rahmen der phänomenologischen Reduktion und Selbstgegebenheit sich haltendes Aufweisung und analytische Scheidung der mannigfachen Artungen von Phänomenen, die der weitfältige Titel "Erkenntnis" umfaßt. Die Frage ist dann, was in ihnen wesentlich liegt und gründet, aus welchen Faktoren sie sich aufbauen, welche Komplexionsmöglichkeiten sie, immer wesentlich und rein immanent, fundieren und welche generellen Verhältnisse überhaupt hier entquellen.

4-2  Und nicht bloß um das reell Immanente handelt es sich, sondern auch um das ***im intentionalen Sinn Immanente***. Die Erkenntniserlebnisse, das gehört zu ihrem Wesen, haben eine *intentio*, sie meinen etwas, sie beziehen sich in der oder jener Art auf eine Gegenständlichkeit. Das sich auf eine Gegenständlichkeit Beziehen gehört ihnen zu, wenn auch die Gegenständlichkeit ihnen nicht zugehört. Und das Gegenständliche kann erscheinen, kann im Erscheinen eine gewisse Gegebenheit haben, während es gleichwohl weder reell im Erkenntnisphänomen ist, noch auch sonst als *cogitatio* ist. Das Wesen der Erkenntnis klären und die Wesenszusammenhänge, die zu ihr gehören, zur Selbstgegebenheit bringen, das heißt also nach diesen beiden Seiten forschen, dieser zum Wesen der Erenntnis gehörigen Beziehung nachgehen. Und hier liegen ja die Rätsel, die Mysterien, die Probleme um den letzten Sinn der Gegenständlichkeit der Erkenntnis, darunter ihrer Triftigkeit, bzw. Untriftigkeit, wenn sie urteilende Erkenntnis, ihrer Adäquation, wenn sie evidente Erkenntnis ist usw.

4-3  Jedenfalls ist diese ganze Wesenforschung offenbar in der Tat generelle Forschung. Das singuläre Erkenntnisphänomen, im Bewußtseinsfluß kommend und **56**  schwindend, ist nicht das Objekt der phänomenologischen Feststellung. Auf die // "Erkenntnisquellen" ist es abgesehen, auf die generell zu erschauenden Ursprünge, auf die generellen absoluten Gegebenheiten, die die allgemeinen Grundmaße darstellen, an denen aller Sinn und dann auch das Recht des verworrenen Denkens zu messen und alle Rätsel, die es in seiner Gegenständlichkeit stellt, zu lösen sind.

4-1　//倘若我們將自己限定在純然的認識的現象學內，那麼在這一門現象 **55** 學裡面，它所處理的是直接地以直觀的方式而顯明出來的**認識的本質**，也就是說，所處理的是對於在「認識」這個廣義的標題下所包含的種種類型的現象，並且在現象學的還原與自身所與性的範圍內，給予直觀地顯示以及分析性地區別。[220] 因而問題就在於：這些現象本質上包含著什麼？基於什麼基礎？基於什麼要素而被建立？始終本質地並且純粹內在地建立於其上的複合的可能性（Komplexionsmöglichkeiten）是什麼？並且究竟是哪一類的全般性的關係會從這裡湧現？[221]

4-2　它所涉及的不僅僅是實質的內在，尚且還包括**在意向意義下的內在者**（das *im intentionalen Sinn Immanente*）。[222] 認識的體驗在本質上即擁有一種意向（intentio），它意指著某物，並且在這個或那個方式下關連著一個對象性。就算這個對象性不屬於認識的體驗，[223] " 關連著一個對象性 " 仍然屬於認識的體驗，並且這個對象物能夠顯現，能夠在顯現中擁有某種所與，儘管這個對象物既不是實質地在認識現象中存在，甚至也不是作為一種思惟。[224] 因而釐清認識的本質，並且讓屬於認識的本質相關性得以帶向自身所與性，這意謂著要研究這個雙面性，追究這個屬於認識的本質的關係。[225] 而在這裡有著種種的謎、種種的神祕，有著種種關於認識的對象性的最終意義的問題，其中包含著：在判斷性的認識的情況下，是判斷性的認識的切中性與不切中性的問題，在明證性的認識的情況下則是完備性（Adäquation）的問題。[226]

4-3　總而言之，這整個本質的研究，在事實上很明白地是一種類型的研究（generelle Forschung）。在意識的流動中出現與消失的單稱的認識現象 [227] 並不是現象學要論定的對象。[228] 我們的所探求的是「認識的來源」//，是可以以 **56** 類型的方式而直觀到的根源，也就是類型的絕對所與性。[229] 這種類型的絕對所與性展示了普遍的基本準則，而這個基本的準則乃是一切意義的規範，因之也是規範混亂思想的裁判，並且能夠解答思想在關於其對象性中所提出的任何的謎。

4-4  Doch kann wirklich *Allgemeinheit*, können allgemeine Wesen und zu ihnen gehörige allgemeine Sachverhalte in gleichem Sinne zur Selbstgegebenheit kommen wie eine *cogitatio*? *Transzendiert nicht das Allgemeine als solches die Erkenntnis*? Die allgemeine Erkenntnis als absolutes Phänomen ist freilich gegeben; aber in ihr suchen wir vergeblich das Allgemeine, das ja in unzähligen möglichen Erkenntnissen gleichen immanenten Gehalts das im strengsten Sinn Identische sein soll.

4-5  Wir antworten natürlich, wie wir schon geantwortet haben: diese Transzendenz hat das Allgemeine natürlich. Jeder reelle Teil des Erkenntnisphänomens, dieser phänomenologischen Einzelheit, ist wieder eine Einzelheit, und so kann das Allgemeine, das ja keine Einzelheit ist, nicht reell im Allgemeinheitsbewußtsein enthalten sein. Aber an *dieser* Transzendenz Anstoß zu nehmen, das ist nichts weiter als Vorurteil, es stammt aus einer unpassenden und nicht aus der Quelle selbst geschöpften Betrachtung der Erkenntnis. Eben das muß man sich ja zur Klarheit bringen, daß das absolute Phänomen, die reduzierte *cogitatio* uns nicht darum als absolute Selbstgegebenheit gilt, weil sie Einzelheit ist, sondern weil sie sich im reinen Schauen nach der phänomenologischen Reduktion *eben als absolute Selbstgegebenheit* herausstellt. Rein schauend vorfinden können wir als *eben* solche absolute Gegebenheit aber nicht minder die Allgemeinheit.

4-6  Ist dem wirklich so? Nun, sehen wir uns doch Fälle der Gegebenheit des Allgemeinen an, d.i. Fälle wo auf Grund erschauter und selbstgegebener Einzelheit ein rein immanentes Allgemeinheitsbewußtsein sich konstituiert. Ich habe eine Einzelanschauung, oder mehrere Einzelanschauungen von Rot, ich halte die reine Immanenz fest, ich sorge für phänomenologische Reduktion. Ich schneide ab, was das Rot sonst bedeutet, as was es da transzendent apperziepiert sein mag, etwa als Rot eines Löschblattes // auf meinem Tisch und dgl., und nun vollziehe ich rein schauend den *Sinn* des Gedankens Rot überhaupt, Rot *in specie*, etwa das aus dem und jenem herausgeschaute *identische Allgemeine*; die Einzelheit als solche ist nun nicht mehr gemeint, nicht dies und jenes, sondern Rot überhaupt. Tun wir das in der Tat rein schauend, könnten wir da verständlicherweise noch zweifeln, was Rot überhaupt

4-4　但是**普遍性**，也就是說，普遍的本質與屬於這些普遍本質的普遍事態，能不能夠真正地與思惟在相同的意義下成為自身所與性呢？***普遍者本身難道沒有超越認識嗎？***[230] 作為絕對現象的普遍的認識確實是所與的，但是我們要在這個普遍的認識的內部來尋找普遍者則是徒然無功的，這個普遍者是在無數可能的認識中保持相同的內在內容，並且是在嚴格意義下的同一者。[231]

4-5　我們當然就如我們所已經回答過的那樣來回答：普遍者當然擁有這種超越。認識現象是現象學的個別性，它的每一個實質的部分也仍然是個別性，然而普遍者並不是個別性的，所以它並不實質地內包於普遍意識的內部。但是拒絕***這種***超越也同樣是一種成見，這個成見來自於一個不恰當的與本身不是從根源而產生的認識的考察。[232] 而絕對現象或還原了的思惟，對我們來說，之所以是作為絕對的自身所與的理由，並不是由於它是個別性的，而是由於它在現象學的還原之後，在純粹的直觀中，***就是作為絕對的所與性***而顯示自身，這一點是我們必須要釐清的。我們可以純粹直觀地發現到，普遍性不外***就是***這麼一種絕對的所與性。[233]

4-6　但是真的是如此嗎？現在，我們注意普遍者的所與性的情況，也就是說，注意這麼一種情況，在這裡，一個純粹的內在意識基於所直觀的與自身所與的個別性而構成自身。[234] 我有一個或多個紅色的個別的直觀，我堅持在純粹的內在當中，並且留意著現象學的還原。我切除紅色通常所意指的東西，也就是切除那個可能被我們統覺為某種在那裡的超越的東西，例如切除作為在我桌上的一張吸墨紙上 // 的紅色等等。現在我以純粹直觀的方式實現了（vollziehen）紅色全般的思想的**意義**或紅色的類概念（Rot *in specie*），也就是說，實現了從這個或那個紅色所直觀到的***同一的普遍者***。[235] 我們在這裡所意指的並不是其個別性本身，也就是說，不是這個或那個紅色，而是紅色全般。就算我們在事實上是以純粹直觀的方式意指著紅色，我們仍然可以合理地懷疑紅色全般究竟是什麼？用這些東西要意指什麼？就其本質來說它會

sei, was mit dergleichen gemeint sei, was es seinem Wesen nach sein mag? Wir schauen es ja, da ist es, das da meinen wir, diese Rotartung. Könnte eine Gottheit, ein unendlicher Intellekt vom Wesen des Rot mehr haben, als daß er es eben generell schaut?

4-7　Und wenn wir nun etwa zwei Rotspecies gegeben haben, zwei Rotnuancen, können wir nicht urteilen, diese und jene sind einander ähnlich, nicht diese individuell einzelnen Rotphänomene, sondern die Artungen, die Nuancen als solche; ist das Änlichkeitsverhältnis hier nicht eine generelle absolute Gegebenheit?

4-8　Also auch diese Gegebenheit ist eine rein immanente, nicht immanent im falschen Sinn, nämlich sich in der Sphäre des individuellen Bewußtseins haltend. Von den Akten der Abstraktion im psychologischen Subjekt und den psychologischen Bedingungen, unter denen sie sich vollzieht, ist gar keine Rede. Die Rede ist vom generellen Wesen oder Sinn Rot und seiner Gegebenheit im generellen Schauen.

4-9　So wie es nun sinnlos ist, noch zu fragen und zu zweifeln, was denn das Wesen von Rot sei, oder was der Sinn von Rot sei, wenn man Rot schauend und es in spezifischer Artung fassend mit dem Wort Rot eben genau das meint, was da gefaßt und geschaut ist, so hat es keinen Sinn, noch in Betreff des Wesens der Erkenntnis und der kardinalen Gestaltung der Erkenntnis zu zweifeln, was ihr Sinn sei, wenn man in rein schauender und ideierender Betrachtung innerhalb der Sphäre der phänomenologischen Reduktion die betreffenden exemplarischen Phänomene vor Augen und die betreffende Artung gegeben hat. Nur ist freilich Erkenntnis keine so einfache Sache wie Rot, gar mannigfaltige Formen und Arten derselben sind zu unterscheiden und nicht nur das, sie sind in ihren Wesensbeziehungen zu einander zu erforschen. Denn Erkenntnis verstehen das heißt, die *teleologischen Zusammenhänge*

**58**　der Erkenntnis zu genereller Klärung // bringen, die auf gewisse Wesensbeziehungen verschiedener Wesenstypen intellektueller Formen hinauslaufen. Und dahin gehört auch die letzte Aufklärung der Prinzipien, die als ideale Bedingungen der Möglichkeit wissenschaftlicher Objektivität alles empirische wissenschaftliche Verfahren als Normen regeln. Die ganze Forschung der Aufklärung der Prinzipien bewegt sich

是什麼？我們的確直觀著它，它就存在在這裡，我們所意指的就是這個在此（das da），這個紅色的類概念。[236] 倘若有一神性〔的存在〕或無限的理智，當祂全般地直觀著紅色的本質的時候，難道會直觀到更多的東西嗎？[237]

4-7　　現在如果有兩種紅色的種類、兩種濃淡有著細微差別的紅色是所與的時候，我們難道就不能夠判斷這一種紅色和那一種紅色是類似的嗎？我說的不是這些個體的個別的紅色現象是類似的，而是種類的性質（Artungen）或顏色的細微差異本身是相似的。在這裡的類似關係難道不是一種類型的絕對所與性嗎？[238]

4-8　　因而這種所與性也是一種純粹內在的所與，它不是虛假意義下的內在，也就是說，它不是停留在個體的意識領域內部的內在。我們所談的並不是在心理學的主觀中的抽象活動，也不是在進行抽象活動的時候的心理學的條件，我們所談的是紅色的類型的本質或者紅色的意義，以及在類型直觀下的紅色的類型所與性。[239]

4-9　　因而就好像當我們現在直觀著紅色，並且在一個特殊的種概念（spezifische Artung）下來把握它，而且紅色這個語詞也確實意指著我們所把握到的與直觀到的東西的話，那麼還要去質疑、懷疑紅色的本質究竟是什麼、或者紅色的意義是什麼，[240] 將會是個無意義的問題一樣，同樣地，如果我們內在於現象學還原的領域內部，在純粹的直觀與觀念化的觀察之下，相應的例示的現象就在眼前所與[241] 並且相應的種類概念也是所與的，那麼這個時候，關於認識的本質與認識的標準形態，我們還要懷疑它的意義是什麼，這也是無意義的。[242] 然而毫無疑問地，認識並不像紅色那樣是那麼單純的事情，認識要區別開種種不同的形式與種類，不僅如此，這些形式與種類還要在其相互的本質關係中來予以究明。因為所謂理解 " 認識 " 意謂著以全般的方式來釐清這個認識的**目的論的關係脈絡**（*teleologische Zusammenhänge*），// 而這個關係脈絡終究要歸結到理智形式的種種不同的本質類型的某種本質性的關連之上。[243] 而為達成此一目標，我們也必須要對作為讓學問的客觀性得

durchaus in der Wesenssphäre, die wiederum auf dem Untergrunde singulärer Phänomene der phänomenologischen Reduktion sich konstituiert.

4-10　Die Analyse ist in jedem Schritt Wesensanalyse und Erforschung der in unmittelbarer Intuition zu konstituierenden generellen Sachverhalte. Die ganze Untersuchung ist also eine apriorische; natürlich ist sie nicht eine apriorische im Sinne mathematischer Deduktionen. Was sie von den objektivierenden apriorischen Wissenschaften unterscheidet, ist ihre Methode und ihre Ziel. ***Die Phänomenologie verfährt schauend aufklärend, Sinn bestimmend und Sinn unterscheidend***. Sie vergleicht, sie unterscheidet, sie verknüpft, setzt in Beziehung, trennt in Teile, oder scheidet ab Momente. Aber alles in reinem Schauen. Sie theoretisiert und mathematisiert nicht; sie vollzieht nämlich keine Erklärungen im Sinne der deduktiven Theorie. Indem sie die Grundbegriffe und Grundsätze, die als Prinzipien die Möglichkeit objektivierender Wissenschaft beherrschen, aufklärt (aber schließlich auch ihre eigenen Grundbegriffe und Prinzipien zum Gegenstand reflektiver Aufklärung macht), ist sie zu Ende, wo objektivierende Wissenschaft anhebt. Sie ist also Wissenschaft in einem ganz anderen Sinn und mit ganz anderen Aufgaben und ganz anderen Methoden. ***Das schauende und ideierende Verfahren innerhalb der strengsten phänomenologischen Reduktion ist ihr ausschließliches Eigentum, es ist die spezifisch philosophische Methode, insofern als diese Methode wesentlich zum Sinn der Erkenntniskritik und so überhaupt zu jederlei Kritik der Vernunft gehört*** (also auch der wertenden und praktischen Vernunft). Was aber neben der Kritik der Vernunft im echten Sinne noch Philosophie heißt, ist durchaus auf diese zu beziehen: *59* also Metaphysik der // Natur und Metaphysik des gesamten Geisteslebens und so Metaphysik überhaupt im weitesten Verstande.

4-11　Man spricht in solchen Fällen des Schauens von **Evidenz**, und in der Tat haben diejenigen, welche den prägnanten Evidenzbegriff kennen und ihn seinem Wesen nach festhalten, ausschließlich derartige Vorkommnisse im Auge. Das Fundamentale ist, daß man nicht übersieht, daß Evidenz dann dieses in der Tat schauende, direkt und adäquat selbst fassende Bewußtsein ist, daß es nichts anderes als adäquate

以可能的理想性的條件，並且要對作為規範而指導一切的經驗學問的方法的種種基本原理給予最終的解明。將種種原理予以解明的整個研究，完全運行在本質的領域的內部，而這個本質的領域又是在現象學還原的單稱現象的這個底層的基礎上所被構成的東西。[244]

4-10　〔現象學的〕分析在任何一個步驟上都是在直接的直覺（unmittelbare Intuition）[245] 中對所要構成的類型的事態的本質分析或探究。因而整個研究其實都是一種先天性研究，當然它並不是一種在數學演繹的意義下的先天性研究。將現象學的研究與客觀化的先天性學問予以區別開的地方在於其方法與其目的。**現象學是以直觀地解明、限定意義、區分意義的方式來進行研究的**。它比較、區分、結合、建立關係、區分為部分或分離開種種成素，這些都是在純粹的直觀中來進行的。現象學並不理論化或數學化任何東西，也就是說，它不是在演繹的理論的意義下來進行解釋的。[246] 當現象學澄清了支配客觀的學問的可能性的種種基本概念與原理之後（最後也要將現象學自身的種種基本概念與原理作為反省地解明的對象），現象學就可以終止了。現象學終止的地方，正是客觀化的學問的開始之處。因而現象學是一門完全不同意義下的學問，它有著一個完全不同的任務與完全不同的方法。**內在於現象學最嚴格的還原中的直觀與觀念化的方法是現象學所獨有的財產，而就這個方法在本質上屬於認識的批判學的意義，並且因而全般地屬於任何理性的批判學**（因而也包括評價的與實踐的理性的批判學）**而言，它是一種特殊的哲學方法**。然而除了真正意義下的理性的批判學之外，那些還被稱為哲學的學問，也就是自然形上學 // 、所有的精神生活的形上學以及在最廣義的理解之下 *59* 的形上學全般，全部都必須關連著這門理性的批判學。[247]

4-11　在這種直觀的情況當中，人們談到**明證性**（*Evidenz*），並而事實上唯有能夠認識到確切的明證性概念，並且能就其本質來把握的人，才能夠完全地注意到這樣的事情。根本的地方在於不要忽視這個事實，即明證性在事實上就是直觀地、直接地與完備地把握到自身的意識，這樣的意識所說的不

Selbstgegebenheit besagt. Die empiristischen Erkenntnistheoretiker, die vom Werte
der Ursprungsforschung so viel reden und dabei den wahren Ursprüngen ebenso fern
bleiben wie die extremsten Rationalisten, wollen uns glauben machen, der ganze
Unterschied zwischen evidenten und nicht evidenten Urteilen bestehe in einem
gewissen Gefühle, durch das sich die ersteren auszeichnen. Aber was kann hier ein
Gefühl verständlich machen? Was soll es leisten? Soll es uns etwa zurufen: halt!
hier ist die Warheit? Aber warum müssen wir ihm dann glauben, muß dieser Glaube
wieder einen Gefühlsindex haben? Und warum hat ein Urteil des Sinnes 2 mal 2 ist 5
niemals diesen Gefühlsindex, und warum kann es ihn nicht haben? Wie kommt man
eigentlich zu dieser gefühlvollen Indiceslehre? Nun, man sagt sich: dasselbe Urteil,
logisch gesprochen, etwa das Urteil 2 mal 2 ist 4, kann mir einmal evident sein und
einmal nicht, derselbe Begriff der 4 kann mir einmal intuitiv in Evidenz gegeben
sein und das andere Mal in bloß symbolischer Vorstellung. Also inhaltlich beiderseits
dasselbe Phänomen, aber auf der einen Seite ein Wert-Vorzug, ein Charakter, der
Wert verleiht, ein auszeichnendes Gefühl. Habe ich in der Tat beiderseits dasselbe,
nur einmal ein Gefühl beigegeben, das andere Mal nicht? Sieht man sich aber die
Phänomene an, so merkt man sofort, daß in Wirklichkeit nicht beide Male dasselbe
Phänomen vorliegt, sondern zwei wesentlich verschiedene Phänomene, die nur
ein Gemeinsames haben. Sehe ich, daß 2 mal 2 gleich 4 ist, und sage ich es in vag
symbolischem Urteilen, so meine ich ein Gleiches, aber ein Gleiches meinen, heißt
nicht dasselbe Phänomen haben. Der Gehalt ist beiderseits verschieden, einmal schaue
ich, und im Schauen ist der Sachverhalt selbst gegeben, das andere Mal habe ich die
symbolische Meinung. Einmal habe ich Intuition, das andere Mal Leerintention.

*60*  4-12  // Also besteht der Unterschied darin, daß ein beiderseits Gemeinsames
vorhanden ist, der gleiche "Sinn", einmal mit einem Gefühlsindex und das andere
Mal nicht? Man sehe sich doch nur die Phänomene selbst an, statt von oben her über
sie zu reden und zu konstruieren. Nehmen wir noch ein einfacheres Beispiel: wenn
ich einmal Rot in lebendiger Anschauung habe und das andere Mal in symbolischer
Leerintention an Rot denke, ist dann etwa beide Male dasselbe Rotphänomen reell

外就是完備的自身所與性的意識。[248] 經驗主義的認識論者談了很多根源研究的價值，而同時卻也與最極端的理性主義一樣遠離了真正的根源，他們想要讓我們相信，明證性的判斷與不明證性的判斷的全部區別就在於某種特別的情感當中，而透過這種情感，明證性的判斷的優越性就會顯示出來。[249] 但是在這裡，一個情感能夠讓我們理解什麼？它能夠完成什麼呢？難道它應當向我們呼喚：等一下！真理就在這裡嗎？但是為什麼我們必須要相信它？而這個相信再次地又必須擁有一種情感的標記呢？而為什麼二乘以二等於五的意義判斷從來就沒有這種情感的標記？為什麼它不能夠擁有這樣的標記呢？人們究竟是如何得出這種情感標記說的？現在人們跟自己這麼說：從邏輯上來說，同一個判斷，比如說二乘二等於四的判斷，對我而言可以有時候是明證的，有時候是不明證的，同一個四的概念，對我來說可以在這一次是直觀地在明證中所與，而在另一次則是單純地在符號的表象中所與。[250] 也就是說，就內容上來看，雙方是同一的現象，但是其中一方是價值上的優位、具有賦予價值的性格、是一種突出的情感。[251] 但是事實上是不是在兩種情況下，我所擁有的都是同一的現象，只是這一次附加了一種情感，而另一次沒有呢？倘若我們觀察一下這些現象，那麼我們馬上就會注意到，這在實際上並不是同一的現象出現兩次，而是兩個本質上不同的現象，只不過它們擁有某種共通的東西而已。比如說我直觀到二乘二等於四，並且在模糊的符號判斷中將這個事情說出來，那麼我所意指的是一種等同（Gleiches），而意指著等同並不是說我擁有同一的現象。[252] 在這兩種情況，內容是個個不同的。其中一種情況，我是直觀的，事態本身在直觀中被給與，而另一種情況下，我所擁有的是符號的意指（symbolische Meinung）。我所擁有的，一次是直覺，另一次則是空虛的意向（Leerintention）。[253]

4-12　　// 因而區別是不是在於，存在著一種雙方共通的東西或相同的「意 *60*
義」，其中一種情況是伴隨著情感的標記，而另一種則沒有伴隨著情感的標記呢？但是我們只是要觀察現象本身，並不是要由上而下地談論它與建構

gegenwärtig, nur das eine Mal mit einem Gefühl und das andere Mal ohne Gefühl?

4-13 Man braucht sich die Phänomene also nur anzusehen und erkennt, daß sie durch und durch andere sind, geeint nur durch ein beiderseits zu Identifizierendes, das wir Sinn nennen. Besteht aber die Verschiedenheit in den Phänomenen selbst, bedarf es dann etwa noch eines Gefühls zur Unterscheidung? Und besteht der Unterschied eben nicht darin, daß im einen Falle Selbstgegebenheit des Rot vorliegt, Selbstgegebenheit der Zahlen und der generellen Zahlengleichheit, oder in subjektivem Ausdruck adäquat schauendes Erfassen und Selbsthaben dieser Sachen, und das andere Mal eben bloßes Meinen der Sachen? Mit dieser gefühlvollen Evidenz können wir uns also nicht befreunden. Sie könnte selbst nur Recht haben, wenn sie sich im reinen Schauen ausweise und wenn reines Schauen eben das bedeutete, was *wir* ihm zumuten und was ihr selbst widerspricht.

4-14 Wir können mit Verwendung des Evidenzbegriffes nun auch sagen: vom Sein der *cogitatio* haben wir Evidenz, und weil wir Evidenz haben, impliziert sie kein Rätsel, also auch nicht das Rätsel der Tranzendenz, sie gilt uns als ein Fragloses, über das wir verfügen dürfen. Nicht minder haben wir vom Allgemeinen Evidenz, *allgemeine Gegenständlichkeit* und *Sachverhalte* kommen uns zur Selbstgegebenheit, und sie sind im selben Sinne also fraglos gegeben, eben im strengsten Sinn adäquat selbstgegeben.

4-15 Demnach bedeutet die phänomenologische Reduktion nicht etwa die Einschränkung der Untersuchung auf die Sphäre der reellen Immanenz, auf die Sphäre des im absoluten Dies der *cogitatio* reell Beschlossenen, sie bedeutet überhaupt nicht Einschränkung auf die Sphäre der *cogitatio*, sondern die Beschränkung auf die Sphäre der *reinen Selbstgegebenheiten*, auf die Sphäre dessen, über das nicht nur geredet und *61* das // nicht nur gemeint wird, auch nicht auf die Sphäre dessen, was wahrgenommen wird, sondern dessen, was genau in dem Sinn, in dem es gemeint ist, auch gegeben ist und selbstgegeben im strengsten Sinn, derart daß nichts von dem Gemeinten nicht gegeben ist. Mit einem Wort, Beschränkung auf die Sphäre der reinen Evidenz, das Word aber in einem gewissen strengen Sinn verstanden, der schon die "mittelbare （konstruieren）它。[254] 我們再舉一個比較簡單的例子，倘若有一次我在生動的直觀中擁有紅色，而另一次則是在符號的空虛的意向中來思想紅色，那麼在這兩次是不是都是同一的紅色現象以實質的方式現前，只是一次是帶有情感的，而另一次則不帶有情感呢？[255]

4-13　人們只需要觀察這些現象就會認識到，它們完全不是這樣的，這些現象只有透過將雙方認識為同一的東西（Identifizierendes），也就是我們所說的意義，才得以一致。[256] 但是，倘若差異性就存在於現象本身當中的話，我們還需要一種情感來進行區別嗎？[257] 兩者的區別難道不就在於，在其中的一種情況中，紅色的自身所與性是現前的、數字與普遍的數學等式的自身所與性也是現前的，或者用主觀的表達來說，我們對這些事態擁有完備的（adäquat）直觀的把握並且擁有事態自身（Selbsthaben dieser Sachen），而在另一種情況下，我們就只是單純地意指著這個實事而已嗎？[258] 因而我們並不滿足於這種情感式的明證性。這種情感式的明證性唯有在純粹的直觀中才能證明自身，而且唯有當純粹的直觀正好意味著**我們**對它的期待的時候，它才能證明自身，而這與情感的明證性本身相矛盾。[259]

4-14　利用明證性的概念，我們現在也可以說：關於思惟的存在我們擁有明證性，並且由於我們擁有明證性，所以思惟不包含任何的謎，因而也不包含超越的謎，它對我們來說是作為一種我們可以支配的無可懷疑的東西而有效。關於普遍者，我們也擁有同樣的明證性，**普遍的對象性**與**普遍的事態**對我們成為自身所與性，並且這些也是在同樣的意義下是無可懷疑的所與，甚至是在最嚴格的意義下的完備的自身所與。[260]

4-15　因而，現象學的還原並不意謂著將研究局限在實質內在的領域，也就是說，並沒有局限在實質地內包於思惟的絕對的在此（Dies）的領域，它根本不意謂著限制在思惟 [261] 的領域，而是限制在**純粹自身所與性**的領域，也就是說，不僅僅限制在是被討論之物、// 純然被意指之物的領域內，也不僅僅是限制在被知覺之物的領域內部，而是限制在那些在如其所被意指的意義上而所 *61*

Evidenz" und vor allem alle Evidenz im laxen Sinne ausschließt.

4-16  Absolute Gegebenheit ist ein Letztes. Natürlich kann man leicht sagen und behaupten, man hätte etwas absolut gegeben, und es ist in Wahrheit nicht so. Auch absolute Gegebenheit kann vage beredet und kann in absoluter Gegebenheit gegeben sein. Wie ich ein Phänomen Rot schauen kann und bloß, ohne Schauen, darüber sprechen kann, so kann ich auch über das Schauen des Rot sprechen und auf das Schauen des Rot hin schauen und so das Schauen des Rot selbst schauend fassen. Andrerseits die Selbstgegebenheit überhaupt leugnen, das heißt alle letzte Norm, alles der Erkenntnis Sinn gebende Grundmaß leugnen. Dann müßte man aber auch alles für Schein erklären und in widersinniger Weise auch den Schein als solchen für Schein erklären und so überhaupt in die Widersinnigkeit des Skeptizismus sich einlassen. Doch selbstverständlich, in dieser Weise kann gegen den Skeptiker nur derjenige argumentieren, der Gründe *sieht*, der dem Sehen, dem Schauen, der Evidenz eben Sinn beläßt. Wer nicht sieht oder nicht sehen mag, wer redet und selbst argumentiert, aber immerfort dabei bleibt, alle Widersprüche auf sich zu nehmen und zugleich alle Widersprüche zu leugnen, mit dem können wir nichts anfangen. Wir können nicht antworten: "offenbar" ist es so, er leugnet, daß es so etwas wie "offenbar" gibt; etwa so, wie wenn ein nicht Sehender das Sehen leugnen wollte; oder noch besser, wenn ein Sehender, daß er selbst sehe und daß es Sehen gibt, leugnen wollte. Wie könnten wir ihn überzeugen, unter der Voraussetzung, daß er keinen anderen Sinn hätte?

4-17  Halten wir also die absolute Selbstgegebenheit fest, von der wir nun schon wissen, daß sie nicht Selbstgegebenheit reeller Einzelheiten, etwa der absoluten Einzelheiten der *cogitatio* besagt, dann fragt es sich, wie weit sie reicht und inwiefern

**62**  sie sich oder in welchem Sinne sie sich an die Sphäre der *cogitationes* // und der sie generalisierenden Allgemeinheiten bindet. Hat man das Erste und naheliegende Vorurteil abgeworfen, das in der singulären *cogitatio* und in der Sphäre der reellen Immanenz das einzige absolut Gegebene sieht, so muß man nun auch das weitere und nicht minder naheliegende Vorurteil abtun, als ob *nur* in den aus dieser Sphäre entnommenen generellen Intuitionen neue selbstgegebene Gegenständlichkeiten

與的，以及在最嚴格的意義上自身所與的東西，甚至只要是所意指的都是所與的。簡單地來說，就是要限制在純粹明證性的領域當中。[262] 但是這個語詞要在某特定的嚴格的意義下來理解，它必須已然排除了「間接的明證性」，尤其特別是已然將所有的不嚴格意義下的明證都排除在外了。

4-16　　絕對所與性是最終極的東西。當然人們可以轉易地聲稱與主張，某物對他是絕對的所與，然而在事實上它又不是。即使是絕對的所與性，它可能模糊地被討論，也可能在絕對的所與性中給與。就如同我可以直觀一個紅色的現象，並且也可以在沒有直觀的情況下只是談論著它，我也可以談論紅色的直觀並且直觀紅色的直觀，並且如此地來直觀地把握紅色的直觀本身。[263] 另一方面則是將自身所與性完全地予以否定，這意謂著否定了一切的究極的規範，否定所有的賦予認識以意義的基本標準。這樣的話，我們就必須將一切都宣告為假象，並且矛盾地將假象本身也宣告為假象，因而讓自己完全地陷入懷疑論的矛盾當中。[264] 但是當然，唯有那些**直觀**到根據的人，也就是說，唯有那些允許觀看、允許直觀與明證性的意義的人，才能夠以這種方式來反駁懷疑論者。而對於那些沒有看到，或者不想看的人，對於那些能夠論說並且也能夠自己提出論據，但是卻又始終停留於接受一切的矛盾，同時又否認一切的矛盾的人，對於這些人我們根本沒有辦法讓他開始。我們不能回答：「顯然」是這樣，他否認有某種像「顯然」這樣的東西，就如同一個盲人想要否認直觀，或者更適切地來說，就如同一個在直觀的人，想要否認他自己在直觀的這個事實，否認有直觀這個活動一樣。在他沒有另外一種感官的前提之下，我們怎麼樣才能夠讓他信服呢？[265]

4-17　　因而我們緊緊地把握住絕對的所與性，關於絕對所與性，我們現在知道它並不是實質的個別性的自身所與性，也就是說，它並不是某種像思惟的絕對的個別性那樣的東西。[266] 這樣的話，問題就在於：絕對的自身所與性的範圍有多廣？並且它在什麼程度上，或者在什麼意義上與思惟的領域 //，以 *62* 及對思惟進行類型化的普遍性的領域連接在一起。倘若我們放棄了最初的與

erwüchsen.

4-18   "Wir haben in reflektiver Wahrnehmung absolut gegeben die *cogitationes*, in dem wir sie bewußt erleben", so möchte man anfangen; und dann können wir auf das in ihnen und in ihren reellen Momenten sich vereinzelnde Allgemeine hinschauen, in schauender Abstraktion Allgemeinheiten fassen und die Wesenzusammenhänge, die rein in diesen gründen, als selbstgegebene Sachverhalte im schauend-beziehenden Denken konstituieren. Das ist alles.

4-19   Indessen, keine Neigung ist für die schauende Erkenntnis der Ursprünge, der absoluten Gegebenheiten gefährlicher als die, sich zu viel Gedanken zu machen und aus diesen denkenden Reflexionen vermeintliche Selbstverständlichkeiten zu schöpfen. Selbstverständlichkeiten, die zumeist gar nicht ausdrücklich formuliert zu werden pflegen und schon darum keiner schauenden Kritik unterworfen werden, die vielmehr unausgesprochen die Richtung der Forschung bestimmen und unzulässig begrenzen. *Schauende Erkenntnis ist die Vernunft, die sich vorsetzt, den Verstand eben zur Vernunft zu bringen.* Der Verstand darf nicht dazwiesichenreden und seine uneingelösten Blankoscheine zwischen die eingelösten schmuggeln; und seine Methode des Umwechselns und Umrechnens, die sich auf die bloßen Schatzanweisungen gründet, ist hier durchaus nicht in Frage gestellt.

4-20   Also möglichst wenig Verstand, aber möglichst reine Intution; *(intuitio sine comprehensione)*; wir werden in der Tat an die Reden der Mystiker erinnert, wenn sie das intellektuelle Schauen, das kein Verstandeswissen sei, beschreiben. Und die ganze Kunst besteht darin, rein dem schauenden Auge das Wort zu lassen und das mit dem Schauen verflochtene transzendierende Meinen, das vermeintliche Mitgegebenhaben, das Mitgedachte und ev. das durch hinzukommende Reflexion Hineingedeutete *63* auszuschalten. Die beständige Frage lautet: ist dies Vermeinte im // echten Sinn gegeben, im strengsten Sinn geschaut und gefaßt, oder geht das Vermeinen darüber hinaus?

垂手可得的成見，也就是說，放棄了認為唯有在單稱的思惟與實質的內在的領域當中，才能直觀到唯一的絕對的所與性的話，那麼我們現在也必須除去緊接而來的並且同樣是垂手可得的成見，也就是除去認為**只有**內在於從這個領域[267]所產生的類型的直覺當中，才能夠生長出新的自身所與的對象性的成見。

4-18　「在反省的知覺當中，我們意識地體驗著思惟，因而我們將思惟作為絕對的所與而擁有。」因而人們可能想要以這樣的方式來開始，[268] 接下來才能夠在種種的思惟當中，在思惟的實質的成素中直觀到個別化的普遍者、在直觀的抽象中來把握種種的普遍性，並且將純粹地建立在這些普遍性當中的本質性關連脈絡，在關連著直觀的思想中（im schauend-beziehenden Denken）構成為自身所與的事態，並且認為這就是一切。

4-19　然而，對於根源的直觀的認識、也就是對絕對的所與性的直觀的認識來說，沒有比玩弄思想、並且從這種思想的反省中創造出種種假想的自明性的傾向更為危險的事了。自明性這個事情，在大多數的情況下都完全沒有在明確的形式下被表述出來，也因此沒有受到任何直觀的批判，它毋寧以不明言的方式規定且不當地限定了研究的方向。**直觀的認識是一種理性，它的工作就在將知性帶向理性**。[269] 知性在這裡是不容許插嘴的，它不能夠將它的不能兌現的空頭支票，混入能兌現的支票當中。而對於知性有國債為擔保的兌換與換算方式，在這裡我們完全不會有質疑。[270]

4-20　因而我們要盡量少用知性，而盡可能地用純粹直觀（即"沒有知性思考的直觀" *intuitio sine comprehensione*）；事實上我們所想到的是神秘主義者的話語，他們對智性直觀（das intellektuelle Schauen）的描述，這種直觀並不是任何的知性的知識。[271] 而全部的藝術就在於，單純地讓直觀的眼睛來說話，並且排除與直觀混雜在一起的超越化的意指，排除那些伴隨著假想而所與的、一起被設想出來的東西，或者那些透過附加的反省而添加於其上的解釋。不變的問題在於：這個被意指的東西是不是在真正的意義下 // 的所與？　*63*

4-21  Dies vorausgesetzt, erkennen wir bald, daß es eine *Fiktion* wäre zu glauben, die schauende Forschung bewege sich in der Sphäre einer sogenannten *inneren Wahrnehmung* und einer darauf gebauten rein immanenten, ihre Phänomene und Phänomen-Momente ideierenden Abstraktion. Es gibt vielfältige Modi der Gegenständlichkeit und mit ihnen der sogenannten Gegebenheit, und vielleicht ist die Gegebenheit des Seienden im Sinne der sogenannten "inneren Wahnehmung" und wieder die des Seienden der natürlichen und objektivierenden Wissenschaft je nur eine dieser Gegebenheiten, während die anderen, obschon als nicht Seiende bezeichnet, doch auch Gegebenheiten sind und nur dadurch, daß sie es sind, jenen anderen gegenübergesetzt und in der Evidenz von ihnen unterschieden werden können.

是不是在最嚴格的意義上被直觀與被把握？或者說意指活動（das Vermeinen）是不是越出了這些之外？

4-21　　倘若我們以這一點為前提的話，那麼我們馬上就會認識到，相信直觀的研究是運行在一種所謂的***內部知覺***（*innere Wahrnehmung*）的領域，並且以內在知覺為基礎的純粹內在的、對它的現象與現象的成素進行觀念化的抽象的領域，這其實是一種***虛構***。[272] 對象性有各式各樣的樣態，伴隨於此，所與性也有各式各樣的樣態，或許所謂的「內部知覺」意義下的存在物的所與性、自然的學問與客觀化的學問的存在者的所與性，這些都只是這種所與性的一種而已。而另外一種所與性，雖然被稱為是不存在的東西（nicht Seiende），但是它也是所與性，只是這種所與性是透過與前者 [273] 對立，並且在明證性上可以與前者區別開來而已。[274]

*65*

# // V. VORLESUNG

Die Konstitution des Zeitbewußtseins S. 67.— Wesenserfassung als evidente Gegebenheit der Essenz; Konstitution der singulären Essenz und des Allgemeinheitsbewußtseins S. 68.— Die kategorialen Gegebenheiten S. 71.— Das symbolisch Gedachte als solches S. 73.— Das Forschungsgebiet in seinem weitesten Umfang: die Konstitution der verschiedenen Modi der Gegenständlichkeit in der Erkenntnis; das Problem der Korrelation von Erkenntnis und Erkenntnisgegenständlichkeit S. 73.

# // 第五講稿

　　時間意識的構成（頁 67）——作為本質的明證的所與性的本質把握；單稱的本質的構成與普遍意識的構成（頁 68）——範疇的所與物（頁 71）——象徵的思惟內容本身（頁 73）——最廣的研究領域；在認識中對象性的種種不同樣態的構成；認識與認識對象性的相關關係的問題（頁 73）

*67* 5-1 // Haben wir die Evidenz der *cogitatio* festgestellt und dann den weiteren Schritt der evidenten Gegebenheit des Allgemeinen zugestanden, so führt dieser Schritt sofort zu weiteren.

5-2 Farbe wahrnehmend und dabei Reduktion übend, gewinne ich das reine Phänomen Farbe. Und vollziehe ich nun reine Abstraktion, so gewinne ich das Wesen phänomenologische Frabe überhaupt. Aber bin ich nicht auch im vollen Besitz dieses Wesens, wenn ich eine klare Phantasie habe ?

5-3 Was dann die ***Erinnerung*** anlangt, so ist sie keine so einfache Sache und bietet schon verschiedene Gegenständlichkeitsformen und Gegebenheitsformen ineinander verflochten. So könnte man hinweisen auf die sogenannte ***primäre Erinnerung***, auf die mit jeder Wahrnehmung notwendig verflochtene ***Retention***. Das Erlebnis, das wir jetzt erleben, wird uns in der unmittelbaren Reflexion gegenständlich, und es stellt sich in ihm immerfort dasselbe Gegenständliche dar: derselbe Ton, soeben noch als wirkliches Jetzt gewesen, immerfort derselbe, aber in die Vergangenheit zurückrückend und dabei denselben objektiven Zeitpunkt konstituierend. Und wenn der Ton nicht aufhört, sondern dauert und während seiner Dauer sich inhaltlich als derselbe oder inhaltlich als sich verändernd darstellt, ist da nicht, daß er dauert oder sich verändert, mit Evidenz (innerhalb gewisser Grenzen) zu fassen? Und liegt darin nicht wiederum, daß das Schauen über den reinen Jetztpunkt ***hinausreicht***, also das nicht mehr jetzt Seiende im jeweiligen neuen Jetzt intentional festzuhalten und einer Vergangenheitsstrecke in der Weise evidenter Gegebenheit gewiß zu werden vermag? Und wieder scheidet sich hier einerseits das jeweilige Gegenständliche, das ist und war, das dauert und sich verändert, und andrerseits das jeweilige Gegenwarts- und Vergangenheitsphänomen, Dauer- und Veränderungsphänomen, das jeweils ein Jetzt

*68* ist und in seiner Abschattung, die es enthält, und in seiner // stetigen Veränderung, die es selbst erfährt, das ***zeitliche Sein*** zur Erscheinung, zur Darstellung bringt. Das Gegenständliche ist kein reelles Stück des Phänomens, in seiner Zeitlichkeit hat es etwas, was sich im Phänomen gar nicht finden und darin auflösen läßt, und doch konstituiert es sich im Phänomen. Es stellt sich darin dar und ist darin als "seiend"

5-1　//我們已經確定了思惟的明證性，並且也接著承認了普遍者的明證的　*67*
所與性，而這個步驟將直接地將我們引向下一個步驟。[275]

5-2　知覺顏色並且同時進行還原，我獲得顏色這個純粹的現象。現在倘
若我進行純粹的抽象，那麼我就會獲得現象學的顏色全般的本質。[276] 但是當
我〔對顏色〕擁有一種清晰的想像的時候，我是不是也完全地擁有這個本質
呢？

5-3　其次我們談到**記憶**，它不是一個那麼單純的實事，它呈現出相互交織
在一起的種種不同的對象性的形式與所與性的形式。所以人們能夠指出所謂
的***原初記憶***（*primäre Erinnerung*），這是與任何的知覺必然地交織在一起的
***滯留意向***（*Retention*）。[277] 我們現在正在體驗著的體驗，它可以在直接的反
省中成為對象，並且在這個體驗中一直表現自身為同一的對象性存在：〔例
如〕同樣的聲音，在剛才還是作為現實的現在（wirkliches Jetzt）而存在，
它一直都是同樣的聲音，但是它退回過去並且同時構成了同一個客觀的時間
點。[278] 而當聲音不停止而持續著，並且在其持續當中，在內容上表現為同一
的聲音，或者在內容上表現為變化的聲音的時候，那麼在這裡我們難道沒有
（在某種限度下）明證地把握到聲音的持續或變化嗎？[279] 而且在這裡難道不
是再次地說明了一個事實，即直觀***越出了***純粹的現在的時點，因而能夠在每
一個新的現在當中，以意向的方式把持著（festhalten）那已經不再是現在的
存在者，並且能夠讓一段過去的軌跡，在明證的所與性的方式下成為確定性
嗎？[280] 而在這裡，再次地我們一方面要區別開，每一個對象的存在，它是現
在的存在還是過去的存在、是持續的存在還是變化的存在，而在另一方面，
每一個現在的現象與過去的現象、每一個持續的現象與變化的現象，每一個
現象都是一個現在（ein Jetzt），而在它所包含的偏影（Abschattung）以及它
所經歷的持續不斷的//變動當中，顯現並且展示出一種***時間性的存在***。[281] 對　*68*
象的存在並不是現象一個實質的部分，在其時間性當中，它擁有某種在現象
中根本無法發現的、無法解消為現象的，然而卻又是在現象中構成自身的東

evident gegeben.

5-4 Weiter, was die Wesensgegebenheit anlangt, so konstituiert sie sich nicht bloß auf Grund der Wahrnehmung und der in ihr verflochtenen Retention so, daß die dem Phänomen selbst ein Allgemeines sozusagen entnimmt, sondern auch so, daß sie den erscheinenden Gegenstand *verallgemeinert*, im Hinblick auf ihn Allgemeinheit setzt: z.B. zeitlichen Inhalt überhaupt, Dauer überhaupt, Veränderung überhaupt. Ferner auch die Phantasie und Wiedererinnerung kann ihr als Unterlage dienen, sie gibt selbst die rein zu fassenden Möglichkeiten; in gleichem Sinn entnimmt sie auch aus diesen Akten Allgemeinheiten, die andrerseits doch nicht in diesen reell enthalten sind.

5-5 Es ist offenbar, daß eine voll evidente Wesenserfassung zwar auf singuläre Anschauung *zurückweist*, auf Grund deren sie sich konstituieren muß, aber darum *nicht auf singuläre Wahrnehmung*, die das exemplarisch Einzelne als ein reell jetzt Gegenwärtiges gegeben hat. Das Wesen von Phänomenologischer Tonqualität, Tonintensität, von Farbenton, von Helligkeit und dgl. ist selbst gegeben, ebensowohl dann, wenn die ideierende Abstraktion sich auf Grund einer *Wahrnehmung* vollzieht oder auf Grund einer *Phantasievergegenwärtigung*, und die wirkliche und modifizierte *Existenzsetzung* ist beiderseits *irrelevant*. Dasselbe gilt von der Wesenserfassung, die sich auf die Species im eigentlichen Sinn psychischer Data bezieht, wie Urteil, Bejahung, Verneinung, Wahrnehmung, Schluß und dgl. Und natürlich gilt es weiter von generellen Sachverhalten, die zu solchen Allgemeinheiten gehören. Die Einsicht, daß von zwei Tonarten eine die niedere, die andere die höhere ist, und daß dieses Verhältnis ein nicht umkehrbares ist, konstituiert sich im Schauen. Exempel müssen vor Augen stehen, aber sie müssen es nicht in der Weise von Sachverhalten der Wahrnehmung. Für die Wesensbetrachtung rangiert Wahrnehmung und Phantasievorstellung ganz gleich, aus beiden ist dasselbe Wesen gleich gut

*69* herauszuschauen, // heraus zu abstrahieren und, die eingewobenen Existenzsetzungen sind irrelevant; daß der wahrgenommene Ton mitsant seiner Intensität, Qualität usw. in gewissem Sinn *existiert*, der Phantasierton, sagen wir geradezu der fingierte, *nicht existiert*, daß der eine evidentermaßen reell gegenwärtig ist, der andere nicht,

西。這個東西在現象中展示自身，並且在現象中作為「存在者」以明證的方式而所與。[282]

5-4　　其次則是關於本質的所與性，本質的所與性並非只是以知覺與交織在知覺中的滯留意向為基礎來構成自身而已，也就是說，它的自我構成自身，並非只是從所謂的現象本身取出一種普遍者而已，毋寧也是在這樣的方式之下，即將顯現的對象予以**普遍化**，根據這個顯現的對象來設定普遍性，例如設定時間的內容全般、持續性全般、變動性全般的這種方式下來構成自身的。[283] 此外想像與回憶也可以作為本質的所與性的基礎，它們可以自己給出純粹可把握的種種可能性，在同樣的意義下，也可以從這些〔想像與回憶的〕活動中提取出普遍性，而另一方面這個普遍性卻又不是實質地包含在這些活動當中。[284]

5-5　　顯然地，一種完全明證的本質把握，雖然確實會**回溯到**一個單稱的直觀，並且必須基於這個單稱的直觀而構成自身，但是卻**不因此而必須要回溯到單稱的知覺，**這個單稱的知覺將例示的個物作為一個實質地現在的當前物（Gegenwärtiges）而所與。[285] 不論〔現象學的〕觀念化的抽象是在**知覺**的基礎來進行，還是在**想像的現前化**（*Phantasievergegenwärtigung*）的基礎來進行，現象學的音質、音的強度、色調、亮度等等的本質都一樣是自身所與的，而這與**存在的設定**（*Existenzsetzung*）是現實的或是現實的變樣都**不相干**（*irrelevant*）。[286] 同樣的情況也適用於在真正意義下的關於種類（Species）的本質把握，例如判斷、肯定、否定、知覺、推論等等。當然進一步地也適用於屬於這種普遍性的類型事態。[287] 洞察到兩種聲音當中，一個音調比較低、一個音調比較高，而且這種關係是不可顛倒的，這樣的洞察是在直觀中構成的。〔種類的〕例示必須就在眼前，但是它並不必然以知覺的事態的方式出現在眼前。[288] 對於本質的觀察來說，知覺與想像的位階是完全相同的，從這兩種情況我們也都同樣可以直觀地抽取出 // 、抽象出同樣的本質，這與被織入其中的存在的設定是無關的。[289]〔例如〕所知覺的聲音及其強度、音質 *69*

daß er im Falle der Wiedererinnerung statt als jetzt vielmehr als gewesen gesetzt und im Jetzt nur vergegenwärtigt ist, das gehört in eine andere Betrachtung, für die Wesensbetrachtung kommt es nicht in Frage, außer sie richtet sich darauf, gerade diese Unterschiede, die auch ihre Gegebenheit haben, zu präsentieren und generelle Einsichten über sie festzustellen.

5-6　Es ist ja übrigens klar, daß selbst wenn die unterliegenden Exempel in Wahrnehmungen gegeben sind, gerade das nicht in Betracht kommt, was der Wahnehmungsgegebenheit die Auszeichung gibt: die Existenz. Phantasie fungiert aber nicht nur für die Wesensbetrachtung gleich der Wahrnehmung, sie scheint auch in sich selbst *singuläre Gegebenheiten* zu enthalten, und zwar als wirklich evidente Gegebenheiten.

5-7　Nehmen wir die *bloße Phantasie*, also ohne Erinnerungssetzung. Eine phantasierte Farbe ist keine Gegebenheit im Sinne einer Empfindungsfarbe. Wir unterscheiden die phantasierte Frabe von einem Erlebnis des Phantasierens dieser Farbe. Das Mir-vorschweben der Frabe (um es roh auszudrücken) ist ein Jetzt, ist eine jetzt seiende *cogitatio*, die Frabe aber selbst ist keine jetzt seiende Frabe, sie ist nicht empfunden. Andrerseits in gewisser Weise gegeben ist sie doch, sie steht mir ja vor Augen. So gut wie die Empfindungsfarbe kann auch sie reduziert werden, durch Ausschluß aller transzendenten Bedeutungen, sie bedeutet mir also nicht Farbe des Papiers, Farbe des Hauses und dgl. Alle empirische Existenzsetzung kann suspendiert werden; dann nehme ich sie genau so, wie ich sie "schaue", quasi "erlebe". Ein reeller Teil des Phantasieerlebnisses ist sie aber trotzdem nicht, sie ist nicht gegewärtige sondern vergegenwärtigte Frabe, sie steht *gleichsam* vor Augen aber nicht als reelle Gegenwart. Aber bei alledem ist sie erschaut und als erschaute ist sie in gewissem Sinne gegeben. Ich setze sie damit nicht als physische oder psychische *Existenz*, ich setze sie sich nicht als Existenz im Sinne einer echten *cogitatio*; denn diese ist ein *70* reelles Jetzt, eine Gegebenheit, die mit Evidenz als Jetztgegebenheit // charakterisiert ist. Daß die Phantasiefarbe in dem einen und anderen Sinn nicht gegeben ist, besagt doch nicht, daß sie es in keinem Sinne ist. Sie erscheint und erscheint selbst, sie

等等，在某種意義下是**存在的**，而想像的聲音，就是我們剛剛所說的虛構的聲音則是**不存在的**；[290] 一個是明證地且實質地當前（gegenwärtig sein），另一個則不是；聲音在回憶（Wiedererinnerung）的情況裡面，並不是被設定為現在而是被設定為曾經存在，並且只是在現在中被現前化而已，這屬於另外一個考察，對本質的考察來說，這些並不是問題，除非我們的目的在展示這些東西也具有所與性的差異性，並且是要確定對這些所與性的類型的洞察。[291]

5-6　　再者我們也很清楚，就算最基本的例示是在知覺中所與的，而正就是這個給予知覺的所與性以 " 存在 "（Existenz）的特徵，不會列入我們的考慮。[292] 對於本質的考察來說，想像所起的作用不僅與知覺是相同的，而且它似乎在自身當中也包含著**單稱的所與性**，而且是作為真實地明證的所與性而被包含著。[293]

5-7　　我們來看一下**單純的想像**，也就是沒有記憶的設定的想像。一個想像的顏色並不是感覺的顏色這種意義下的所與性。[294] 我們將所想像的顏色以及想像這個顏色的體驗區別開。在我眼前浮現的顏色（這是粗糙的表述）是一種現在、一種現在存在的思惟（jetzt seiende cogitatio），但是這個顏色本身並不是現在存在的顏色，它並不是被感覺的顏色。另一方面，它卻在某種程度上是所與的，它就站立在我的眼前。[295] 就完全如同被感覺的顏色一樣，想像的顏色也可以透過將所有超越者的意義的排除而被還原，因而對我來說，它並不意味著紙張的顏色、房屋的顏色等等。所有的經驗的存在設定（empirische Existenzsetzung）都可以被懸置，然後就如同我在「直觀」它、擬似地「體驗」它的方式來對待它。[296] 但是儘管如此，它仍然不是想像的體驗的一個實質的部分，不是當前的顏色，而是被現前化的顏色，它**彷彿地**站立在眼前，但卻不是作為實質的當前（reelle Gegenwart）。但是終究來說，它是被直觀的，並且是在某種意義上作為被直觀者而所與。[297] 因而我不能將它設定為物理的或是心理的**存在**，不能將它設定為一種在真正的思惟意義下的

stellt sich selbst dar, sie selbst in ihrer Vergenwärtigung schauend kann ich über sie urteilen, über die sie konstituierenden Momente und deren Zusammenhänge. Natürlich sind auch diese im selben Sinn gegeben und im selben nicht "wirklich" existierend im gesamten Phantasieerlebnis, nicht reell gegenwärtig, nur "vorgestellt". Das reine Phantasieurteil, das bloß ausdrückt den *Inhalt*, das singuläre Wesen des Erscheinenden kann sagen: dies ist so geartet, enthält diese Momente, verändert sich so und so, ohne im geringsten über Existenz als wirkliches Sein in der wirklichen Zeit, über wirkliches Jetztsein, Vergangensein, Künftigsein zu urteilen. Wir könnten also sagen, über die *individuelle Essenz* wird geurteilt und nicht über die Existenz. Eben darum ist das generelle Wesensurteil, das wir gewöhnlich schlechtweg als Wesensurteil bezeichnen, von dem Unterschied zwischen Wahrnehmung und Phantasie unabhängig. Wahrnehmung setzt *Existenz*, hat aber auch eine *Essenz*, der als existierend gesetzte *Inhalt* kann derselbe sein in der Vergegenwärtigung.

5-8  Die Gegenüberstellung aber von *Existenz* und *Essenz*, was besagt sie anderes, als daß hier zwei Seinsweisen in zwei Modis der Selbstgegebenheit sich bekunden und zu unterscheiden sind. Im bloßen Phantasieren einer Farbe ist die Existenz, die die Farbe als Wirklichkeit in der Zeit ansetzt, außer Frage; darüber ist nichts geurteilt und davon ist auch im *Inhalt* der Phantasie nichts gegeben. Aber diese Farbe erscheint, sie steht da, sie ist ein Dies, das Subjekt eines Urteils werden kann: und eines evidenten. Also ein Modus der Gegebenheit bekundet sich in den Phantasieanschauungen und den evidenten Urteilen, die in ihnen gründen. Freilich halten wir uns in der individuell einzelnen Sphäre, so ist mit derartigen Urteilen nicht viel anzufangen. Nur wenn wir generelle Wesensurteile konstituieren, gewinnen wir feste Objektivität, wie sie Wissenschaft fordert. Aber darauf kommt es hier nicht an. Damit scheinen wir aber in einen schönen Malstrom hineinzugeraten.

存在，因為真正的思惟意義下的存在是一種實質的現在，一種明證地被刻劃
為現在的所與性（Jetztgegebenheit）//。想像的顏色都不是在上述的任一意義 **70**
下的所與，但是這並不是說，它在任何意義下都不是所與，想像的顏色顯現
並且顯現自身、自我展示自身，在其直觀的現前化當中，我能夠對於這個顏
色做出判斷、對這個顏色的構成的要素與要素間的關係脈絡做出判斷。當然
這些也是同樣意義下的所與[298]，並且同樣在整個想像的體驗中並不是「現實
地」（"wirklich"）存在，也就是說，並不是實質地當前，而只是「被表象」
而已。純粹的想像的判斷僅僅表達出***內容***，也就是僅僅表達出顯現者的單稱
的本質，並且我們可以說，它是屬於這一類的、包含著這些成素、如此這般
地改變等等，而不需要去判斷它是不是作為在現實時間中的現實存在，也不
用判斷現實的現在存在、過去存在與未來存在。[299] 因而我們可以說，我們是
對***個體的本質***做出判斷，而不是對〔個體的〕存在做出判斷。正因為如此，
類型的本質判斷或我們通常直接地稱其為本質判斷東西，是無關於知覺與想
像的區別的。[300] 知覺設定***存在***，它也擁有一個***本質***，本質是作為存在而被設
定的***內容***，而這與在現前化（Vergegenwärtigung）的情況當中可以是相同的。
[301]

5-8　　但是將***存在***與***本質***對比，這不外是要說，這裡的這兩種存在樣式自身
宣告出兩種自身所與性的樣態，並且這兩種自身所與性是要被區別開的。在
單純地想像一個顏色的時候，〔這與是不是〕將顏色設定為在時間中的現實
性的存在是沒有關係的，對於顏色的現實性我們沒有做出任何的判斷，而且
它[302] 也沒有在想像的***內容***中所與。但是這個〔想像的〕顏色顯現出來，它站
立在這裡，是一個能夠成為判斷的並且是明證的判斷的主詞的這個東西（ein
Dies）。因而一種所與性的樣態就在想像的直觀以及以想像的直觀為基礎的明
證性判斷中宣告出來。當然因為我們仍然在個體的個別的領域中，所以沒有
辦法用這一類的判斷來開始。[303] 唯有在我們構成類型的本質的時候，我們才
能夠獲得如同學問所要求的那種牢固的客觀性。[304] 但是現在這不是我們的問

5-9  Der Angang war die *Evidenz der* cogitatio. Da schien es zunächst, als hätten

**71**  wir einen festen Boden, lauter // *pures Sein*. Man hätte hier nur einfach zuzugreifen und zu schauen. Daß man im Hinblick auf diese Gegebenheiten vergleichen und untescheiden, daß man da spezifische Allgemeinheiten herausstellen und so Wesensurteile gewinnen könne, das möchte man leicht zugestehen. Aber nun zeigt es sich, daß das pure Sein der cogitatio in genauer Betrachtung sich gar nicht als so einfache Sache darstellt, es zeigte sich, daß sich schon in der cartesianischen Sphäre *verschiedene Gegenständlichkeiten* "konstituieren" und das Konstituieren sagt, daß immanente Gegebenheiten nicht, wie es zuerst scheint, im Bewußtsein so wie in einer Schachtel einfach sind, sondern daß sie sich jeweils in so etwas wie "Erscheinungen" darstellen, in Erscheinungen, die nicht selbst die Gegenstände sind und die Gegenstände reell enthalten, Erscheinungen, die in ihrem wechselnden und sehr merkwürdigen Bau die Gegenstände für das Ich gewissermaßen schaffen, sofern gerade Erscheinungen solcher Artung und Bildung dazu gehören, damit das vorliegt, was da "Gegebenheit" heißt.

5-10  In der Wahrnehmung mit ihrer Retention konstituiert sich das *ursprüngliche Zeitobjekt*, nur in einem solchen Bewußtsein kann Zeit gegeben sein. So konstituiert sich in dem auf Wahrnehmung oder Phantasie gebauten *Allgemeinheitsbewußtsein* das Allgemein, in der Phantasie, aber auch in der Wahrnehmung konstituiert sich bei Absehen von der Existenzsetzung der Anschauungsinhalt im Sinne der singulären *Essenz*. Und dazu kommen, um gleich wieder daran zu erinnern, die kategorialen Akte, die Voraussetzung der evidenten Aussagen hier überall sind. Die kategorialen Formen, die da auftreten, die in Wörtern wie *ist* und *nicht*, *dasselbe* und *anderes*, *eines* und *mehrere*, *und* und *oder* in der Form der Prädikation und Attribution usw. zum Ausdruck kommen, weisen auf Formen des Denkens hin, mittels welcher Denkformen aber, wenn sie sich passend aufbauen, auf dem Untergrunde synthetisch zu verknüpfender Elementarakte Gegebenheiten zum Bewußtsein kommen: Sachverhalte dieser oder jener ontologischen Form. Auch hier «geschieht» das sich "Konstituieren" der jeweiligen Gegenständlichkeit in so und so geformten Denkakten;

題。在這裡我們似乎捲入了一個湍急的漩渦當中。

5-9　　出發點是思惟的***明證性***。在這裡我們首先似乎擁有了堅實的土地，即完全的 // ***純粹存在***，在這裡人們似乎只是需要單純地去把握與直觀而已。　***71***人們很容易就想要承認，根據這些所與性來進行比較與區分，就可以展示出種類的普遍性，並且因而可以獲得本質判斷。但是透過更仔細的考察，我們就可以看到，思惟的純粹存在根本不是一件如此簡單的事情，現在我們知道，在這種笛卡兒的領域中就已經有***種種不同的對象性***「構成自身」了，而構成作用說明了內在的所與性並不像它最初所看起來的那樣，是那麼單純地就像內在於一個盒子那樣內在於意識的內部，反之它們各自在「種種顯現」（Erscheinungen）中展示自身，而這些顯現本身並不是對象，也不實質地包含對象，[305] 而就這些顯現在屬於如此的種類與構造之下，我們所謂的「所與性」才能夠現前而言，這些顯現在變動的與非常奇特的構造中，為自我在某種程度上創造出（schaffen）對象。[306]

5-10　　在伴隨著滯留意向的知覺當中，***根源的時間對象***（***ursprüngliche Zeitobjekt***）構成自身，唯有在這樣的意識內部，時間才能是所與的。同樣地，普遍者則基於建立在知覺或想像之上的***普遍性意識***而構成自身，它在想像中同樣地也在知覺中，在不考慮單稱的***本質***這種意義下的直觀內容的存在設定之下而構成自身。[307] 再者我們回想一下，馬上就會想到這裡還要再加上範疇活動，它始終都是明證的陳述（Aussage）的前提。在這裡所出現的種種範疇的形式，也就是在論述與屬性（Prädikation und Attribution）的形式下所表達出來的範疇形式，比如說***是***與***否***、***同***與***異***、***一***與***多***、***且***與***或***（***ist*** und ***nicht***, ***dasselbe*** und ***anderes***, ***eines*** und ***mehrere***, ***und*** und ***oder***）等等，皆指示了種種思惟的形式，倘若這些思惟的形式的構造是適當的的話，那麼在綜合地結合的基本活動的基礎之上，藉由這些思惟的形式，我們就能夠意識到所與性：這個或那個存在論的形式的事態。在這裡各自的對象性也在各自的形式的思想活動中「生起」（«geschieht»）或「構成自身」。[308] 再次地，所與性存在以

und das Bewußtsein, in dem sich das Gegebensein, gleichsam das pure Schauen der Sachen vollzieht, ist abermals nicht so etwas wie eine bloße Sachachtel, in der

**72** diese // Gegebenheiten einfach sind, sondern das ***schauende Bewußtsein***, das sind — abgesehen von der Aufmerksamkeit   — ***so und so geformte Denkakte***, und die Sachen, die nicht die Denkakte sind, sind doch in ihnen konstituiert, kommen in ihnen zur Gegebenheit; und wesentlich nur so konstituiert zeigen sie sich als das, was sie sind.

5-11  Aber sind das nicht lauter Wunder? Und wo fängt dieses Gegenständlichkeit-konstituieren an und wo hört es auf? Gibt es da wirkliche Grenzen? Ist nicht in jedem Vorstellen und Urteilen in gewissem Sinne eine Gegebenheit vollzogen; ist nicht jede Gegenständlichkeit, sofern sie so oder so angeschaut, vorgestellt, gedacht ist, eine Gegebenheit und eine evidente Gegebenheit? In der Wahrnemung eines äußeren Dinges heißt eben das Ding, sagen wir ein vor Augen stehendes Haus, wahrgenommen. Dieses Haus ist eine Transzendenz und verfällt der Existenz nach der Phänomenologischen Reduktion. Wirklich evident gegeben ist das Hauserscheinen, diese *cogitatio*, im Flusse des Bewußtseins auftauchend und verfließend. In diesem Hausphänomen finden wir ein Rotphänomen, ein Ausdehnungsphänomen usw. Das sind evidente Gegebenheiten. Ist es aber nicht auch evident, daß in dem Hausphänomen eben ein Haus erscheint, um dessentwillen es eben eine Haus-wahrnehmung heißt; und ein Haus nicht nur überhaupt, sindern gerade dieses Haus, so und so bestimmt und in solcher Bestimmtheit erscheinend. Kann ich nicht evident urteilend sagen: erscheinungsmäßig oder im Sinn dieser Wahrnehmung ist das Haus so und so, ein Ziegelbau, mit Schieferdach usw.?

5-12  Und wenn ich eine Fiktion in der Phantasie vollziehe, derart daß mir etwa ein Ritter St. Georg vorschwebt ein Drachenungetier tötend, ist es nicht evident, daß das Phantasiephänomen eben St. Georg, und zwar diesen da, «der» so und so zu beschreiben «ist», vorstellt; und zwar jetzt diese "Transzendenz". Kann ich nicht mit Evidenz hier urteilen, nicht über den reellen Inhalt der Phantasieerscheinung, sondern über den erscheinenden Dinggegenstand? Freilich nur eine Seite des

及實事的純粹直觀在其中所被實現的意識，並不是某種類似單純地將所與性收納其中的盒子 //，而是**直觀的意識**，它是──先不管注意力──**具有某種形式的思惟活動**（*so und so geformte Denkakte*）。[309] 而不屬於思惟活動的實事，卻是在思惟活動中被構成的，它在思惟活動中成為所與性的，而實事在本質上唯有如此的構成，才能如其所是地顯示自身（zeigen sie sich als das, was sie sind）。[310]

5-11　但是這難道不是一件令人感到非常驚奇的事嗎？而這種對象性的構成是從哪裡開始的？到哪裡停止呢？它有沒有真正的界限呢？在每一個表象活動與判斷活動當中，在某種意義下不都是有一種所與性被實現嗎？每一個對象性，就其被如此如此地直觀、表象、思考而言，難道就不是一個所與性而且是明證的所與性嗎？在知覺一個外在事物的時候，例如在我眼前的一棟被我知覺的房屋。這棟房屋是一種超越，根據現象學的還原它失去了存在（Existenz）。[311] 真實且明證地所與的東西是房屋的顯現，是在意識的流動中浮現而來又流逝而去的這個思惟。在這個房屋的現象當中，我們找到一個紅色的現象與擴延的現象等等，而這是明證的所與性。[312] 但是，在這個房屋的現象中顯現出一棟房屋，而正因如此它也被稱為房屋的知覺，這些難道不也是明證性的嗎？再者一棟房屋不只是全般性的，它就是這一棟房屋，受到如此如此的限定並且在如此的限定性中顯現，我難道不能明證地判斷說，就顯現來看或者說在這個知覺的意義下來看，這個房屋是如此如此的，它是磚瓦造的，有著石板的屋頂等等嗎？[313]

5-12　而如果我在想像中進行虛構，例如在我眼前浮現出聖喬治騎士屠龍的場面，那麼這個想像的現象所表象的聖喬治，「這個」在這裡被如此如此描述的「存在」，甚至是現在所表象的這個「超越」並不是明證的。難道我在這裡不能明證地進行判斷，不能對想像的顯現的實質內容進行判斷，而只能對顯現的事物對象進行判斷嗎？[314] 顯然地，只有對象的一個面，時而這一面，時而是另一面是落入真正的現前化的框架中的，但是如往常一般地，這

Gegenstandes und bald diese und jene Seite, fällt in den Rahmen der eigentlichen Vergegenwärtigung, aber wie immer, evident ist es doch, daß dieser Gegenstand Ritter St. Georg usw. im Sinne der Erscheinung liegt und sich in ihr erscheinungsmäßig "als Gegebenheit" bekundet.

**73**   5-13   // Und schließlich das sogenannte *symbolische Denken*. Ich denke etwa 2 mal 2 ist 4 ohne jede Intuition. Kann ich zweifeln, daß ich diesen Zahlensatz denke und daß das Gedachte nicht etwa das heutige Wetter betrifft? Auch da habe ich Evidenz, also so etwas wie Gegebenheit? Und wenn wir so weit sind, hilft alles nichts, wir müssen auch anerkennen, daß in gewisser Weise auch das Widersinnige, das völlig Absurde "gegeben" ist. Ein rundes Viereck erscheint nicht in der Phantasie, wie mir der Drachentöter erscheint, und nicht in der Wahrnehmung wie ein beliebiges Außending, aber ein intentionales Objekt ist doch evidentermaßen da. Ich kann das Phänomen "Denken eines runden Vierecks" beschreiben, seinem reellen Gehalte nach, aber das runde Viereck ist doch nicht darin, und doch ist es evident, daß es in diesem Denken gedacht ist und daß dem so Gedachten als solchen Rundheit und Viereckigkeit eben zugedacht ist, oder daß das Objekt dieses Denkens ein rundes und zugleich viereckiges ist.

5-14   Es soll nun keineweges gesagt werden, daß diese in der letzten Reihe aufgeführten Gegebenheiten wirkliche Gegebenheiten im echten Sinn sind; wonach ja schließlich jedes Wahrgenommene, Vorgestellte, Fingierte, symbolisch Vorgestellte, jedes Fiktum und Absurdum "evident gegeben" wäre, sondern nur darauf hingewissen werden, daß hier *große Schwierigkeiten liegen*. Prinzipiell können sie uns vor ihrer Klärung nicht hindern zu sagen, *soweit wirkliche Evidenz reicht, soweit reicht Gegebenheit*. Aber natürlich wird überall die große Frage sein, im Vollzug der Evidenz reinlich festzustellen, was in ihr wirklich gegeben ist und was nicht, was ein uneigentliches Denken hierbei erst hineinschafft und ohne Gegebenheitsgrund hineininterpretiert.

5-15   Und überall handelt es sich nicht darum, beliebige Erscheinungen als gegeben festzustellen, sondern das Wesen der Gegebenheit und das Sich-konstituieren der

一點是明證的：即這個對象聖喬治騎士等等，是在顯現的意義下的存在，並且在顯現中以顯現的方式「作為所與性」而宣告自身（sich bekunden）。**315**

5-13　　// 最後是所謂的**符號的思惟**。我思想著二乘以二等於四而不帶有任何 *73* 的直觀。我是不是可以懷疑，我在思想著這個數學命題，而且這個所思想的東西跟今天的天氣無關？在這裡我是不是也擁有明證性，或者擁有某種類似所與性的東西呢？如果我們準備好了要推進到這麼遠，那麼將沒有任何東西可以阻止我們做出這樣的結論：我們也必須承認在某種意義上荒謬的東西、根本不合理的東西也是「所與的」。一個圓的四邊形並不會像屠龍者那樣，透過想像而顯現在我面前，也不會像任何一個外部的事物那樣出現在知覺當中，然而一個意向的客觀物確實以明證的方式在此（da）。**316** 我可以根據其實質的內容來描述「一個圓的四邊形的思想」的現象，但是這個圓的四邊形並不存在於這個思想的現象的內部，它在這個思想中被思想卻是明證的，並且就在如此思想它的時候，加上圓形與四邊形的思想，或者這個思想的客觀物既是一個圓形也同時是一個四邊形。**317**

5-14　　我們現在絕對不能說，這些上述所舉出的所與性是在真正意義下的真實的所與性，因為根據這樣的想法，每一個被知覺物、被表象物、被虛構物、符號地被表象之物，任何的虛構與不合理都將會是「明證的所與」，我們所要指出的只是在這裡**包含著很大的困難**而已。**318** 就原則上來看，這些困難在釐清之前，並不會防礙我們說，**真正的明證性延伸到多遠，所與性就延伸到多遠**。**319** 但是，當然到處都會有這樣的巨大的問題的存在，即要純粹地在明證性的實現中來確定什麼東西是真正的所與、什麼東西不是，而且還要確定在這個時候一個非真正的思惟創造地添加了什麼（hineinschafft），並且在沒有所與性的基礎下添加了什麼解釋（hineininterpretiert）。**320**

5-15　　因而不論在什麼情況下，問題都不在於將任何一個顯現確定為所與，而是洞見到所與性的本質以及種種不同的對象性的樣態的自身構成。誠然，任何一個思惟現象皆擁有其對象性的關係，這是第一個本質的洞察，並且任

verschiedenen Gegenständlichkeitsmodi zur Einsicht zu bringen. Gewiß, jedes Denkphänomen hat seine gegenständliche Beziehung und jedes, das ist eine erste Wesenseinsicht, hat seinen reellen Inhalt, als Belauf der Momente, die es im reellen Sinn komponieren; und andrerseits seinen intentionalen Gegenstand, einen Gegenstand, den es je nach seiner Wesensartung als so oder so konstituierten meint.

**74** 5-16 // Ist diese Sachlage wirklich zur Evidenz zu bringen, so muß diese Evidenz uns alles nötige lehren; in ihr muß sich klarstellen, was diese "intentionale Inexistenz" eigentlich bedeutet und wie sie zum reellen Gehalt des Denkphänomens selbst steht. Wir müssen sehen, in welchem Zusammenhang sie als wirkliche und eigentliche Evidenz auftritt, und was in diesem Zusammenhang die wirkliche und eigentliche Gegebenheit ist. Es wird dann darauf ankommen, *die verschiedenen Modi der eigentlichen Gegebenheit*, bzw. *die Konstitution der verschiedenen Modi der Gegenständlichkeit und ihre Verhältnisse zueinander herauszustellen*: Gegebenheit der *cogitatio*, Gegebenheit der in *frischer Erinnerung nachlebenden* *cogitatio*, die Gegebenheit der im Phänomenalen Fluß dauernden *Erscheinungseinheit*, die Gegebenheit der *Veränderung* derselben, die Gegebenheit des *Dinges* in der "äußeren" Wahrnehmung, die der verschiedenen Formen der Phantasie und Wiedererinnerung, sowie in entsprechenden Zusammenhängen mannigfaltiger synthetisch sich einigender *Wahrnehmungen* und sonstiger *Vorstellungen*. Natürlich auch die *logischen Gegebenheiten*, die Gegebenheit der *Allgemeinheit*, des *Prädikats*, des *Sachverhalts* usw., auch die Gegebenheit eines *Widersinns*, eines *Widerspruchs*, eines *Nichtseins* usw. Überall ist die Gegebenheit, mag sich in ihr bloß Vorgestelltes oder wahrhaft Seiendes, Reales oder Ideales, Mögliches oder Unmögliches bekunden, eine *Gegebenheit im Erkenntnisphänomen*, im Phänomen eines Denkens im weitesten Wortsinn, und *überall ist in der Wesensbetrachtung dieser zunächst so wunderbaren Korrelation nachzugehen*.

5-17 Nur in der Erkenntnis kann das Wesen der Gegenständlichkeit überhaupt nach allen ihren Grundgestaltungen studiert werden, nur in ihr ist es ja gegeben, ist es evident zu schauen. Dieses *evidente Schauen* ist ja selbst die *Erkenntnis*

何一個思惟的現象皆擁有其實質的內容，作為在實質的意義下合成各個思惟現象的種種成素，而在另一方面也擁有其意向的對象，這是一個依據其本質的種類的不同而被這樣或那樣地構成的對象。

5-16　　// 如果這個事情能夠真正地被帶向明證性的話，那麼這個明證性就 *74* 應該會教導我們所有必要的東西，在這個明證性中明白顯示了這種「意向的內存在」（intentionale Inexistenz）真正意味著什麼，並且它與思惟現象的實質內容本身是什麼樣的關係。我們必須看到，它是在什麼樣的關係脈絡中，作為真實的與真正的明證性而出現，並且在這種關係脈絡中什麼是真實的與真正的所與性。這個時候重要的東西在於：**展示真正的所與性的種種樣態，或者對象性的種種樣態的構成以及這些種種樣態間的相互關係**，例如思惟的所與性，在**鮮明的記憶中仍然留存的**思惟的所與性、在現象的流動中持續的**顯現的統**一的所與性、這個顯現的統一的**變化**的所與性、在「外部」知覺中的**事物**的所與性、在想像與回憶的種種不同形式中的所與性、以及在相應的種種脈絡關係中，被綜合地統一在一起的多樣的**知覺**，以及其他的**表象**的所與性。當然還有**邏輯的所與性**、也就是**普遍性**的、**謂詞**的與**事態**的所與性等等，還有**不合理**的、**矛盾**的、**不存在**的所與性等等。[321] 不論在所與性當中所宣告出來的是一個純然的表象物，或是一個真實的存在者、是實在物或觀念物、可能的或不可能的，它始終都是一種**在認識現象中的所與性**，是一種內在於最廣泛字義下的思惟現象中的所與性，[322] 並且**在〔我們的〕本質的考察中，始終都是在探究這個最初就是如此奇妙的相關性**（*Korrelation*）。

5-17　　唯有在認識中，才能夠依根據對象性全般的本質的所有的形態來研究對象性全般的本質，對象性全般的本質唯有認識中才能是所與的，才能被明證地直觀到。這種**明證性的直觀**本身正就是**最確切意義上的認識**，而對象性並不像是藏在口袋裡的東西那樣，它不是一個藏在認識當中的物。〔這麼來想的話，〕認識就好像一個到處都一樣的空洞的形式，是同樣一個空的口袋，這一次裝進這個，另一次 // 裝進另外一個東西。然而並非如 *75*

*im prägnantesten Sinn*; und die Gegenständlichkeit ist nicht ein Ding, das in der Erkenntnis darin steckt wie in einem Sack, als ob die Erkenntnis eine überall gleich 75 leere Form wäre, ein und derselbe leere Sack, in den einmal dies, einmal // jenes hineingesteckt ist. Sondern in der Gegebenheit sehen wir, *daß der Gegenstand sich in der Erkenntnis konstituiert*, daß so viele Grundgestaltungen der Gegenständlichkeit zu scheiden sind, so viele Grundgestaltungen auch der gebenden Erkenntnisakte und Gruppen, Zusammenhänge von Erkenntnisakten. Und die Erkenntnisakte, weiter gefaßt die Denkakte überhaupt sind nicht zusammenhanglose Einzelheiten, zusammenhanglos im Fluß des Bewußtseins kommend und gehend. Sie zeigen, wesentlich aufeinander bezogen, teleologische *Zusammengehörigkeiten* und entsprechende Zusammenhänge der Erfüllung, Bekräftigung, Bewährung und ihre Gegenstücke. Und auf diese *Zusammenhänge*, die die verstandesmäßige Einheit darstellen, kommt es an. Sie sind selbst Gegenständlichkeit konstituierende; sie verknüpfen logisch die uneigentlich gebenden Akte und die eigentlich gebenden, Akte bloßen Vorstellens oder vielmehr bloßen Glaubens und Akte des Einsehens, und wieder die Mannigfaltigkeiten auf dasselbe Gegenständliche bezüglicher Akte, sei es anschaulichen, sei es unanschaulichen Denkens.

5-18  Und erst in diesen Zusammenhängen konstituiert sich, nicht in einem Schlage, sondern in einem aufsteigenden Prozess die Gegenständlichkeit der objektiven Wissenschaft, vor allem die Gegenständlichkeit der realen räumlich-zeitlichen Wirklichkeit.

5-19  All das ist zu studieren und in der Sphäre reiner Evidenz zu studieren, um die großen Probleme des Wesens der Erkenntnis und des Sinnes der *Korrelation von Erkenntnis und Erkenntnisgegenständlichkeit* aufzuklären. Das ursprüngliche Problem war *das Verhältnis zwischen subjektiv psychologischem Erlebnis und der in ihm erfaßten Wirklichkeit an sich*, zunächst der realen Wirklichkeit und weiter auch der mathematischen und sonstiger idealer Wirklichkeiten. Der Einsicht bedarf es zuerst, daß das *radikale Problem* vielmehr gehen muß auf das *Verhältnis zwischen Erkenntnis und Gegenstand*, aber in *reduziertem* Sinn, wonach nicht von

此，我們在所與性中直觀到的是，**對象在認識中構成自身**，對象性有如此多的基本型態要區分、所與的認識活動與集合以及認識活動的關係脈絡也有如此多的基本型態要區分。[323]而認識的活動，以及更廣義地理解的思惟活動全般，並不是沒有脈絡關係的個別性，它們不是沒有脈絡關係地在意識的流動中來來去去。它們顯示出在本質上相互關聯的目的論的**相互依存性**（***Zusammengehörigkeiten***）、以及相應的充實、保證、證實的關係脈絡，以及這些東西的對反物。[324]而展示出這種合於知性統一的**關係脈絡**正是問題的所在。[325]這些關係脈絡本身是構成對象性的東西，它們在邏輯上連結著非真正所與的活動與真正所與的活動、純然表象的活動或者毋寧說是純然相信的活動與洞察的活動，並且又邏輯地連結多樣地關連到同一的對象性的活動，不論這些活動是直觀的思惟，或是非直觀的思惟。[326]

5-18　　而唯有在這種關係脈絡當中，客觀的學問的對象性，首先是實在的空間的—時間的現實的對象性才能夠構成自身，而且這並不是一剎那的事，而是在一個上昇的過程（aufsteigenden Prozess）中完成的。

5-19　　所有的這一切都必須要進行研究並且要在純粹明證性的領域中來進行研究，目的在於解明認識的本質以及**認識與認識的對象性的相關關係**的意義的這個大問題。根源的問題在於**主觀的心理學的體驗與在這個體驗當中所把握到的現實性本身之間的關係**，首先是與實在的現實性（reale Wirklichkeit）之間的關係，然後是與數學的現實性以及其他的觀念的現實性（ideale Wirklichkeiten）之間的關係。[327]但是首先需要洞見到，**根本的問題**毋寧必須歸之於**認識與對象間的關係**，但是這是在已**被還原**的意義下，據此我們所談論的問題並不在人類的認識，而在認識全般，這種認識沒有任何共同的存在設定關係（existenziale Mitsetzungsbeziehung），不論它〔這個存在設定的關係〕是關於經驗的自我，還是關於實在的世界。[328]我們需要洞察到真正 // 重 *76* 要的問題在於**認識的最終的意義賦予**（***letzte Sinngebung der Erkenntnis***）的問題，而與之同時的還有對象性全般的問題，對象性全般唯有在其與可能的認

menschlicher Erkenntnis sondern von Erkenntnis überhaupt, ohne jede existenziale Mitsetzungsbeziehung, sei es auf das empirische Ich oder auf eine reale Welt, die Rede ist. Der Einsicht bedarf es, daß das wahrhaft // bedeutsame Problem das der *letzten Sinngebung der Erkenntnis* ist und damit zugleich der Gegenständlichkeit überhaupt, die nur ist, was sie ist, in ihrer Korrelation zur möglichen Erkenntnis. Es bedarf weiter der Einsicht, daß dieses Problem nur in der Sphäre reiner Evidenz, in der Sphäre der letztnormierenden, weil absoluten Gegebenheit zu lösen ist, und daß wir demnach einzelnweise allen Grundgestaltungen der Erkenntnis und allen Grundgestaltungen der in ihr voll oder partiell zur Gegebenheit kommenden Gegenständlichkeiten im schauenden Verfahren nachgehen müssen, um den Sinn aller aufzuhellenden Korrelationen zu bestimmen.

識的相關關係（Korrelation）中，才能保有其自身的所是。此外我們還需要洞察到，這個問題只在純粹的明證性的領域，只在最終規範的領域當中，由於絕對的所與性才能獲得解決，並且洞察到為了限定所有的有待闡明的相關關係的意義，我們還必須在直觀的過程中一個一個地探究認識的所有的基本形態，以及一個一個地探究在認識中完全地或部分地成為所與性的對象性的所有的基本形態。

# // BEILAGE I. [原注 5]

1  In der Erkenntnis ist die Natur gegeben, aber auch die Menschheit in ihren Verbänden und in ihren Kulturwerken. All das wird *erkannt*. Aber zur Erkenntnis der Kultur gehört, als den Sinn der Gegenständlichkeit konstituierender Akt, auch Werten und Wollen.

2  Erkenntnis bezieht sich auf den Gegenstand mit einem wechselnden Sinn in wechselnden Erlebnissen, in wechselnden Affektionen und Aktionen des Ich.

3  Neben der formalen *logischen* Sinneslehre und Lehre von den wahren Sätzen als gitigen Sinnen haben wir in natürlicher Einstellung noch *andere natürliche wissenschaftliche Untersuchungen*: wir scheiden *Grundgattungen* (Regionen) von Gegenständen und erwägen z.B. für die Region bloße physische Natur in prinzipieller Allgemeinheit, was unaufhebbar zu ihr, zu jedem Gegenstand der Natur in sich und relativ als Naturobjekt gehört. Wir treiben Ontologie der Natur. Wir legen dabei den Sinn, und das heißt hier den gitigen Sinn eines Naturobjektes als Gegenstandes der Naturerkenntnis, als «des» in ihr vermeinten Objektes auseinander: das, ohne was ein mögliches Naturobjekt, das ist ein Objekt möglicher äußerer Naturerfahrung, nicht gedacht werden kann, wenn es soll wahrhaft seiend sein können. Also wir erwägen den *Sinn* der äußeren Erfahrung (das Gegenstand-Gemeinte), und zwar den Sinn in seiner *Wahrheit*, seinem wahrhaft oder giltig Bestehen nach den unaufheblichen Konstituanten.

4  Ebenso erwägen wir den *wahren Sinn eines Kunstwerkes überhaupt* und den besonderen Sinn eines bestimmten Kunstwerkes. Im ersten Fall studieren wir das "Wesen" eines Kunstwerkes in reiner Allgemeinheit, im zweiten Fall den wirklichen Gehalt des wirklich gegebenen Kunstwerkes, was hier dem Erkennen des bestimmten

---

[原注 5]  Dies ist eine *spätere* Beilage (1916?); zu S. 19.

# // 附件一 <sup>[原注 5]</sup>

1    自然在認識中所與，人性也是在其羣體與文化產物中所與。所有的這些都是**被認識的**。但是要認識文化，還需要作為構成對象性的意義的活動，也就是評價與意願。

2    認識關連著對象，而對象的意義隨著自我的變動的體驗、變動的觸發與活動（Affektionen und Aktionen）而變動。

3    除了形式**邏輯的**意義論與作為有效意義的真理語句的學說之外，我們在自然態度裡面還有**其他的自然的學問的研究**。我們區分開種種對象的**基本的種類**（區域）<sup>329</sup> 並且在原則的普遍性之下來進行考察，比如說考察對單純的物理的自然的領域來說，什麼東西是不可或缺地屬於它的、不可或缺地屬於每一個作為對象的在其自身的自然並且又相對地作為自然對象的對象。我們研究的是一門自然的存在論。在這裡我們解析意義，而這意謂著將自然的對象（Naturobjekt）作為自然認識的對象而解析其有效的意義，也就是解析作為在自然的認識中所意指的一個自然的對象的有效意義，倘若沒有這個意義的話，我們就無法思想一個可能的自然的對象，也就是無法思想一個可能的外部的自然經驗的對象，就算它可能是真實地存在著，也是無法被思想的。<sup>330</sup>因而我們根據其不可或缺的構成要素，也就是就其**真理**、就其真實的或者有效的存立（Bestehen），來考察外部經驗（作為對象的被意指物）的**意義**。

4    我們同樣地來考察**藝術作品全般的真實意義**，以及某特定藝術作品的特殊的意義。在第一種情況裡面，我們在純粹的普遍性當中研究一個藝術作品的「本質」，在第二種情況，我們研究一個現實地所與的藝術作品的現實的內容。因而第二種研究在這裡是相當於對某特定對象的認識（根據其真實的

---

[原注 5] 這是**後來添加**的附件（1916 年？），對照〔全集本〕第 19 頁。

**80** Gegenstandes (als wahrhaft// seienden, nach seinen wahren Bestimmtheiten), etwa einer Symphonie Beethovens, gleichkommt. Ebenso studieren wir generell das Wesen eines Staates überhaupt, oder empirisch das Wesen des deutschen Staates in einer Epoche, nach allgemeinen Zügen oder ganz individuellen Bestimmungen, also dieses individuelle gegenständliche Sein "deutscher Staat". Das Parallele ist dann etwa die Naturbestimmung des individuellen Gegenstandes Erde. Wir haben also neben den empirischen Erforschungen, empirischen Gesetzlichkeiten und individuellen, die ontologischen Forschungen, die Forschungen wahrhaft geltender Sinne nicht nur in formaler Allgemeinheit, sondern in sachhaltiger regionaler Bestimmtheit sind.

5　Freilich reine Wesensforschungen sind nirgends oder nur ausnahmsweise in vollkommener Reinheit gepflogen worden. Immerhin weisen manche Gruppen wissenschaftlicher Untersuchungen in diese Richtung; und zwar halten sie sich auf natürlichem Boden. Dazu dann psychologische Forschung, gerichtet auf die Erkenntniserlebnisse und Ich-Tätigkeiten im allgemeinen oder in Beziehung auf die betreffenden Gegenstandsregionen. Auf die subjektiven Weisen, wie solche Gegenstände sich uns geben, wie das Subjekt sich zu ihnen verhält, wie es dazu kommt, sich von ihnen solche "Vorstellungen" zu bilden, welche besonderen Aktarten und Erlebnisarten (ev. wertende und volitive) dabei ihre Rolle spielen.

6　Zum Weiteren:

Empfindlich ist das Problem der Möglichkeit, an das Sein der Objekte selbst heran zu kommen, zunächst nur hinsichtlich der Natur. Sie ist, sagt man sich, an sich, ob wir erkennend mit da sind oder nicht, sie geht an sich ihren Lauf. Menschen erkennen wir durch Ausdruck in ihrer Leiblichkeit, also an physischen Objekten, ebenso Kunstwerke und sonstige Kulturobjekte, wie andrerseits Sozialitäten. Es scheint zunächst, daß, wenn wir nur die Möglichkeit der Naturerkenntnis verstünden, die Möglichkeit aller anderen Erkenntnis mittels Psychologie verständlich werden könnte. Die Psychologie aber scheint weiter keine besonderen Schwierigkeiten zu bieten, da der Erkennende sein eigenes Seelenleben direkt erfährt und andere nach Analogie mit sich in der "Einfühlung". Beschränken wir uns, wie die Erkenntnistheorie bis vor nicht langer Zeit, auf die Theorie der Naturerkenntnis.

限定性，作為真實地 // 存在的對象），例如對貝多芬的交響樂的認識。同樣 **80**
地，我們也以類型的方式來研究國家全般的本質，或者以經驗的方式研究某
個時期的德意志國家的本質，或是根據其普遍的特徵，或是其完全個別性的
限定，也就是說，以經驗的方式來研究「德意志國家」這個個體的對象的存
在。再者與此平行的則是例如關於地球這個個體的對象的自然的限定。也就
是說，除了經驗的研究與經驗的法則性、個體的研究與個體的法則性之外，
還有存在論的研究，這不僅是在形式的普遍性當中，而且也是在實事的、區
域的限定性當中的真正有效的意義的研究。

5　　當然，純粹本質的研究不可能在完全的純粹性中來進行，如果有也只是
例外。[331] 雖然畢竟有一些學問研究的團體是指向這個方向的，但是他們停留
在自然的地盤上。心理學的研究也是如此，它的研究普遍地指向認識的體驗
與自我的活動，或者是關連著其相應的對象領域。也就是說，指向於種種的
主觀的樣式，指向這些對象如何所與給我們的？主觀如何關連著這些對象？
關於這些對象的「表象」是如何形成的？是什麼樣的特殊的活動種類或體驗
種類（比如說評價或意願）在這裡起著作用等等的這些主觀的樣式。

6　　進一步補充：

　　我們可以感覺到，可能性的問題是要達到客觀本身的存在的問題，在
一開始的時候，只是著眼於自然〔的客觀〕而已。人們認為自然是在其自身
的存在，不論我們是不是在認識它，它都是在其自身地走在自己的道路上。
我們透過人類的身體性的表現，也就是在物理的客觀上來認識人類。藝術作
品以及其他的文化的客觀，例如社會性的產物，也都是如此。在一開始的時
候，似乎只要我們了解了自然的認識的可能性的話，就可以透過心理學來了
解所有其他的認識的可能性。而心理學似乎不會再給出任何特別的難題了，
因為認識者能直接地經驗到他自身的心靈的生活，而根據與自己在「移情」
（"Einfühlung"）中的類比而經驗到他人。就像在不久前我們對待認識論那
樣，我們將自己限制在自然認識的理論上。

*81*

# // BEILAGE II[原注 6]

1　Versuch einer Änderung und Ergänzung: Angenommen ich wäre, wie ich bin, wäre gewesen, wie ich war und würde sein, wie ich sein werde; angenommen es fehlte dabei keine meiner Gesichts- und Tastwahrnehmungen und sonstigen Wahrnehmungen überhaupt; es fehlte keiner meiner apperzeptiven Verläufe, keiner meiner begrifflichen Gedanken, keine meiner Vorstellungen und Denkerlebnisse und meiner Erlebnisse überhaupt, sie alle genommen in ihrer konkreten Fülle, in ihrer bestimmten Anordnung und Verknüpfung; was hinderte, daß daneben außerdem nichts, schlechthin nichts wäre? Könnte nicht ein allmächtiger Gott oder ein Lügengeist meine Seele so geschaffen und so mit Bewußtseinsinhalten versorgt haben, daß von all den in ihr vermeinten Gegenständlichkeiten, soweit sie irgend ein Außerseelisches sind, nichts existierte? Vielleicht sind Dinge außer mir, aber kein einziges von denen, die ich für wirklich halte. Und vielleicht sind überhaupt gar keine Dinge außer mir.

2　Ich nehme aber wirkliche Dinge an, Dinge außer mir, auf welchen Kredit hin? Auf den Kredit der äußeren Wahrnehmung? Ein schlichter Blick erfaßt meine dingliche Umgebung bis empor zur fernsten Fixsternwelt. Aber vielleicht ist all das Traum, Sinnestrug. Die und die visuellen Inhalte, die und die Apperzeptionen, die und die Urteile, das ist das Gegebene, das einzig Gegebene im echten Sinn. Haftet der Wahrnehmung eine *Evidenz* an für diese Leistung der Transzendenz? Aber eine Evidenz, was ist sie anderes als ein gewisser psychischer Charakter. Wahrnehmung und Evidenzcharakter, das also ist das Gegebene, und warum nun diesem Komplex etwas entsprechen muß ist rätselhaft. Ich sage dann vielleicht: wir *schließen* auf die Transzendenz, durch Schlüsse überschreiten wir das unmittelbar Gegebene, es

---

[原注 6]　Zu S. 20.

# // 附件二 [原注 6]

1　　修正與補充的嘗試：倘若我現在就如我現在的樣子而存在，過去就如我過去的樣子而曾在，並且未來就如我未來的樣子而將在；倘若在這個時候，我的視覺、觸覺與其他的知覺全般，一樣都沒有缺少；我的統覺的過程、我的概念的思想、我的表象、思想體驗與我的體驗全般，一樣都沒有缺少，假設這些都在其具體性中被充實、都在其特定的次序與結合當中的話，那麼還有什麼可以阻止我們說，除此之外就沒有別的東西了，完全沒有其他的東西存在呢？難道不可能有一位全能的神，或行騙的惡靈如此創造了我的靈魂，並且由祂提供如此的意識內容，讓所有在我的靈魂中所意指的對象性，只要它們是某個靈魂外部的東西就不會是存在的？或許在我的外部有種種事物存在著，但是被我視為現實的事物，沒有一個是在我的外部，而且也許根本就沒有任何東西在我的外部。

2　　但是我卻承認有現實的事物，承認有在我的外部的事物，這是基於什麼樣的保證呢？根據外部知覺的保證嗎？單純的一瞥就可以把握我的事物的環境，直到最遙遠的恆星的世界。但是或許這一切都是夢、是感官的欺騙。這些與那些視覺內容、這些與那些統覺、這些與那些判斷，這才是所與物、才是真正的意義下的唯一的所與物。知覺對於這種超越的構作是不是具備著**明證性**呢？但是所謂的明證性，除了某種心理的特性之外還能是什麼呢？知覺與明證的特性，這是所與的，現在為什麼這種複合物必須符應於某種東西，這一點才是謎之所在。我也許會說，超越是我們***推論出來的***，透過推論我們越出了直接的所與物，// 透過所與物來為非所與物奠立基礎，這根本是一種推論的構作。[332] 但是像這樣的論證究竟如何能夠提供出基礎？我們讓這個問

---

## 82

[原注 6] 對照〔全集本〕第 20 頁。

*82* ist überhaupt eine Leistung von Schlüssen, // durch Gegebenes Nicht-gegebenes zu begründen. Aber lassen wir die Frage, wie Begründung dergleichen leisten kann, beiseite, so werden wir uns doch antworten: analytische Schlüsse würden nichts helfen, Transzendentes ist nicht in Immanentem impliziert. Synthetische Schlüsse aber, wie könnten sie anderes sein als Erfahrungsschlüsse. Erfahrenes bietet Erfahrungsgründe, das ist: vernünftige Wahrscheinlichkeitsgründe für nicht Erfahrenes, aber dann wohl nur für Erfahrbares. Das Transzendente ist aber prinzipiell nicht erfahrbar.

題保留著，但是我們卻要這樣來回答：分析的推論根本毫無用處，超越者並不包含在內在者當中。然而綜合的推論除了是經驗的推論之外，還能是什麼呢？" 被經驗到 " 提供出經驗的基礎，這也就是說：沒有被經驗到的話，在理性上的基礎是或然性的，但是這僅僅只是對可經驗的東西而已。而超越者則是在原則上是不可經驗的。[333]

*83*

# // BEILAGE III[原注 7]

1 Unklar ist die ***Beziehung der Erkenntnis auf Transzendentes***. Wann hätten wir Klarheit und wo hätten wir sie? Nun, wenn und wo uns das Wesen dieser Beziehung gegeben wäre, daß wir sie ***schauen*** könnten, dann würden wir die Möglichkeit der Erkenntnis (für die betreffende Erkenntnisartung, wo das geleistet wäre) verstehen. Freilich erscheint diese Forderung eben von vornherein für alle transzendente Erkenntnis ***unerfüllbar*** und damit auch transzendente Erkenntnis ***unmöglich zu sein***.

2 Nämlich der ***Skeptiker*** sagt: Erkenntnis ist anderes wie erkanntes Objekt. Erkenntnis ist gegeben, erkanntes Objekt nicht gegeben, und zwar prinzipiell nicht in der Sphäre der Objekte, die transzendente heißen. Und doch soll Erkenntnis sich auf das Objekt beziehen und es erkennen, wie ist das möglich?

3 Wie ein Bild mit einer Sache stimmt, das glauben wir zu verstehen. Aber daß es Bild ist, können wir nur daher wissen, daß uns Fälle gegeben waren, in denen wir die Sache eben so hatten wie das Bild, eines mit dem anderen vergleichend.

4 Aber wie kann Erkenntnis über sich hinaus an das Objekt und dieser Beziehung doch in Zweifellosigkeit auch gewiß sein? Wie ist es zu verstehen, daß die Erkenntnis, ohne ihre Immanenz zu verlieren, nicht nur triftig sein kann, sondern diese Triftigkeit auch ausweisen kann? Dieses Sein, diese Möglichkeit des Ausweisen setzt voraus, daß ich bei einer Erkenntnis der betreffenden Gruppe sehen kann, daß sie das leistet, was hier gefordert ist. Und nur wenn das der Fall ist, können wir die Möglichkeit der Erkenntnis verstehen. Ist aber Transzendenz ein wesentlicher Charakter gewisser Erkenntnisobjekte, wie geht die Sache da?

---

[原注 7] Zu S. 37.

# // 附件三 [原注 7]

1　　不明白的地方在於**與超越者的認識的關係**。我們在什麼時候才能擁有清晰性？在什麼地方才能擁有它？現在倘若這個關係的本質在某個地方或某個時間是所與的，而我們可以**直觀**它的話，那麼（對於〔直觀〕所完成的相應的認識類型）我們就可以理解認識的可能性。當然這種要求，對所有的超越者的認識來說，似乎從一開始就是**無法充實的**，因而超越者的認識也是**不可能的**。<sup>334</sup>

2　　**懷疑論者**說：認識不同於所認識的客觀。認識是所與的，所認識的客觀不是所與的，並且在原則上就不是在被稱為超越者的客觀的領域當中所與的，然而認識仍然應該關係著客觀並且認識到客觀，那麼這是如何可能的呢？<sup>335</sup>

3　　就如同一個圖像（Bild）與某個實事一致，這一點相信我們是可以理解的。但是我們之所以知道這是一個〔關於這個實事的〕圖像，這是因為我們曾經有過這樣的情況，在這個情況中，我們擁有實事就像擁有圖像一樣，雙方是可以相互比較的。<sup>336</sup>

4　　但是認識如何能夠越過自身而達到客觀，並且這個關係又如何能夠無可懷疑地確定呢？如何來理解認識在不離開認識的內在的情況下，不只是能夠切中的，而且這種切中性還是可以證明的（ausweisen）？這種〔證明的〕存在與證明的可能性都預設了這麼一個事實，即在對相應的種類進行認識的時候，我可以直觀到這個認識構作了這裡所要求的東西。<sup>337</sup>而唯有在這種情況下，我們才能夠理解認識的可能性。然而，倘若超越是某些認識對象的本質特性的話，那麼情況會是怎麼樣呢？

---

[原注 7] 對照〔全集本〕第 37 頁。

*84* 5　Also die Betrachtung setzt eben dies voraus, daß die // Transzendenz ein wesentlicher Charakter gewisser Objekte sei und daß Erkenntnisobjekte derselben Art niemals immanent gegeben sind und sein können. Und die ganze Auffassung setzt schon voraus, daß Immanenz selbst nicht in Frage ist. Wie Immanenz erkannt werden kann, ist verständlich, wie Transzendenz, unverständlich.

5　　因而考察 [338] 就設定了這麼一個前提：超越 // 是某些對象的本質特性，　*84*
而且這一類的認識的對象從不會是內在地所與的，也不會是內在地存在。而
這整個理解已然預設了這樣的前提，內在本身是無可置疑的。內在如何能夠
被認識，這是可以理解的，而超越如何能夠被認識，則是不可理解的。

## 譯注

1 「符應」或譯為「一致」，表示「主觀的認識」與「客觀的對象」之間的關係，胡塞爾也用「切中」（treffen）來表示，如果主觀能夠「切中」客觀，我們的認識就擁有「正確性」（Richtigkeit），反之，則形成「不正確性」。

2 「認識的構作（Leistung）」的另一個表達是「意識的構成（Konstitution）」。在胡塞爾主要是指意向的「意義」與「對象」的構成。相對於傳統哲學認為「意義」與「對象」是脫離意識的自身存在，胡塞爾認為這是意識構作的產物或成就，將「意向性」與「構成」結合是胡塞爾哲學的一個特點。

3 這裡說明現象學的最終目的仍然是一門形上學，而認識的批判學只是其預備學。

4 現象學的方法在這裡有兩個主張，首先它是一門「認識的批判學」，是關於「認識的本質」的學問，其次它是「普遍的本質學」是關於「本質直觀的學問」。

5 「全般」（überhaupt）在這裡意指「共通於這一類事物的普遍性質或普遍的存在」。例如，知覺全般、想像全般、認識全般、體驗全般、哲學全般等等。這裡的「認識全般」並不是指「一般而言的認識」，而是指「認識」這整個類型的存在，在意義上類似於本質、類型或普遍者。如果是一般用語的時候，它類似「總地來說」、「整體而言」，學界通常譯成「一般而言的」。然而要解讀成學術用語或日常用語已然是個解釋，讀者可以根據上下文自行區別開。

6 這是說「認識的批判學」以「懷疑一切的認識」作為出發點，這樣的話我們是不是也要將「懷疑一切的認識」也置入懷疑之中。

7 「擁有過多要求的那些特定的構作」指我們在自然的態度下，認為認識擁有切中於超離意識超越者的要求，也就是認為「認識」是對「超越者的認識」的這個要求。

8 胡塞爾說明「認識的批判學」所針對的是某些特殊的構作，也就是說，針對的是認識中所包含的過多的要求，但並不是所有的認識都包含這些過多的要求。

9 胡塞爾說明「認識的批判學的認識」本身就必須是「無可懷疑的認識」。要獲得這樣的認識，胡塞爾借助笛卡兒的考察。

10 「偽裝的認識」指「擁有過多的要求的認識」，這樣的認識聲稱「認識是對超越者的認識」。在胡塞爾看來，自然態度下的認識都是這樣的認識。

11 這是因為在胡塞爾看來「思惟」是內在的，意識內部切中於意識內部不會有問題，然而如果我們認為認識是切中外在思惟的超越者，問題才會產生。這個問題的解明，在現象學來看，唯有放棄「主體與客體」的二元對立的認識圖式，以「內在——超越」的認識圖式來取代之，才可能獲得回答。

12 這是因為在現象學的還原之下，「內在」是「絕對的所與」，而自然態度下的「超越」在本質上就是可疑的。接下來胡塞爾解釋什麼叫做「內在」。

13 這是對通常的或心理學意義下的「意識」的說明，通常人們將所謂的「內在」思想為所謂的「心靈的內在」。這樣的話「現實的內在」與「實質的內在」就是在「心靈的內部的存在」，就像封閉在自我或意識的膠囊的內部。由此而區別開意識內部（內在）、意識外部（外在），將所有的在心靈、意識或自我的外部，思想為「超越（外在）的存在」。

14 「實質的內在」意指「意識體驗」或胡塞爾意義下的狹義的「思惟」（cogitatio）或「意識活動」，例如知覺、回憶、想像、期待等。

15 「在明證的意義下構成自身的自身所與性的內在」即是所謂的「構成的（意向的）內在」。「構成的（意向的）內在」是在意識內部所構成的內在，例如意義或對象。這種「內在」是現象學意義下的「超越」，不論是「實質的內在」或是「意向的內在」，這兩種所與對胡塞爾來說都是「明證的所與」。

16 「實質的所與」是指「完備的所與」，它擁有「完備的明證性」。

17 這「另外一種的自身所與性」指的「構成的所與性」。「實質的所與」以及「構成的所與」這兩種「內在性」是胡塞爾後來「能思」（noesis）與「所思」（noema）的區分的前身。「能思——所思」這一組區分在這個講座內部並沒有出現。在胡塞爾看來，任何的知覺體驗都包含著這兩種內在性。

18 胡塞爾說明在現象學的考察的第一階段的第四步驟中，透過現象學的還原，我們排除了超越者，現象學似乎只能允許「實質的內在」而已，然而其實並非如此。

19 胡塞爾在這裡說明，現象學是一門「直觀的學問」。在這裡的盲人的例子，是胡塞爾站在自然態度下的一個自我反駁，自然的態度認為超越者雖然無法「直觀」到，但是至少我們可以「推論」其存在，但是推論並不是直觀，推論無法擁有直觀的明證性，它甚至可能越出明證的範圍而誤推。

20 胡塞爾在這裡所說的「思想的踰越」或「問題的轉移」都是一種將「現象學的

方法」與「自然態度的方法」予以混同的作法。

21 這裡胡塞爾在措詞上特意將自然態度下的因果的「解釋」或「說明」
（Erklärung），與現象學態度下的「解明」或「釐清」（Aufklärung）對比，也
就是說，現象學的工作不是因果的解釋而是本質的解明、釐清或直觀。

22 「這種可能性」意指「這種認識的構作的可能性」。

23 這是說我們往往會不自覺地陷入思想的混同，要防止這種「思想的踰越」或
「問題的轉移」，我們必須堅持在現象學還原後的「純粹現象」的範圍內。

24 「原樣地（或譯為「就這樣」）」意指「不加以任何改變的情況下」。現象學
是將傳統哲學所理解的「在其自身的存在」或「自體的存在」，改變為「現
象」的存在。

25 這裡的「停留」（bleiben）其實是比較強義的「堅持」的意思。胡塞爾的意思
是說，現象學還原的意義是一種持續的要求與堅持，不能讓其他不相干的東西
混同進來。

26 「客體的學問」（objektive Wissenschaft）指的是自然態度下預設了客體存在的
學問。

27 這是對比於近代笛卡兒以來自然態度的想法，認為可以透過一個「方法程序的
操作」來取代「直觀」，胡塞爾表明現象學的工作不在演繹、歸納與推論（這
些都可能誤推）而在直觀。

28 「他的」指的是在心理學的統覺中所形成的「體驗的自我」或「在世界時間中
的人類」，在這裡「世界時間」指自然學問下的時間，而「體驗的自我」則是
指經驗的心理學的自我。在胡塞爾看來「現象學的自我」並不是「心理學的自
我」。

29 「現實的內在性」指心理學所理解下的「人的意識的內在性」，胡塞爾在這裡
表明現象學的自我並不是心理學的自我，現象學的主觀並不是心理學意義下的
個人，但胡塞爾在這個講座中並沒有釐清這個問題。

30 「這些現象」意指作為「實質的內在的現象」。作為實質的內在的現象是個別
的思惟，但是現象學並不局限於此。

31 這是因為至今說的範圍，只侷限在思惟的實質的內在性領域，這是「個別的」
或者「單稱的」。現象學在這個個別的領域中，還要承認「普遍的本質」也是
絕對的所與。

32　「其」指的是「各個個別的直觀」，「新的客觀性」指的是「普遍的本質」或「範疇」。

33　「觀念化的抽象」即胡塞爾所謂的「本質直觀」。這是現象學把握一個個物所屬的本質、種類或普遍者的方式。

34　「其」指「思惟」。

35　胡塞爾的意思是說，在一個思惟的體驗中（例如某枝鉛筆的知覺體驗），在這個內在領域中，我們所體驗到的並不只是實質的內在而已，還有許多不同的種類與範疇（例如，鉛筆、在這裡、一枝、長型的、黃色的、現實的、用具、這枝筆與另一枝筆一樣長等等），這些全般者或普遍者（本質與範疇）是以超越的方式包含在這個個別體驗當中，在胡塞爾看來，這些都是直觀的所與。

36　這是說那些包含在知覺中的「普遍的對象」或「客觀性」與「實質的內在」一樣，都擁有不可懷疑的明證性。

37　「陳述」或「言表」指的是對這個知覺體驗的「邏輯表達」，在這裡「範疇活動」必須介入。胡塞爾的意思是說，這個邏輯表達不是隨意的，而是基於直觀的表達。換言之形成這個陳述（或判斷）所需要的邏輯活動或「範疇活動」也是一種直觀。範疇直觀是對在判斷活動中所形成的「範疇形式」或「知性形式」的直觀。任何學問的陳述都必須動用到範疇，而判斷相應的客觀面即是「事態」（Sachverhalt），這一部分的研究在胡塞爾後來的區分裡屬於「發生現象學」的範圍。

38　胡塞爾在此強調現象學的「內在」不是只有「實質的內在」而已，也包含「意向的內在」，例如本質或普遍性。

39　胡塞爾的意思是說，任何能夠進入現象學的討論的東西都必須被還原到「現象學意義下現象（絕對所與）」來看，除了這個還原的領域之外，現象學不能求助於任何的東西。

40　「那些懷疑論者」指的是「那些懷疑客體是否存在的懷疑論者」。這是因為現象學發現「認識的客觀性」與「脫離意識的客體的存在設定」無關，現象學與懷疑論者的差別在於是不是能夠把握到「絕對所與的領域」。

41　這是說笛卡兒的懷疑方法，雖然發現了「絕對所與」的領域，但是他馬上就訴諸於推論而放棄了這個明證的領域，例如透過笛卡兒因果律而越出絕對所與的明證性，推論出作為思惟實體的自我存在、神的存在等等。

42 胡塞爾在這裡表明現象學的「內在領域」遠比想像中來得複雜，它並不是心理學的內在領域，現象學的內在領域還包含著普遍性意識，問題在如何釐清這種普遍性意識。

43 胡塞爾的意思是說，我們聽到一個時間中持續的單音，這個知覺並不是一個剎那的「聲音的現在」（Tonjetzt）接著下一個「聲音的現在」的關係，而是知覺到一個持續的單音的連續體（顯現者），而任何「聲音的現在」反過來是這個連續體的一個「聲音的現在」（顯現）。顯現都是顯現者的顯現。

44 根據上一段的分析，「顯現者」是指連續的聲音（對象），而「顯現」則是聲音的現在。

45 胡塞爾說明在現象學的現象的內部，我們可以再區別開「顯現（實質內在）」與「顯現者（意向內在）」，這兩者都是絕對地所與，顯現者是以意向的方式而包含著，意識到超越性是一切知性認識的根本構造。在這個例子中，胡塞爾說流逝的相位並沒有消失，而是仍然以意向的方式而存在著。

46 胡塞爾在這裡所談的「顯現」與「顯現者」的區別，其實是意識的「實質的感覺內容」與所意識到的「意義或對象」的區別。

47 胡塞爾說明意識的所與性本身雖然是多樣性的，這些多樣性並不是思惟添加的結果，而是單純的直觀的事實。

48 這裡的「da」或「Dasein」表示實事在直觀中的「在此存在」。相關的討論請參閱「第二講稿」（第八段落）中關於「這個在此」（Dies-da）的注解與說明。

49 胡塞爾說明這些直觀所觀看的「單純的存在」，其實是在意識體驗內部構成的，它不僅種類繁多，也擁有複雜的構造。

50 胡塞爾表明「顯現者」不依賴「顯現」（顯現者獨立於其顯現），顯現者不是先存在，然後再派遣它的表象到意識中來（顯現）。而是就本質上來說，顯現者是存在於顯現中的。但即使如此，「顯現者」又不能與「顯現」分離（因為「顯現者」是在「顯現」中被構成的）。這是以下所說的「令人感到驚訝的相關關係」。

51 這裡的「認識的現象」是指「顯現」；而「認識的客觀（對象）」則是指「顯現者」。

52 換言之，在胡塞爾看來，認識最終必須牽涉到「認識的目的論」。

53 「這個語詞」指「思惟的形式與直觀的形式」，前者在康德是建立在十二範疇

的悟性概念，後者則是感性的直觀形式。在康德看來，這些是使對象經驗為可能的形式，經驗的可能性條件本身不是經驗的對象，而對胡塞爾來說，範疇與本質都是在直觀中的所與。

54 胡塞爾在此將內在意識的所與性的樣態，大分為「本然的與非本然的」、「單純的與綜合的」、「循序的與一次性的」、「絕對有效的與無限的上升的」。其中「本然的所與性」指「知覺的所與性」、「非本然的所與性」則是建立在知覺上的所與性，例如想像的所與性、回憶的所與性。一般來說，胡塞爾在思考上是以「知覺」為主，「本然的所與性」是「現實的」（例如：知覺），而「非本然的所與性」則是「非現實的」（例如：想像、回憶、期待等）。

55 胡塞爾將這個問題理解成「客觀的認識如何在主觀中被構成」，以下是對這個問題的說明。

56 胡塞爾表明「認識的現象學」是一切的認識論乃至學問論的基礎，它能夠給與所有的學問以形上學的評價。

57 這裡所談的兩個方面是指作為「思惟的認識活動」，以及作為「認識對象的客觀性」。前者是實質的、個別的內容，後者是構成的、普遍的內容。這形成了「顯現」與「顯現者」的差別。

58 胡塞爾的意思是說，在反省當中，我們很容易將「顯現」與「思惟（實質內在）」予以對象化為「顯現者（意向內在）」，這很容易造成混亂。

59 胡塞爾表明現象學是一門「本質的學問」，或者說是一門關於「自身所與」的本質的分析學，這些都是內在於明證性當中的分析。

60 「先前的演講」指 1906/07 冬季學期的講稿，標題為「邏輯與認識論導論」（*Einleitung in die Logik und Erkenntnistheorie*），這份講稿現收入《胡塞爾全集》第 24 卷。

61 胡塞爾在本「講稿」中，稱所有「自然態度下的學問」為「自然的學問」，它包括以實證的方式而成立的自然學問與人文學問。相對於此，所有出自「哲學態度下的學問」則是「哲學的學問」。這兩者的區分對胡塞爾來說是二分法的區別，已窮盡一切學問的區分。以下「自然的」一詞，全部都是意指「自然態度的」。

62 這裡的「直觀」（Anschauung）或「自然態度下的直觀」指「感性直觀」。相對來說，現象學的直觀是「純粹直觀」（包括範疇直觀），並不是單純

的感性的直觀。在這個講稿中，胡塞爾也使用了「Schauung」（直觀）與「Intuition」（直覺），三者的意義在本講稿中是一樣的，本書主要使用的語詞是 Schauung。胡塞爾這個時候在研究康德，試圖透過與康德的對比來陳述現象學的想法，這裡的「直觀與思想」的區分對應到康德的「感性與知性」的知識，以下分別描述「感性的認識」與「知性的認識」。

63 胡塞爾對自然的精神態度的描述，在自然的態度之下，我們自明地以「直觀」與「思惟」的方式來面對這個世界，這是典型的康德哲學的想法。

64 胡塞爾的文字「例如」以下，是對自然態度下的「直觀或知覺的認識」的描述。我們的知覺的經驗是以「此」（da）為中心，並且在空間與時間上延伸入未知與未定的世界當中。這裡胡塞爾順著康德式的說法，說明知覺並不局限於「此」，而是由此而關連著一整個世界。下一段開始對自然態度下的「思想的認識」的描述。

65 「這個世界」指「這個現實的世界」。

66 這裡所談的「類型化」，指是「自然態度下的普遍化」，即將個別的事例普遍化為一種「類概念」，自然態度認為我們是如此（例如透過推論）而獲得普遍性的。

67 以下說明沿著自然態度下的思惟，所必然遭遇到的困難並且其如何自我解決。這一段描述邏輯文法的矛盾。

68 這一段說明「自然的認識」在遭遇矛盾的時候所進行的「自我修正」與「調整」。

69 這一段說明「自然的認識的基礎」間的矛盾與解消的方式。

70 胡塞爾「自明的」（selbstverständlich）一詞表示一種沒有進行哲學反省的態度，這是典型的自然的態度的特性。

71 胡塞爾將自然態度下的學問區分「現實的學問」與「觀念的學問」。現實的學問處理「現實的存在」（das Reale）（包括自然學問、精神學問等）。觀念的學問則處理「觀念的存在」（das Ideale）（包括數學、邏輯等）。這兩類學問的區別，在《大觀念》第一卷第 7 節中，分別用「事實學問」（Tatsachenwissenschaften）與「本質學問」（Wesenswissenschaften）來表達（Hua III/1, S.20-22）。要注意的是胡塞爾區別開「現實存在」與「觀念存在」的判準在「時間性」。「現實的」並不是單單意指「外在世界的」，也包含

「心理的」，心理主義所研究的對象就是現實的存在。但是現實的存在並不等同於「內在時間的存在」，兩者在外延上等同，並不是同一的概念。在這個意義下，我們也可以說，觀念的存在是非時間性的，而現實的存在則是時間性的。

72 胡塞爾的意思是說自然態度下的困難與解決的方式，都是基於「自然的思惟態度的邏輯」而產生的。也就是說，自然的態度形成自然的實事與自然的邏輯，自行產生這些困難與解決之道，因而真正的問題在於「自然態度本身」，這是真正要被存而不論的對象。

73 這是說自然的思惟雖然也會思考認識的可能性問題，但是仍然是在自然的思惟態度之下，在這種思惟態度下的認識，仍然是一種「認識對象」（例如下面說到的「心理學的事實」）。也就是說，它並不真的能將「認識」作為「認識」來討論。以下以邏輯心理主義的看法為例來說明這個事情。

74 這裡是說明心理學的研究是將「認識」作為一種「認識對象（心理學的事實）」，從心理發生的角度來把握。在胡塞爾看來，任何實證的學問或自然態度下的學問皆無能力提出這個問題。

75 就「認識的本質」來說，認識是關連著對象性的認識，這一點作為「事實」是沒有問題的，自然態度也運行於其中，但是其「如何可能」才是問題所在。

76 這裡所說的「純粹邏輯學」、「規範的邏輯學」與「實用的邏輯學」是胡塞爾當時學界對邏輯學的討論，這些在胡塞爾看來都是自然態度下的思惟的產物。

77 自然態度下的認識的可能性問題在於：倘若我們將認識理解為一種主觀的心理體驗，並且將所認識的對象理解為一種「超離意識的客體」的話。那麼「認識的可能性」就需要加以解明。以下胡塞爾開始說明其困難。

78 這個謎是說，如果認識完全是在主觀的內部，它如何越出主觀的內部而與認識的客觀一致。這是源自笛卡兒哲學的謎。

79 就心理學來看，知覺只是我這個知覺者的體驗而已，它屬於我的主觀的活動，所有的意識活動都是主觀的，胡塞爾認為倘若我們沿著這個心理學的想法，就會類似柏克萊或休謨，將客觀的存在理解為主觀所設想的東西而成為相對論者或懷疑論者。

80 「孤獨的自我」是笛卡兒哲學在方法論上的出發點、心理學的解釋則是徹底化休謨的懷疑論的結果，這些都越出了徹底的經驗論而做了過多的要求，並不是

胡塞爾的主張。以下說明休謨的懷疑論是不徹底的懷疑論。

81 胡塞爾在這裡批評休謨的自我矛盾，休謨自己使用了「習性、人類的本性、感覺器官、刺激」這些語詞來反對超越者的存在，但是胡塞爾反問這些難道不是屬於「超越者」的領域嗎？也就是說，休謨的懷疑論本身就是在隱含預設了超越者的前提之下而提出的。

82 這裡是胡塞爾對邏輯心理主義的批評。邏輯心理主義試著從心理體驗來解釋邏輯，這讓邏輯成為一種現實的心理歷程或「現實的存在」，而這麼做，讓邏輯本身成為可懷疑的。這是因為在胡塞爾看來，邏輯與數學的對象是理念的（ideal），而心理學所處理的對象是現實的（real），兩者擁有不同的存在性格。

83 這是生物演化論與人類學的主張，這些理論認為真理與邏輯法則是生物演化的結果，或者是屬於人類種族的東西，也就是說，它是以人類的理性的存在為條件。胡塞爾認為這些解釋都同樣是混淆了現實的存在（後天的、事實的、個別的）與理念的存在（先天的、本質的、普遍的）的分別。

84 這是說如果我們從心理學主義或人類學的看法，將「邏輯」或「真理」理解為一種相對性的東西，這難道不會導至自我矛盾嗎？

85 胡塞爾的意思是說自然態度下的學問，在本質上是一門「精確的學問」，但是並不是一門「嚴格的學問」，它經不起懷疑論的批判。

86 現象學到這裡主要批判兩個立場，獨斷論（素樸實在論）以及懷疑論（相對主義），兩者都會形成認識論的謎。

87 形上學作為一個「戰場」的比喻，請參閱康德：《純粹理性批判》第二版「前言」部分（KrV, B. XIV-XV）。

88 這個「顛倒見解」就本講稿來說，就是將「認識」理解為「主體——客體」的對立的想法。對此現象學用「內在——超越」來取代傳統哲學「主體——客體」的二分法。

89 胡塞爾說明認識的批判學的消極任務：批判傳統哲學對認識的誤解，駁斥認識的懷疑論。下一段說明認識批判的積極任務。

90 認識批判的積極任務：解明認識的本質，釐清認識的體驗與意義、對象間的關係。

91 「Wesen」可以譯成「存在」、也可以譯成「本質」。由於胡塞爾嚴格說來，真

正關心的問題在「學問的認識」，而學問的認識都是關於「本質的認識」，因而「Wesen」一詞在本講稿中譯成「本質」。

92 「認識的切中的可能性」意指「認識的切中於對象的可能性」問題。

93 這是說在自然的態度中，各個自然的學問雖然能夠進行反省，但由於仍然內在於自然的態度當中，所以不可避免地會招致顛倒錯誤的看法。相對於此，一門認識的批判學能讓我們免於顛倒錯誤的看法，並且正確地且終極地解釋自然的學問的成果。

94 「這樣的反省」指「自然的反省」。

95 這裡的「認識論的反省」意謂著「現象學的反省」。透過現象學的反省才能夠創造出一個與自然的態度完全不同向度的「超越論的現象學的態度」。

96 在這裡可以看到胡塞爾對「形上學」的意義的理解。形上學意指一門「關於存在者的學問」，而這門學問的建立，需要一門「認識的批判學」為其預備學。

97 這是說現象學意圖成為一門形上學，而「認識的批判學」則是其首要與基礎的部分。

98 胡塞爾這裡所使用的「特殊的」（spezifisch）一詞的意義，是比較強義的，表示「種類上的不同（或可譯為「種別的」）」。也就是說，哲學的思惟態度與方法，與自然的思惟態度與方法，在種類或類別上是完全不同的，這是「超越論的現象學」所強調的一點。

99 這是自笛卡兒以來西方哲學的想法（斯賓諾莎、萊布尼茲也有共通的想法）：學問只有「一種」，方法也只有「一種」。在近代則主要是以數學或自然學問作為學問的典範。胡塞爾在這裡反對這種看法，而認為哲學與其他的學問不處於同一個層次、擁有獨自的方法。

100 「方法」與「實事」（論題的對象）是用來界定一門學問的兩個主要條件。換言之，哲學在這裡理解之下，是與其他的學問站在同一個向度上的學問，而這一點是超越論的現象學所反對的。

101 胡塞爾的意思是說，雖然反對以認識心理學或生物學來為所有學問奠基的人愈來愈多，但是這些反對意見也是基於自然態度而反對（例如，他們可能認為應該透過其他的實證學問來作為一切學問的基礎）。以下說明哲學與實證學問的完全不同。

102 胡塞爾在這裡強調哲學與其他學問不同（比如說「事實的學問」與「本質的學

問」），就算自然態度下的學問可以形成一個統一的方法，但這仍然不是哲學的方法。

103 這個結論是因為哲學與其他的學問根本屬於不同的向度的必然結果。

104 胡塞爾在這裡說明，自然態度下的學問的反省，必然會遭遇到「切中性的問題」而產生「懷疑論」的中間階段。

105 「是什麼」即是所謂的「本質」。

106 胡塞爾在這裡質疑所有的自然態度下的認識，並強調哲學運行在一個完全不同的向度，並且擁有完全不同的方法。

107 作為釐清認識的謎的第一步，胡塞爾認為必須將一切皆存而不論，甚至包含進行懷疑的人類自我本身。將懷疑的個人本身也置入懷疑，這是胡塞爾與笛卡兒的不同點。這引生出一個著名的問題，究竟是誰在進行存而不論？

108 在存而不論之後，胡塞爾要重新了解什麼叫做「對象性的認識」？什麼叫做「對象的切中性」？

109 「其要求」指「認識全般的要求」，認識全般的要求就是要求「認識體驗的切中於對象性」。

110 從這裡可以知道認識中的「在其自身的存在」是被存而不論的東西，而認識的批判學所尋找的「最先的認識」就是「絕對的所與」。這是存而不論之後的意識現象，它擁有無可懷疑的確然性，一切的問題都可以在絕對所與性中獲得回答，這也是胡塞爾現象學的範圍所在。

111 胡塞爾在這裡的「思惟」指的是「意識活動」或「思惟活動」，例如知覺、想像、期待、意志等等，然而胡塞爾的思惟仍然不同於笛卡兒的，它不是單純的精神活動，而是包含了本能、衝動等等通常屬於無意識的部分，但是這一部分的意義，在這份講稿中並不明顯。

112 在這裡胡塞爾跟隨著笛卡兒的思考，笛卡兒認為在「思惟」之外，還有作為思惟的出發點的「思惟的自我」或「思惟的實體」（*res cogitans* 或 *substantia cogitans*）的存在。相對來看，胡塞爾認為只有「思惟」具有不可懷疑的性質，而思惟就是最初的認識，也是現象學的絕對所與性。

113 笛卡兒的懷疑觀察法的目的，可以從其 1641 年的主要著作《第一哲學的沉思》（*Meditationes de prima philosophia*）的副標題：「論證神的存在以及人類靈魂與身體的區別」看出來，也就是說，證明神、心靈、物質的存在與區分是笛卡兒

的目的。相對來看，胡塞爾的目的在認識的批判學的建立，神、心靈、物質的存在皆要被存而不論。

114 「絕對所與性」或「絕對的自身所與」是指以「不可懷疑的方式而所與的」，這是胡塞爾現象學所追求的出發點。對胡塞爾來，其意義主要在意識中的所與。例如，當我知覺一張桌子的時候，這張桌子在知覺中所給出的「知覺相」就是絕對的所與物。

115 胡塞爾的意思是說，這些「模糊的意識」也可以在意識的內部「反省地」被把握，就這些模糊的意識作為一個在反省中的所與而言，它也是絕對的所與。

116 「現前化」（Vergegenwärtigung）是現象學的一個重要語詞，意指將一個不在當前的東西呼喚到當前（例如想像與回憶），其相對應的客觀面是「再現」（Repräsentation）或「再生」（Reproduktion）。其相關的概念是「當前化」（Gegenwärtigung），例如知覺就是一種當前化的意識活動，其相應的客觀面則是「呈現」（Präsent）。

117 胡塞爾想說的是，想像的所與也可以透過「現前化」，像知覺的所與那樣站立在我的面前，它也可以是「絕對的所與」。

118 這裡的「並列」的意思是指「置於同等的地位」，這是上一段的分析的結論。能被置於同等地位自然是因為現象學關心的是「本質」，本質研究與所研究的東西是不是「現實存在」（或可譯為「現存」）無關，例如飛天馬、獨角獸也具有本質，但不是現實存在。

119 「這個在此」（Dies-da）這個用法源自亞里斯多德的 τόδε τί，它屬於實體範疇，可以意指這個實體（例如這個個別物）或這個實體的形式（例如這個個別物的本質或個別性）。就上下文來看，胡塞爾主要取其後者，也就是所體驗到個別物的本質，它是直觀之所對。在胡塞爾看來個別物都是其所屬類型的個別物（具有個別性或獨特性（Eigenart）的存在）。

120 這個問題在亞里斯多德來看，其他的不同的範疇都是建立在實體範疇之上的，或者說都必須關連到、或依賴實體範疇才能取得其存在。

121 胡塞爾的意思是說，構成本身是一種直觀，因為對象是在直觀中被完成或實現的，也就是說，在知覺中的「這個在此」是被直觀所構成的，問題在我們如何直觀（理解）這種直觀，這裡可以看出胡塞爾與亞里斯多德的不同在於，胡塞爾認為直觀是構成性的，也就是說，「這個在此」是在意識中的自我構成自身

　　的存在。

122 這是胡塞爾對「這個在此」的說明。「這個在此」是作為「本質的類型」的一
　　個實例而在此，透過本質直觀我如何可以在個別的實例上來直觀其本質。

123 「這個在此」是通常所謂的「超越的東西」。胡塞爾的意思是說，藉由這個超
　　越的東西或本質，我們可以了解對這個超越的東西的種種不同的體驗的意義。

124 「任何所與的特殊的（spezifisch）思想形態」例如知覺全般、想像全般與回憶
　　全般等等。胡塞爾的 spezifisch 一詞指的是一個「特殊的種類」，類似於德文的
　　Spezies（種類）或也可譯為「種別的」。

125 「不需要作為顯態的當前物」意指不需要是「顯態的」（aktuelll）或「知覺
　　的」存在，例如想像、回憶的存在等。胡塞爾在此說明現象學並沒有限制在現
　　實存在（知覺）的領域，關於「當前（知覺）」（Gegenwärtigen）與「現前
　　（知覺的樣態）」（Vergegenwärtigen）的討論，請參閱「第五講稿」的注解。

126 「以空虛的方式意指著」的對反的概念是「以充實的方式直觀著」。空虛的意
　　指與直觀的充實是胡塞爾「意向性」的一組基本概念。請參閱胡塞爾於《邏輯
　　研究》「第六研究」中的討論。

127 這裡的意思是說現象學作為一門認識論，不外就是要釐清認識的本質。而「讓
　　這些東西（認識的本質）成為直接的自身所與性」就是「將這些東西帶向直
　　觀」或者「直接地直觀這些東西」。

128 「前學問的認識」意指「自然態度下的認識」，相對於作為「學問的」現象
　　學，其他的一切自然態度下的「學問」或「非學問」都是「前學問的」。

129 胡塞爾提出來的一個自我駁難：倘若沒有任何的所與的認識作為出發點，那麼
　　認識根本不能開始，這樣的學問的想法也根本不能成立。

130 這是說明認識的批判學的認識，不是衍生的或導出的間接認識，而必須是直接
　　的認識，是實事在直觀中給出自身的認識。

131 胡塞爾在這裡表明，現象學的全部領域就是「絕對所與」或「內在全般」的領
　　域。純粹現象、體驗、意識體驗、純粹自我、先驗主觀性、內在意識、絕對所
　　與性、思惟、明證性等等這些語詞，依文脈的不同或許有些許的差異，但原則
　　上來看，都是現象學的研究領域的表示。這裡的「內在全般」是指「廣義下的
　　內在」，包括了「實質內容」與「意向內容」。

132 胡塞爾說明「存而不論」並不是「否定」所有的認識，而是認為認識包含著問

題，因而讓有問題的認識先失去有效性而不去使用它。

133 這句話意思是說，這樣所有的認識都會被包含在一種不確定性當中。

134 胡塞爾說明「認識的批判學」的領域就是「思惟」的領域，但是「思惟」的意義還需要進一步地展開，可以稱此為「廣義的思惟」（包括意向內容與實質內容的思惟）。

135 「在〔認識活動中〕實質地包含的東西」意指在意識的體驗中，以實質的方式而體驗到的思惟，例如知覺、期待等意識的作用，這些都是在意識中的存在，胡塞爾用「實質的」（reell）一詞來表示，實質的存在是屬於各個主觀存在的。這種主觀的存在並不是客觀的現實，對於客觀的現實，胡塞爾用「現實的」（real）一詞來指稱。

136 這裡的意思是說，我們在意識的體驗中確實可以體驗到「現實存在」（比如說桌子、椅子），但是「現實的存在」並「不是意識的實質的內容」。如果我們只接受「實質的所與」為「內在的所與」的話（例如心理主義），那麼就會有「體驗如何越出體驗自身」的問題，因為它只接受「實質內在」是「內在」。在這個意義下，任何「非實質的東西」東西都是「超越」。

137 這是第一組「內在——超越」的區分。然而對現象學而言，有意義的「超越」是一種可以在「體驗」中發現的「非實質的超越」，例如認識的「對象」與「意義」所擁有的超越性。這是因為在現象學看來，任何的實質內容（例如：「紅色」）都是某個超越的意義或對象的實質內容（「衣服的紅」、「蘋果的紅」）。下一段開始第二組「內在——超越」。

138 這一段文字是對「第二種內在」的說明，而接下來的「這種所與存在」指「絕對意義下的自身所與性」，胡塞爾進一步地用「直接的明證性」來闡釋它。

139 這是說「直接的明證性」是一種「直觀的把握」（相對於「意指的」），是對存在的「斯有（如其自身）」或「本質」的「直觀」。「明證性」是第二層意義下「內在」。

140 從這裡可以知道，第二種內在性是「直觀的明證性」。相對應的所有不具明證性的、越出直觀的東西則是「超越」。

141 第二種超越其實是設定了一個「超越直觀（明證性）的東西」，「認識」設定了一個沒有辦法在直觀中直接地直觀到的東西，它超越了明證的所與性。

142 胡塞爾的意思是說，如果我們懷疑第一層超越（實質的超越性），那麼自然就

會懷疑第二層超越（明證的所與性的超越），這第二個問題已經包含在第一個問題當中，因為他（例如心理主義者）只接受實質的內在性。

143 這裡的「非實質地」包含於認識的活動中東西或「超越的東西」，例如本質、普遍者、類型、意向對象等等。

144 胡塞爾意思是說，我們可以暫時地將「認識的批判學的課題」界定為對「超越性的認識的如何可能」的問題。

145 前者是「如何可能」的問題，後者是「事實」問題。雖然在「第一講稿」胡塞爾並沒有質疑自然態度下的認識的「事實問題」，但是胡塞爾真正的意思毋寧在於，就現象學來看，倘若「如何可能」的問題不能回答，「事實的問題」一樣不能解決。

146 「自然的、進行超越者的客觀化的學問全般」意指「自然態度下的學問」，這是在現象學的反省之前的素樸的態度。

147 「從事實到如何可能（vom Daß auf das Wie）」表示從「是什麼」的「存在的事實」的問題，轉移到「如何可能」的「可能性」問題。胡塞爾的意思是說，就算我們接受自然態度下的學問是一個「事實」，但是它的「如何可能」仍然是個問題。

148 胡塞爾的意思是說，對自然態度而言，認識的「超越性」是一種在事實上的「已知」，但是卻不知其如何可能，因為無法直觀到它。接下來說明原因。

149 這是說自然的態度一方面預設「認識的客觀（超越者）」與「認識」是完全不同的存在，「認識的客觀作為超越者」不能成為意識的所與，但是另一方面又認為，「認識」必須切中於這種「作為超越者的客觀」。如果理解是「直觀」的話，那麼在這種自然態度的預設之下，根本無法理解認識的可能性，這是自然態度所遭遇到的謎。

150 這裡可以看到現象學對超越問題的回答：如果認識是「直觀」到這個「內在與超越的關係」，那麼唯一的可能性就是將「超越」還原到「內在」的領域來直觀，也就是還原為一種「內在的超越」。以胡塞爾來說，就是將自然態度下的「意義與對象」還原為「意向內容」（廣義下的內在性）。

151 這是說倘若我們保留在自然態度之下，並且徹底化這個問題，那麼必然會重踏休謨的腳步，用心理學的方式來解釋這種包含在認識中的構作。

152 胡塞爾的意思是說「音樂」並不單單只是聲音或音符的集合，單單擁有聲音的

知識，並不意謂著了解音樂。

153 這是說直觀並不是論證或推演出來的東西，反而論證或推演是建立在直觀之上的。

154 「μετάβασις εἰς ἄλλο γένος」字面上的意義是「跳入另一個領域」或「轉移到另一個類概念（類的改變）」，它的意思是說「意義在無意間有了轉換」。比如說，同樣的概念在不同的範疇領域中有不同的意義，而範疇在無意中的改變，可能造成所談論的東西不再是原來的東西，而有誤推的產生。胡塞爾在《邏輯研究》中也有類似的使用。在這裡「思想的踰越」意指「在思想上混同了不同的領域」。

155 胡塞爾說明現象學與休謨的哲學的差異，現象學不預設超越者的存在，而是要透過「還原」回到體驗的內部，透過直觀來回答這個在認識中的超越者的問題。

156 這是因為在現象學的還原之下，超越者的現實性被存而不論，只有「思惟」是絕對所與，思惟雖然是「內在」，但是卻指向「超越」。

157 胡塞爾在這裡表明，認識的批判學至今所能利用的領域唯有「思惟」。以下說明現象學的思惟領域，並不等同於笛卡兒的思惟領域。

158 這是因為現象學的思惟並不預設笛卡兒式的超越者的存在。

159 「這些存在」指的是「思惟的存在」或「認識現象的存在」，認識現象作為思惟的存在是認識論的前提。

160 胡塞爾的意思是說，如果我們不認為有「認識現象」的存在，那麼認識如何認識超越者，這個問題也會變成無意義的。認識作為思惟是確然的絕對所與。

161 「純粹現象」是指「在現象學還原後的現象」，這是現象學的絕對所與的領域。

162 這是說作為「純粹現象的對象」並不是超離於意識的東西，而是作為一個「純粹直觀的事實」而所與的。

163 胡塞爾的意思是說「思惟的存在」是明證性的，但是「我作為思惟的存在者」則不是明證性的，兩者不應混同。

164 現象學的「純粹現象」是「思惟存在」或「純粹意識」的領域，心理學的現象例如以下所說明的「體驗的人格或心靈的存在」，它是我們在判斷、感覺、體驗等等的「自我」，這個「心理學的自我」是心理學的預設。

165 胡塞爾的「人格」在這裡意指「個人」。

166 就胡塞爾的哲學來說，感覺內容屬於意識體驗的實質內容，因而本身並不具有客觀的性質，感覺是透過意識的「把握」（Auffassung）而呈現出對象的性質，因此而形成「對象的知覺」，換句話說，知覺是由意識對感覺內容予以活化（beseelen）而產生，這就是下面所說的「把握」。這一部分在胡塞爾《邏輯研究》的「第五研究」中有詳細的討論。

167 這是說個人的體驗被置入一個客觀的時間中，受到這個時間的關係的秩序化（例如之前、之後⋯⋯）。

168 這裡的「超越」指的是自然態度下的「超越」。胡塞爾先前使用的「認識論的還原」在之後都更改為「現象學的還原」。現象學的還原將一切都還原到「純粹現象」，而「純粹現象」就是沒有自然態度下的超越的「絕對所與性」。

169 這裡是說明在現象學的還原之下，原先作為心理學的預設的存在，現在被存而不論而成為「現象」。在這裡「能知覺」與「所知覺」都是一種內在體驗的現象，其意義都是被構成的。

170 這是胡塞爾的自我反駁，說明將「知覺」還原為「能知覺」與「所知覺」的想法，似乎也可以在自然的態度下獲得，但是這不是現象學的「純粹現象」。

171 胡塞爾認為要獲得「純粹的現象」，我們還要進行更為徹底的還原，將心理學的自我、世界與時間皆置入懷疑。

172 這一段說明「心理學的體驗」與「現象學的體驗」的平行性，差別在於現象學處理「純粹的」現象，心理學處理「現實的」心理現象。

173 正當的（berechtigen）指「擁有合理的基礎」。

174 在這裡所出現「實在性」（Wirklichkeit）都是指心理學意義下所理解的「實在性」，用胡塞爾的措詞來看，它們皆包含著存在的設定的「現實存在」（das Reale）。然而現象學所要研究的體驗，與這個體驗是不是包含著這樣存在的設定沒有關係。也就是說，現象學所關心的是以認識的體驗為基礎的本質直觀，與這個體驗所指向的超越是不是現實存在（或一般所說的「被體驗的東西是不是實在」）、「合不合理」無關。比如說，不正常的知覺（例如海市蜃樓的幻覺）、不可能的思惟（例如「圓的三角形」）等等。問題不在知覺的正常與否、也不在合理與不合理，而在是不是絕對所與性。

175 胡塞爾說明「意識意向地關連著客觀性」是內在於絕對所與性中的關連性，這

　　與所關連的存在，是不是在現實上存在並沒有關係。

176 這是說當我們認識到「能思與所思的相關性」是一種「絕對的所與性」的時候，我們就已經停靠在現象學的岸邊了。

177 胡塞爾在這裡說明，在現象學的還原之下一切都沒有變，但是存在的意義改變了，存在成為純粹現象的存在，是在「純粹內在的觀看中」所觀看到的現象。

178 關於「這個在此」請參閱本書 Hua II, S.31 的注解。胡塞爾的意思是說，就現象學來看，亞里斯多德的「這個在此」其實是個「純粹現象」，並不是越出純粹現象所意指的超越物。

179 這是說明即使我所擁有的是可疑的思惟樣態，而這些可疑的思惟就其作為思惟而言，本身是確然的，例如所懷疑者、所想像者可能是可疑的，但是懷疑——所懷疑、想像——所想像作為思惟本身則是確然的。

180 「它的」這裡是指「認識」。

181 「它」意指「在認識的現象中被設定的超越者」。

182 胡塞爾認為內在於「純粹現象」本身，仍然包含著一種指向超越者的關係，只是這個指向超越者的關係，並不是先行的所與，而是要內在於現象學的「純粹現象」來理解。

183 這裡的「其」應是指「越出自身的指涉」。

184 胡塞爾的意思其實是說，我們所提出來的問題只能在「絕對所與的思惟的領域」來進行研究，沒有別的可能的，因為這是現象學之為現象學的地方。

185 胡塞爾的「活動」（Akt）一詞指的是「意識活動」。意識活動是實質內容，而在「活動中多於的東西」指的是多於實質內容的「意義或對象的有效性」。意識活動都是單一的、單稱的、個別的與內在的，然而在這個單一而內在的活動中，又包含著「多於」活動的東西。這個東西是在活動中的「內在超越者」。

186 這裡說明這個「客觀或普遍有效性」並不是「實質內容」，就活動來說，它是超越活動的。

187 「在這裡」意指「在現象學的想法裡面」。對胡塞爾來說，任何的回答，都必須是內在於「純粹現象」的回答，即使是超越也是內在於純粹現象的超越，這是現象學所自我設定的領域。

188 「一條永恆的**赫拉克里特斯的現象流**」直譯為「一條由種種現象所滙流而成的永恆的赫拉克里特斯河流」（ein ewiger ***Heraklitischer Fluß*** von Phänomenen）。

赫拉克里特斯（Ἡράκλειτος, ca. 535-475 BC）是古希臘先蘇時期哲學家。萬物流轉（πάντα ῥεῖ）是其基本主張之一，認為一切現象皆如瀑流般流轉。在這條赫拉克里特斯的現象流當中，並無任何常住之物存在，因而我們不可能在同一條河流中涉水兩次，因為第二次涉水的時候已經不是同一條河流。意識是一條赫拉克里特斯的現象流的說法，是胡塞爾從聽眾立場對自己的一個反問，並不是胡塞爾的主張。

189 對胡塞爾來說，「言表」是以判斷的方式來表現知覺中的所與物，其意義相當於「給出陳述」（prädizieren）。現在倘若意識流是念念生滅的赫拉克里特斯現象流，沒有任何常住或同一之物的話，我們根本無法經驗到對象，也無法給出任何的言表。

190 陳述或言表是可能的，表示意識不是赫拉克里特斯的現象流。

191 這個說法是順著主張意識是「赫拉克里特斯的現象流」的人的想法所提出來的一個反問，並不是胡塞爾的主張。

192 「更高尊嚴的客觀性」與「更高的完滿的客觀性」應都是指「價值」（例如新康德學派的西南學派的主張），這也是胡塞爾沿著聽眾的角度所提出的質疑（當時的聽講者，可能大部分都是康德學派的學者，下一段文字也可以部分支持這個說法），並不是胡塞爾的主張。

193 就康德哲學來說，「經驗判斷」是客觀的，而「知覺判斷」則是主觀的。例如「我覺得這顆石頭是熱的」是「知覺判斷」，而「石頭是熱的」則是「經驗判斷」，這是因為經驗判斷是針對客觀所給出的概念。康德說「知覺判斷純然是主觀的，——基於知覺而建立的客觀的判斷則是經驗判斷」（Ein Wahrnehmungsurteil ist bolß subjektiv, ein objektives Urteil aus Wahrnehmungen ist ein Erfahrungsurteil.）出自康德《邏輯學》，收於學院版《康德全集》（Akademie-Ausgabe），第九卷第 40 節，頁 113。

194 胡塞爾對康德哲學的幾個批評：「缺乏現象學還原」、「不能完全擺脫心理學主義與人類學主義」，也就是說，仍然停留在「自然態度」當中。

195 對胡塞爾所謂的「客觀性」並不是建立在脫離意識的超越者，而是透過「本質直觀」在意識的內在領域所「觀看」到的統一性，因為觀看到所以不帶有神祕的意義。

196 胡塞爾談過很多種「還原」，各有不同的重點。這裡可以看到現象學的「認識

論的還原」的定義，它是對認識中的「超越者的領域」的排除。接下來談到，這樣會不會形成一種循環論證。

197 這是說要回答認識的超越的如何可能，我們不能先設定超越者的存在來回答之，這會陷入循環論證，而現象學的存而不論正可以避免這種循環論證的發生。

198 胡塞爾表明破解上一段的「循環論證」的關鍵在於胡塞爾對「超越與內在」的區分，也就是說，真正的超越是在現象學意義下的內在超越，胡塞爾的說明在下一段。

199 笛卡兒的「神的真誠（或可譯為「神的誠實」）」（*veracitas dei*）的意思是說，神是真誠而可信賴的，祂不會欺騙我們。由於我們的理智的直觀是來自於神，所以也同樣不會欺騙我們，神是我們的認識的來源。

200 胡塞爾表明只接受笛卡兒「普遍懷疑的方法」與「清晰與明辨的知覺」的概念，但是仍然要適當地予以改變（比如說改為現象學的「存而不論」與「明證性」），至於笛卡兒哲學的內容（例如，神的存在、誠實無欺的論證等等），則要採取批判與懷疑的態度。

201 這裡的意思是說，由外部知覺所給出的事物，要求作為超越者而存在。但是，這並不是絕對的所與，對胡塞爾來說，唯有還原後的內在意識或純粹意識的超越性才是絕對的所與。

202 胡塞爾的意思是說，對於一個直觀的所與，懷疑它的超越的意指是可能的，但是懷疑其內在所與則是不合理的。

203 比如說在意指與相信的活動中，它所意指的東西，如果是內在的則是絕對的所與，如果是建立在超越者之上的則是可懷疑的，對認識的批判論來說是無用的，我們不能藉由這種超越者來確認「絕對所與」（內在）。現象學的態度毋寧是由「內在」來確認「超越」，超越在這個意義下都是「內在中的超越」。

204 「這種所與」（dieses Gegebene）指「作為內在所與的意指與相信」這是不可疑的、內在的。而「所意指者」（das Gemeinte）指意指或相信所指涉的某種越出意識內在的東西，它是一種脫離意識的超越者，這種超越者是可懷疑的。

205 胡塞爾以反問的方式，說明我們在直觀中獲得絕對的（不可懷疑的）所與性，不會只有個別的與單稱的，不是「只是直觀地設定這個在此」而已，在直觀中有普遍的、本質的所與性。這種普遍性是存在的。

206 在這裡胡塞爾在動詞上分別使用「完成式」與「過去式」，表示那些我們至今所進行過的、曾經為笛卡兒所認可的絕對清晰性，由於這種清晰性是建立在笛卡兒式的獨我論之上的清晰性，在現象學的思考下將失去有效性。換言之，笛卡兒所曾經以為的明證性，對胡塞爾來說並不是真正的明證性。

207 這一段文字是對笛卡兒的批評。笛卡兒的主觀是獨我式的，因而「不能魯莽地說出一個普遍的語句」，但是在現象學的超越論的自我是可以這麼主張的，因為超越論的主觀並不是獨我式的。

208 這是連著上一段的陳述：現象學的絕對所與並不只是單稱的與個別的，還有普遍的。

209 這「另一種絕對的所與性」就是「本質的（普遍的）所與性」。

210 胡塞爾的意思是說當我們命題化一個知覺的相為經驗判斷的時候，這個知覺的相取得一個邏輯形式（例如：「桌子是咖啡色的」或「一張桌子」），隨著語言的邏輯形式的介入，我們已經越出思惟（實質內容）的範圍。胡塞爾這裡談的是「範疇直觀」，判斷的形成需要範疇的介入。

211 胡塞爾在這裡說，在陳述或進行判斷（形成擁有邏輯形式的命題）的時候，已然有某種超出的東西出現了，它越出了個別與單稱的意識，這個東西並不是額外添加的，而是直觀的結果。

212 這裡說明現象學的「現象」，不只是單稱與個別的，它也包含著普遍的、全般的所與性，而認識到這一點是很重要的，因為現象學自我設定的課題就是對這些內在意識中的「本質」進行「分析」與「研究」。

213 胡塞爾這裡的「可能性」指的都是「如何可能性」。

214 這裡胡塞爾所用的「本質」（Wesen）與「本質性事物」（Essenzen）兩者在意義並無差別。

215 這是對第一種「先天性」的說明。原初先天性是現象學在內在意識中所觀取到的本質的「絕對所與性」，比如說事物的知覺所必然帶有的「形狀」、「數量」與「顏色」等等「意義」，這些先天性並不是如康德學派所了解是由思惟所添加，而是在知覺中的直接所與。先天性的意義必須從現象學的「絕對所與」來理解。

216 「另外一種先天性」即「第二種先天性」，這是從第一種先天性所導衍出來的先天性，例如康德或新康德學派所理解的先天性（例如：時間、空間、量、

質、關係、樣態等）。

217 胡塞爾說明現象學的先天性比康德與新康德學派所把握到的感性、悟性的先天性來得更為根源，因為在事物的知覺中，一定包含著範疇這種先天性的意義。

218 這是說現象學所追求的先天性，是在內在意識中所「直觀」到的「類」概念、及其所形成的「事態」，比如說：顏色、形狀、大小等等，而康德的範疇則是建立在這些直觀的範疇之上的。

219 在「理性的批判論下」或「第二個意義下」的先天性，指的都是「衍生意義」下的先天性。

220 這裡的重點在意向對象有種種不同的「類型」，有各自不同的本質需要現象學地展示。

221 胡塞爾在這一段強調現象學是一門建立在直觀上「本質的學問」，現象學的「現象」不是只有「實質的內容」，也包含著種種不同的「意向內容」或「意向對象」。對於這些不同的意向對象，我們可以建立起不同的本質學。

222 這裡說明現象學的「絕對所與」不只包含「實質內在」，還包含「意向內在」。任何的意向體驗皆包含著意向對象。例如我們體驗不到純然的紅色，在直觀的意識體驗中，我們所擁有一直都是「蘋果的紅」、「衣服的紅」。這裡的「蘋果」與「衣服」都是意向對象或意向內在，是絕對的所與性。

223 在這裡「不屬於」體驗或思惟意指「不是實質地屬於」這個意識體驗本身，但是它仍然以意向（構成）的方式屬於體驗本身。

224 認識的體驗包含著意向對象，而意向對象並不是實質地所與，而是意向地所與。這裡的「作為一種思惟」指的是意識的「實質內容」。

225 「雙面性」意指認識的「體驗（實質內在）」與認識的「對象（意向內在）」的雙面性，任何的認識的體驗都帶有這雙面性，這個雙面性就是認識的本質。

226 「完備性」（Adäquation, adäquat）或「絕對的明證性」，其相反詞是「不完備的」（inadäquat）。不完備的明證是「部分的」（partiell）明證，一個完備的明證性是在意識的活動中完全地直觀到對象，而沒有空虛的意指的部分。在早期的胡塞爾（例如《邏輯研究》時期）認為只有內部知覺是完備的，外部知覺則是不完備的。

227 「單稱的」（singulär）也可以譯為「個別的」，意指在意識中各個個別的生滅現象。相對來看，胡塞爾現象學所關心的其實是意識中的普遍現象。

228 胡塞爾現象學要論定的對象是個別的事實所屬的「類型」、「種類」或「本質」。將這個個別體驗歸屬於一個「類型」或「類」的普遍性的時候，才能有「意義」、「對象」乃至於「判斷」產生。比如說「這是一枝筆」。

229 這裡的「類型的所與性」指的是「本質的所與性」。

230 這裡的「認識」意指「作為思惟的認識活動」，它是意識的實質內在。

231 在無數的可能的認識（實質內在）中保持同一者（意向內在），即是我們通常所謂的「對象的意義」或胡塞爾在此所謂的「普遍者」。

232 胡塞爾在此說明，我們不能忽視在「內在意識」中仍然包含著「普遍者」的事實，這是一個體驗的事實。

233 從這裡可以知道，思惟的「絕對所與性」包含了「實質內容（內在的）」或「意向內容（內在超越的）」。

234 在這裡「普遍者的所與性」是重點，它並不是「實質的內在」，而是「意向內在」，它是在認識中的具有超越性格的東西。

235 這是說當我們切除了紅色作為超越者的存在（因為這是一種預設）之後，我們仍然體驗到一種紅色，這種被我們所體驗到的紅色是一種「意義」或「類概念」，而這種在內在中體驗到的超越，其實是意識的「實現」、「完成」或者「構成」。這個事情發生在知覺中，因而可以說知覺本身就是一種構成意識、意向意識。

236 胡塞爾這裡說明這個「普遍者」或「全般者」是我們「在直觀中直接地體驗到的事實」，它並不是思惟的添加，而是直觀地體驗到的事實。

237 胡塞爾的意思是說，這就是「直觀」的意義，即使是「無限理智的直觀」也是如此。

238 這裡胡塞爾想要說明的是：「類似性」的判斷也是在直觀中的所與。在所說的體驗中，我們體驗到、直觀到「類似性（相似性）」，而這個「類似性的直觀」屬於「類的直觀」、「意義的直觀」，它並不屬於意向體驗中的實質所與，但卻是在意識中的絕對所與。

239 說明現象學的直觀並不是心理學的直觀，現象學的直觀是關於全般者的直觀。

240 胡塞爾在措詞上，「意義」、「種概念（類型）」、「相似性（範疇直觀）」、「普遍者（全般者）」都屬於現象學的「本質直觀」的領域。

241 「相應的例示的現象在眼前所與」的意思是說「我們能夠直接地直觀到相應的

例示的現象」，或者說「紅色的類概念以一個實例具體地呈現於眼前」。

242 到這裡是說明在認識中，不僅「種類概念」而且「種類的例示」都是絕對的所
　　與。

243 胡塞爾在這裡說明「認識」不是那麼單純，認識的種類很多，而且它們之間還
　　相互關連在一起，以奠基與被奠基的關係形成一個目的論的關係脈絡。胡塞爾
　　在這裡將現象學的課題，設定為「認識的全般性構造」，特別是要釐清認識間
　　「目的論的關係脈絡」。

244 這是說學問有很多領域，而要保持其客觀性的話，需要一些基礎性的研究來解
　　明基本的原理。這些基礎的研究仍然保留在本質分析的領域，而這個本質的領
　　域要現象學的還原之下來進行，並且要從還原後的單稱（個別）現象出發來予
　　以解明。

245 請參閱本書 Hua I, S.17 關於「直觀」的譯注。

246 胡塞爾說明現象學是一門在純粹直觀中關於「先天性」的或「本質」的研究。

247 胡塞爾表明「理性的批判學」是一切學問的根本。

248 這是胡塞爾在本書中對「明證性」的定義，明證性意識是充分地把握到自身所
　　與性的意識。以下批判明證性的情感學說（例如英國古典經驗主義的休謨）。

249 這是胡塞爾所要批評的經驗論的情感說，這個學說認為「明證」與「不明證」
　　的差別在於某種特殊的「情感」。換言之，這個學說隱含著一種想法：相對於
　　思想的判斷，情感或價值是擁有優位的。

250 說明同一個數字四的概念，可以是直觀的明證（充實的意向），也可以是沒有
　　明證性的、空虛的符號表象。這裡胡塞爾所要對比的是「直觀的所與」與「符
　　號的所與」，符號的所與是欠缺直觀的意義充實的所與。

251 這是胡塞爾所批評的「明證的情感說」的說法：認為所謂的「具明證性的判
　　斷」，不外只是一種「具優位的價值情感」而已。

252 胡塞爾意思是說這並不是「同一個現象（例如：2 x 2 = 4）」在「兩種不同的情
　　況下」出現兩次，而是兩個在本質上就不同的現象，是兩種不同的所與性（例
　　如「直觀的所與」與「空虛的所與」的差別）。而在我已經直觀這個現象的時
　　候，我也可以以空虛地（符號地、以直觀的缺如的方式）說出，符號的意指是
　　建立在直觀的所與之上。

253 符號是透過一個記號（Zeichen）而象徵地（間接地）表象一個東西，而直觀則

是直接地觀看對象。「空虛的意向」是表示直觀的充實的欠缺。相關的討論請
參閱胡塞爾《邏輯研究》的「第六研究」。

254 「由上而下地談論與建構」指的是例如「只是以推理的方式來思想它」，在這
個時候是沒有直觀的保證的，就現象學來看，這樣所獲得（所建構出來）的結
構是空虛的。

255 就情感論而言，這是同一現象，但擁有不同的情感。然而就現象學來看，這兩
種在本質上不同的現象。

256 這是說雖然是不同的所與性（現象），但是卻可以透過「意義」而認識到是同
一物的不同所與。我們需要「同一」才能認識到「差異」，而這個「同一」正
是懷疑論者所懷疑的對象，現象學則是透過內在意識的構成予以回答。

257 胡塞爾的意義是說，現象本身就有差異性了（這樣的「差異」其實也是所與
的），不需要再透過情感來說明這個差異。

258 在這裡胡塞爾舉出幾個在思惟中的「普遍者」的例子，比如說，意義、差異
性、數字、數學等式，這些都是在意識中的所與，而其間的差別在於明證性的
不同。

259 這是說「情感的明證性」必須建立在「純粹直觀的明證性」之上。然而我們卻
期待用情感來證明明證性，這是自相矛盾的。

260 意思是說這些「普遍的對象性」與「普遍的事態」（例如上述的 $2 \times 2 = 4$，在胡
塞爾看來，判斷都是關連著事態的，事態是事物與事物之間的關係），也與思
惟一樣是無可懷疑的所與，而這些普遍性的事物正是懷疑論者所懷疑的存在。

261 這裡的「思惟」指的是狹義下的「思惟」，即意識的實質內容。

262 胡塞爾說明現象學的範圍就限制在「純粹明證性」的範圍。在胡塞爾的措詞
中，「純粹自身所與性」、「絕對所與性」、「明證的所與性」、「純粹明證
性」與「無可懷疑的所與性」等等在原則上都意指著現象學的本質研究的領
域。

263 胡塞爾在這裡談到對於同一個紅色現象，但是可以有四種不同的所與。首先是
「知覺的所與」；其次是在沒有直觀的情況下的「符號的所與」；再其次是
「談論關於紅色的直觀」，這是對紅色的知覺的陳述（或許可以稱為「範疇所
與」）；最後是「對紅色的直觀本身的直觀」（意思是指「對紅色的本質直
觀」），這是紅色的本質的所與。

264 這是胡塞爾所批評的懷疑論者的看法，懷疑論否定了自身所與性，不僅要宣告一切都是假象，也無法看清種種所與的不同。

265 說明懷疑論者因為直觀不到根據、也不想要直觀到根據，所以根本不知要從何開始。「懷疑論的懷疑」與「現象學的存而不論」差別在於，懷疑論者觀看不到任何的根據，而現象學在存而不論後直觀到了作為根據的絕對所與性，這是現象學的論域。

266 胡塞爾說明「絕對所與性」並不是只有「實質內在性」而已，它不只是個別的，也包括普遍性的存在。

267 「這個領域」意指「這個實質的內在領域」。現象學的本質研究的對象，並不限定在實質內在的領域，也包括「構成的內在」。換言之，現象學雖然以絕對所與為研究領域，但絕對所與的領域並不限於實質內在。

268 這一段應是對心理學主義的批評。「以這樣方式來開始」指的應是只內在於意識的「實質內容」來開始。

269 胡塞爾表明現象學所關心的「直觀」不是「知性的直觀」而是「理性的直觀」，理性的機能在直觀，知性的機能在思考、推論。在胡塞爾看來，理性才是最高的認識機能。

270 這是因為知性可能會開出不能兌現的空頭支票，只依賴於知性可能會有誤推，如同康德的「形上學的鴿子」，請參閱「譯注者導讀」。

271 胡塞爾在這裡將「現象學的直觀」比擬於神秘學者的「智性直觀」。

272 胡塞爾表明「現象學的直觀」並不是建立在人們所謂的「內在知覺」之上，內在知覺頂多只是一種所與而已。

273 這裡的「前者」應是指「上述所說的所與性」。

274 胡塞爾這裡的「不存在的東西」的「所與性」指的是「不是現實存在的東西」（例如：超感覺的東西、邏輯與數學的對象等等），胡塞爾認為這些東西也擁有一種獨特的「所與性」。

275 胡塞爾說明「明證的所與性」除了「思惟」（實質內在）之外，還包含著「普遍者」（意向內在），這是我們至今的結論。

276 「顏色全般（Frabe überhaupt）」意指「顏色這個類型」，在胡塞爾看來這是可以在知覺中把握得到的存在。

277 胡塞爾將記憶區分為「滯留意向」與「想起（回憶）」（Wiedererinnerung），

「滯留意向」或「原初記憶」是包含在當下知覺中的過去的滯留，意謂著剛剛過去的東西，仍然滯留於當下，或者說是仍然被現在所牢牢地「把持住」（festhalten）的過去，滯留意向是當下知覺的一個環節或相位（Phase）。

278 這是說我們可以將先前的體驗變成被體驗的體驗，例如我在知覺的同時，也可以將知覺作為「被知覺的知覺」而知覺。例如聆聽一個單調而持續的聲符，這個流逝的聲音仍然在原初記憶中滯留地把持為現在當中，如此而構成一個持續的聲音（佔據一個客觀的時間點的聲音）。在這裡，這個持續的聲音是在內在時間意識中的構成。

279 這是將原來對單調持續的聲音的構成的解釋，擴張到音符變化的旋律。也就是說，在這裡我們確實把握到了一個旋律，然而持續的音調或旋律並不是實質的內在，而是在內在意識被構成的一個明證的對象。

280 這個「過去的軌跡」是在「滯留意向」中以明證的方式而被我們知覺著。在現象學看來，知覺體驗都是「現在」的體驗，然而現在並不是一個點，而是在其中包含著「滯留意向」（Retention）與「前瞻意向」（Protention），擁有以滯留與前瞻的方式把持著過去與未來的時間的構造。

281 胡塞爾說不論是持續的單音或是變化的旋律，它們都是在現象學的時間體驗中被構成的「時間性存在」。其實在現象學看來任何的持續性、同一性都是被構成的存在。

282 「這個東西」指的就是上述的「對象的存在」或「旋律」。旋律並不是實質的內在，而是在內在意識中所構成的一個明證的對象。

283 胡塞爾在這裡對比的是「取出」（entnehmen）與「普遍化」（verallgemeinern），「本質的所與性」不單純只是「被取出的所與性」，它也是「被（意識）普遍化的所與性」或「被（意識）構成的所與性」。

284 胡塞爾說明這種本質的構成並不單單只發生在「知覺」的情況，在「想像與回憶」中也有意義構成的現象。換句話說，現象學的「本質直觀」並不預設對象是「現實的存在」或「實在」。

285 這個句子的重點在「直觀」與「知覺」的不同。胡塞爾說一個本質的把握需要回溯到一個「（本質）直觀」，但這並不意謂著必須回歸到一個「現實的知覺」。這是因為本質的直觀也同樣發生在純粹的「想像」當中。

286 胡塞爾的意思是說，通常我們認為知覺關連著「現實的存在」，而想像則是關

連著「想像的存在」（想像、期待等等是知覺的「變樣」，這裡所說的「現實的變樣」），然而在現象學的存而不論之下，本質直觀與所直觀者是「現實的」或是「想像的（現實的變樣）」是不相干的。音樂的音質、強度、色調與亮度這些屬於「意義」的構成的東西，也可以透過想像而把握，現象學的本質直觀並不需要預設事物的現實存在。

287 判斷、肯定、否定、知覺、推論等等活動所把握的都不只是個別的東西，也包含著具普遍性的「種類」概念，而「屬於普遍性的類型事態」即是「種類的本質」。

288 胡塞爾的意思是說一個高音、一個低音，而且不可顛倒的體驗是一個「本質判斷」，這種本質判斷並不必然要在知覺中才能成立，也可以以想像的方式出現。

289 其實在胡塞爾來看，不僅是知覺與想像，回憶與期待等等所有的意識活動在本質研究的位階上都是一樣的。

290 胡塞爾在這裡的「存在」（Existenz）與「不存在」的意思是指「現實的存在」與「不是現實的存在」。

291 胡塞爾的意思是說同樣的情況也適用於「回憶」，在回憶中也可以直觀到本質，在這裡知覺、想像與記憶是同位階的，除非我們關心的不是本質直觀，而是其所屬類型的所與性的不同，例如虛構的存在、現實的存在、過去的存在等等。

292 對胡塞爾來說，「存在」意指「現實存在」，而現實存在的特徵是透過知覺而設定的，知覺與想像的差別在於知覺設定了所知覺者的現實存在。由於現象學的本質研究所考慮的是「本質」，而非現存與否，因而兩者是同列的。

293 這是說想像與知覺的所與都是「單稱的」或「個別的」，然而在知覺中我們不得不設定對象的現實存在，在想像中則不需如此設定。

294 胡塞爾意思是說「想像的顏色」與「感覺（知覺）的顏色」，兩者雖然都是內在所與物，但是兩者的「所與性」仍然是不同的。

295 這是對「想像的顏色的所與」的描述。想像的顏色雖然在浮現在我眼前，但是它並不是現在存在，並不是被感覺的顏色，也就是說，它不是「當前的」，而是「以現前化的方式」（vergegenwärtig）出現在我眼前的顏色，「想像的顏色」與「以知覺的方式」出現在我眼前的所與（知覺的顏色）是兩種不同的所

與。

296 這裡的「好像」、「擬似」表示「想像的直觀」與「感覺的直觀」的不同。在這裡的「紙張的顏色」與「房屋的顏色」都是感覺的顏色。

297 這是說在想像的體驗中，想像的「紙張」或「顏色」仍然是具有本質的超越物，只是沒有存在的設定，這個時候意識所直觀的本質其實是意識的構造。

298 「這些」應是指上述「這個顏色的構成的種種要素與要素間的關係脈絡」。而「同樣的意義下的所與」則是指與「想像的顏色本身」是在同樣的意義下的所與。也就是說，雖然是想像的，但是也仍然是普遍的所與。

299 這裡的意思是說，對於想像的存在我們不需判斷它是現在的、過去的或是未來的存在，這裡的「存在」的意義是「現實存在」。也就是說，對於想像物，我們不需考慮其現實性。

300 這是胡塞爾將知覺與想像並列的原因，因為認識的批判學關心的是對本質的直觀。

301 「現前化」是「想像」的活動，胡塞爾在這裡指出，當前的知覺設定了存在與本質。知覺所設定的「本質內容」與在現前化的想像活動中所設定的「本質內容」可以是相同的，本質的認識並不局限在知覺。

302 「它」是指「顏色的現實性」。「想像的顏色的所與」不同於「知覺的顏色的現實性」，顏色的現實性並不能在想像中所與。

303 胡塞爾說明即使是想像的所與，這個所與也可以佔據主詞的位置而形成一個判斷。但是學問往往不從想像的判斷開始，因為通常它被認為是停留在各個個體的內部的東西。

304 相對於知覺的直觀是關於個別物的直觀，學問的判斷則是關於類型、關於客觀性的判斷，因而重點在從個別性當中取出本質的類型。

305 這裡說明一個內在對象的構成。所構成的對象並不是像內在於一個盒子那樣地內在於意識，構成物（顯現者）以種種顯現來表現自己，「顯現」並不是對象，也不實質地將對象包含於其中，而是將對象以超越的方式包含著，這個包含在「種種顯現」中的對象就是「顯現者」。

306 這是說「顯現」，都是在種或類概念下的顯。或者說在種或類概念下，顯現才能成為是什麼東西的顯現，所與才能在意識的面前而形成「這是什麼什麼」的判斷形式，由於這種全般性的類概念是意識所構成，所以可以在某種程度上隱

喻地說，自我（超越論的主觀）「創造」出了對象。

307 胡塞爾說明「普遍者」可以在「知覺」或「想像」（兩者都是「個別的」直觀）中構成自身。以下開始討論「範疇的所與性」問題。

308 這裡說明「判斷的形成」需要「範疇活動」，範疇活動是一種構成活動。而「範疇形式」則是在論說或歸屬一個屬性下所形成的判斷的邏輯形式，例如「是與否」、「同與異」、「一與多」、「且與或」等等的形式。在胡塞爾看來，範疇活動是知性的基本活動，它指示著相應的思惟形式。藉由範疇形式，所與性出現在意識的面前而被意識到（判斷上才能說「這是某某」），在某種意義上也可以說，這個對象性「生起」或「構成自身」。

309 胡塞爾在這裡表明，直觀的意識並不是一個收納的空盒子，而是具有某種範疇形式的思想活動。

310 這裡說明不屬於思惟的實事（例如意識的超越性），是在思惟活動（意識的內在性）中被構成的，這種超越性在意識的構成中成為所與性，這樣的實事唯有在構成中才能如其自身而顯示自身。

311 現實的房子在現象學還原後失去其「現實存在」，而成為一個「純粹現象」的存在。這裡的 Existenz 的意義是「現實存在」，這也是胡塞爾在使用 Existenz 這一語詞時的主要意義。

312 作為「純粹現象」的房子，在不考慮其現實存在，僅僅作為在內在時間意識中「顯現」的思惟而言，是具有明證的所與性的。胡塞爾的意思是說，「顯現」是真正的所與這一點沒有問題，問題在「顯現者」是不是也是真正的所與呢？

313 胡塞爾的意思是說，在我的一棟房子的知覺當中，除了房屋的顯現是明證的所與之外，房屋的知覺其實包含著許多越出顯現的部分，例如房屋的構造或房屋的內部，這些被構成的內容也一樣是明證地所與嗎？

314 這裡所說的想像的「聖喬治騎士」並不是現實的存在，「房屋的知覺」則是部分地直觀的所與。胡塞爾在這裡是反問式的表達，意思是說對於這種部分或甚至根本沒有直觀的所與的東西，難道我就不能形成明證的判斷嗎？在胡塞爾看來，即使是想像的東西也可以是明證的。

315 知覺與想像的所與，都是一種顯現（Erscheinung）或現象（Pänomen），我們可以根據顯現或現象來形成明證的判斷。顯現不是顯現者，但是顯現一定是顯現者的顯現。顯現者在顯現中宣告了自身的存在。

316 這樣的「在此」（da）表示「出現」。一個圓的四邊形雖然無法形成圖像，但是可以作為一個意向的客觀物而明證地出現，其意向的客觀物是我們通常所謂的「意義」。圓的四邊形的矛盾的意義是明證地所與的。「聖喬治騎士屠龍（想像物）」可以明證地所與，圓的四邊形（矛盾物）也可以明證地所與。

317 胡塞爾的意思是說，圓的三角形（矛盾物）無法在意識中形成對象（無法具體地將其想像出來）。但是作為一個在思想中被思想的言說或符號，它是明證地所與。

318 這些在胡塞爾看來都是「明證的所與」，只是這些問題的解明仍然還需要具體地進行現象學的考察。

319 至今我們知道的知覺的所與性、想像的所與性、範疇的所與性、邏輯的所與性、符號的所與性、矛盾的與非存在的所與性，這些作為思惟都是明證的所與。

320 這裡對比的是「真正的所與」（wirklich gegeben）與「非真正的思惟」（uneigentliches Denken）。「真正的所與」指「直觀的所與」，而「非真正的思惟」指「非直觀性的思想」。

321 胡塞爾在這裡談到至今所提到的各種現象學的所與性，例如知覺的所與性、想像的所與性、範疇的所與性、邏輯的所與性、符號的所與性、矛盾的與非現實存在的所與性。

322 這裡可以看到廣義下的「思惟」的意義包含了「實質內在」與「意向內在」。

323 胡塞爾在此重申，意識並不是一個容器，意識中的對象是被構成的，以下說明這些構成的活動並不是獨立的，而是相互關連、相互充實與相互保證的，處於一個目的論的關係當中。

324 「這些東西的對反物」應是指「不充實、不保證、不證實的關係脈絡」。

325 這是說這些種種不同的構成活動以目的論的方式相互關連在一起，將這個相互的關連性給予一個知性上的統一的解釋是認識論的現象學的最終目的。

326 胡塞爾在措詞上將「非真正所與的活動」對應到「純然表象的活動」或「純然相信的活動」，這些屬於「非直觀的思惟」；將「真正的所與的活動」對應到「洞察的活動」，這是「直觀的思惟」。

327 「實在的現實性」與「觀念的現實性」是胡塞爾對存在的兩個基本領域的區分。

328 胡塞爾重申其看法：現象學所探討的並不是人類的認識（這是心理學的問題）而在認識全般，其間的差異在於人類本身也是要被存而不論的。

329 「區域」（Region）意指「屬於某具體者的最高的全體的類的統一（die gesamte zu einem Konkretumg gehörige oberste Gattungseinheit）」（Hua III/1, S.36）。在胡塞爾看來，任何具體的經驗對象，由於皆具有資料而屬於最高的質料的類，這意味著所有偶然的、事實的個物都不單單只是「這個在此」，而是擁有自身的特性或擁有自身所屬的類（Eigenart）或本質。也就是說，任何個物在本質上必定屬於「個物」區域，並且受到這個區域範疇的限定。

330 胡塞爾在這裡所要分別「自然的對象的有效意義」與「自然的對象」。自然的對象的「有效意義」是一個「具有意義內容的類概念」，意識透過一個「普遍的意義」而指向一個「自然的對象」，沒有「客觀的意義」，我們沒有辦法思想一個「自然的對象」乃至「自然的存在」。

331 這是指在「自然態度下的研究」。胡塞爾這個「附件」是針對自然態度的補充說明，因而以下的說明是在批評自然態度下的心理學只關心主觀的體驗。

332 在胡塞爾看來，現象學是關於明證的學問，但是現象學的明證並不是心理學式的。再者明證是一種直觀，不是推論，推論有可能會越出明證的範圍。

333 這是胡塞爾反駁的說法。這個說法認為：超越者沒有被經驗到，那麼我們是不是可以說它是一種「或然的存在（可能的存在）」。他的想法在於，如果經驗的基礎沒有辦法被經驗的話，在理性上我們可以說它是「或然的」。但是胡塞爾認為這樣的說法，只在作為經驗的基礎的超越者是可經驗的前提之下，然而超越者之為超越者，在原則上就是不可經驗的，因而我們仍然沒有辦法說，超越者是或然的。

334 胡塞爾的意思是說，如果這個認識與超越者的關係是可以直觀的，那麼我們就能夠擁有清晰性。然而自然態度在設定其問題的時候，就讓這個直觀是不可能的，這會導至懷疑論。自然態度下的問題的設定在下一段。

335 在胡塞爾看來，認識所認識的客觀雖然不是超離意識下的客觀，但是認識仍然關連著一種客觀的所與，這個客觀所與是胡塞爾所謂的構成的所與、意向的所與。也就是說，認識關連著客觀沒有問題，關連著客觀的如何可能才是問題所在。

336 兩者之所以可以相互比較，是因為在現象學看來，兩者都是意識內在的「純粹

現象」，這裡不牽涉任何與意識無關的東西。

337 胡塞爾說明認識論的問題的解答所要求的其實是一種直觀，在認識中直觀到認識所要求的超越，因為這是認識的本質。

338 這裡的「考察」指的是「自然態度下的考察」。

# 譯注者附錄：段落內容提要

## 【講座思路段落提要】

1. 自然的思惟與哲學的思惟的區分

2-3. 自然思惟下的認識論的反省及其懷疑論的傾向

4-6. 認識的批判學的提出與任務

——————

○現象學的考察的第一階段

7-8. 認識的批判學的起始問題

9. 笛卡兒懷疑的考察：思惟作為最初的所與性

10-11. 最初的認識論的反省：內在與超越

12. 心理學的理解：內在作為心理學的現實的實在

13. 現象學的修正：內在作為「實質的內在」與「構成的所與」

14. 現象學還原的實行：排除一切超越者的設定

15. 超越的問題的提出

16. 現象學的解決途徑：直觀與明證

——————

○現象學的考察的第二階段

17. 新的考察的層次

18. 心理學的自我與現象學的自我

19. 實質的內在性的還原 ≠ 現實的內在性（心理學的內在性）

20-21. 現象學不局限於思惟的內在性

22. 觀念化的抽象與本質的直觀

23. 清晰與明辨的知覺＝絕對的自身所與性、純粹的明證性

# 【第一講稿段落提要】

9. 自然的學問（特別是邏輯心理主義）的必然失敗

10-11. 認識可能性問題的泉源：體驗與對象的相關性

12. 認識論的超越問題

———————

○自然態度下的認識的反省的種種矛盾

13. 對心理主義與休謨心理學的批評

14-15. 對當時認識論的批判——邏輯心理主義、生物學、演化理論

16. 自然態度下的認識的反省的必然結論：荒謬

———————

○真正的認識批判學的雙重任務

17. 認識的批判學的消極任務：駁斥懷疑論

18. 認識的批判學的積極任務：解明認識的意義、對象與本質的問題

19. 認識的批判學作現象學的形上學的預備學

———————

○真正的認識的批判學作為認識的現象學

20. 認識論的現象學

21. 現象學作為一門獨特的學問：獨特的思惟態度與哲學方法

22. 對近現代以來的學問的統一性想法的批判

———————

○哲學的新向度：其與學問對立的獨有的方法

23-26. 現象學作為新的向度與新的方法

## 【第二講稿段落提要】

○認識的批判學的出發點：對一切知識的質疑

1. 世界的存而不論

2-3. 存而不論與最先的認識（絕對所與性）

——————

○銜接於笛卡兒懷疑的考察法之下的絕對確實的地盤的獲得

4-5. 笛卡兒懷疑的觀察法與適當的改變

6. 認識的本質與認識的切中性

——————

○絕對的所與性的領域

7-8. 絕對所與性的領域：任何知性的體驗全般

9. 現象學作為認識的本質的學問

——————

○再論與補充：對反對一門認識的批判學的可能性的論證的反駁

10. 自然認識的豐碩性不代表認識論的謎的解決

11-12. 自我駁難：認識的開端問題

13. 內在性全般是一切認識的必然特性

14. 補充：問題不在認識的事實，而在認識的如何可能

15. 認識批判學的領域：廣義的思惟

——————

○自然的認識的謎：超越性

16. 重述自然思惟下的超越問題：認識內在如何切中於認識外在？

——————

○內在性與超越性這兩個概念的區分

17. 超越——內在的第一層意義：意向性的超越

18. 超越——內在的第二層意義：明證性的超越

19. 絕對明證的所與性不等於實質的內在

——————

○認識的批判學的首要問題：超越的認識的可能性

20-21. 認識的批判學的主導問題：超越的認識的如何可能

22-23. 自然態度下的思惟，必然導致休謨的懷疑論

24. 現象學的自我定位：直觀

——————

○認識論的還原的原理

25. 認識論的還原作為防止思想的踰越

26. 自然思惟的誘惑

# 【第三講稿段落提要】

○認識論的還原的實行：一切的超越者的排除

1. 認識論的還原：一切的超越者的現實性的排除

2. 提防「純粹現象」與「心理學的現象」的混同

——————

○研究的主題：純粹現象

3. 純粹現象的獲得

4. 純粹現象與心理學的現象的平行性

5. 超越者的存而不論：還原到純粹的內在物

6. 適當的變更（*mutantis mutandis*）

7-8. 現象學作為純粹現象的學問

——————

○絕對現象的「客觀的有效性」問題

9. 純粹現象的客觀有效性問題的提出

10. 駁難：赫拉克里特斯的現象流

11. 對新康德學派西南學派的批評

12. 對康德哲學的批評：自然態度下的學問

13. 認識論的還原與循環論證的問題

14. 超越與內在作為解決的線索

15. 直觀是終極的基礎

———————

○限制在單稱的所與性的不可能性；現象學的認識作為本質的認識

16-17. 絕對所與性只限制在單稱個別的領域嗎？

18. 知覺與判斷本身就越出了單稱與個別的現象

———————

○先天性概念的雙重意義

19. 現象學作為本質的分析學，對先天性的重新理解

20. 衍生的先天性：康德與新康德學派的先天性

21. 根源的先天性：在純粹現象中所與的先天性

# 【第四講稿段落提要】

○經由意向性以擴展研究領域

1-2. 認識的體驗的雙面性（實質內容、意向內容）

3. 現象學的本質研究：在單稱的現象中直觀類型的所與性

4. 普遍者作為意向體驗的多中的一

———————

○普遍者的自身所與性；本質分析的哲學方法

5. 普遍者作為絕對的所與性

6. 紅色的類型直觀的描述

7-8. 類型與類似性（類與類之間的相似性）的直觀

9. 認識的「目的論的關係脈絡」

10. 現象學作為直觀的研究

———————

○明證的情感理論的批判；明證做為自身所與性

11. 明證性作為充分地把握到實事的自身所與性

12-13. 情感的明證性必須建立在直觀的明證性

——————

○不限制在實質內在的領域；所有的自身所與的論題

14. 普遍的對象與普遍的事態的明證的所與性

15. 現象學的範圍：純粹自身所與性、純粹明證性

16. 現象學的懷疑與懷疑論的懷疑的差別：直觀

17-19. 現象學的直觀：理性的直觀

20. 「純粹直觀」與「智性直觀」的類似性：讓直觀的眼睛來說話

21. 非現實存在者的明證性

# 【第五講稿段落提要】

○時間意識的構成

1-2. 知覺的全般性（類型）的把握

3. 原初記憶（滯留意向）

——————

○作為本質的明證的所與性的本質把握；單稱的本質與普遍意識的構成

4. 知覺、回憶、想像都具有本質直觀

5. 知覺與想像的同位階

6-7. 本質的認識不局限於知覺

8. 知覺與想像的差別：存在（Existenz）的設定

9. 構成作為一種創造？

——————

○範疇的所與性

10. 範疇形式與思惟形式

11-12. 顯現與顯現者

——————

○符號的思惟內容本身

13. 符號、不合理與矛盾的事物的所與性問題

——————

○最寬廣的研究領域；在認識中對象性的種種不同樣態的構成；認識與認識對象性的相關關係的問題。

14. 明證性的範圍＝所與性的範圍

15-16. 種種不同的所與性

17. 構成的目的論的脈絡關係

18-19. 構成的上昇過程與認識的最終意義的解明

# 譯注者後記

　　這本 1907 年的《現象學的觀念》算是現象學的經典了，大概每個研究胡塞爾的學者都讀過。第一次讀這本書的是在碩士生的時候，印象不深，碩士論文也沒有處理，只是盡了義務讀過它。開始對這本書感到興趣是在 1992 年的夏季學期，那個時候剛到德國約半年，雖然順利進入弗萊堡大學的語言班，但我是一個對口語不感興趣的學生，語言班所開設的課程，除了文法課與文本分析課之外，其他的課我都是缺席的，跑去哲學系旁聽 von Herrmann 教授所開設的「現象學導論」。這門課工作就是在詮釋《現象學的觀念》這本書，在那裡我完全被 von Herrmann 的文本解釋所吸引，特別是關於胡塞爾的「超越論的觀念論」的想法。von Herrmann 老師出身普魯士，有著歐洲貴族學者所獨有的風采與堅持，課堂雖然滿滿的都是學生，而他大概也注意到我這個總是坐在第一排、每次都提早到、從不缺席又只是沉默地抄錄著筆記的東方學生。後來語言考試通過後，很自然地就成為我的論文指導老師，於是在德國將近七年的時間，有六年半都是在 von Herrmann 教授的課上渡過的，同樣的座位、旁邊坐著同樣的同學……。von Herrmann 教授在論文的指導上給了我極大的自由，做學問的方式也是，寫段落提要的作法（他稱之為「Stichwörter」（關鍵詞）），就是從他那裡學來的，這些都是我至今仍然感慨不盡的地方。

　　上 von Herrmann 課的時候，就已經隨手在翻譯這本書，當時還不知道已有倪梁康教授的中譯本，1994 年暑假回國的時候，才發現倪教授的譯本並將它帶去德國。倪教授是我在弗萊堡大學的學長，也是漢語學界知名的胡塞爾學者，1991 年我到弗萊堡的時候，倪教授已學成歸國，但是他的中譯對我的胡塞爾研究幫助很大，倪教授的譯筆流暢，其胡塞爾研究在中國現象學學界已是具代表性的人物，歷史自然會為他留名，不用我贅言。有了倪教授的中

譯本，自己的翻譯自然就暫停了，當時大概只譯完前三個講稿。雖然已有不錯的中譯本，但是學問似乎只能用自己的語言，大概也只有如此才能夠切中自己的內心所想要表達的。新的譯本在這裡並不是要取代倪教授的譯本，而是在不同的翻譯之間，確實表現出了不同的理解。要說明什麼叫做不同的理解是很困難的事，但是可以肯定的是，當我們不加反省地面對文本的時候，自己的理解是變動而不一致的，大概讀書總是會自動地略過一些複雜的句子，思想的怠惰讓我們遊走在不一致的理解上，而自己其實是不自覺的。思想要回到一致性的道路，翻譯是最好的指導，自己其實也是趁著翻譯，糾正自己的理解。

　　筆者譯過日本哲學家西田幾多郎的著作，德文與中文之間，不像日文與中文之間可以幾乎有一一對應的關係，漢字這種「電視機文字」（テレビ文字），看到它就會有一定的聯想，但是愈看它就愈不像，中日漢字的意義聯想雖然不盡然一致，然而哲學的思想偏偏就寓居於語言當中，因而在翻譯西田的時候，筆者盡量依循著日文的習慣，不外是方便藉由中文去回想日文。但是在譯德文的時候，這種關係沒有辦法成立，只能放棄回想的可能性。既然放棄了，自然就會有將本書譯得更清楚一點的想法，因而在翻譯上更改了詞性、句讀的位置，意義詮釋的空間也變大了，這代表著在翻譯上有了更多的自由。有了更多的詮釋的空間，意義的選擇就只能取決於譯者對胡塞爾的了解。譯日文與譯德文是完全不同的兩個感覺，自己也是因為這一次的翻譯，才體會到為什麼在日本同一本著作有那麼多的譯本，因為在這裡有著解釋權的問題，考驗著譯者對德文與胡塞爾的了解。但是筆者是固執之人，即使有詮釋上的自由，仍然努力將每一個字皆譯出，也仍然認為能否恰當地使用哲學家的語詞是理解的判準之一，這種固執的想法並沒有改變，儘管有人覺得這是在難解的術語（Jagon）上再添加 Jagon（von Herrmann 的海德格注解就常常受到這樣的批評）。但是教學可以在實例中，用大量的日常用語反覆地說明，在書面文字上卻不能夠。學問的認識都是本質的認識，在某種意

義上都是抽象難以理解的，如果沒有理解的欲望，大概任何語言都是 Jagon。「理解是為了相信，相信是為了理解」這句奧古斯丁的名言，或許最能夠表示出筆者內心所想要表達的感覺。

　　回國後在清華服務，一直沒有機會譯這本書。這本譯著是在鄭凱元教授的間接催促下才完成的。凱元兄在 2016 年邀請我去陽明大學通識中心開設一門「當代歐陸哲學」的課，就是以這本書作為上課的內容，沒有這個機緣自己大概不知何時才會下定決心來做這個事，凱元兄是第一個要感謝的人。在陽明接觸到不同學問性格的同好，試著闡釋胡塞爾的時候，自己其實是獲益最多的人，因而要感謝的人很多，護理系的蔣欣欣老師、博士生林千惠、劉盈君等等。翻譯的工作是累人的，但是在翻譯的時候，在弗萊堡大學與陽明大學所經歷過的一切會在不同的翻譯點上出現，能夠再次看到 25 年前的自己與現在的自己，這一點倒是感到相當溫馨。再者也要特別感謝兩位匿名的評審，對本譯著給出許多專業的建議，筆者不僅從中獲益良多，也讓筆者看到自己在翻譯上的問題與錯誤，而這些是自己不論怎麼檢查都無法發現的。最後不能不提的是自己的父母親與婷琪、久晏，沒有他（她）們默默的支持，這本譯著是不可能完成的。

國家圖書館出版品預行編目(CIP)資料

現象學的觀念 / 胡塞爾著；黃文宏譯注. -- 初版.

-- 新竹市 : 清大出版社, 民 106.10

面 ; 公分

譯自 : Husserliana

ISBN 978-986-6116-67-4(平裝)

1.現象學

143.67                                106017500

## 現象學的觀念 DIE IDEE DER PHÄNOMENOLOGIE

著　　者：胡塞爾(von Edmund Husserl)
譯 注 者：黃文宏
發 行 人：賀陳弘
出 版 者：國立清華大學出版社
社　　長：戴念華
行政編輯：陳幼娟
地　　址：30013 新竹市東區光復路二段 101 號
電　　話：(03)571-4337
傳　　眞：(03)574-4691
網　　址：http://thup.web.nthu.edu.tw
電子信箱：thup@my.nthu.edu.tw
其他類型版本：無其他類型版本

展 售 處：水木書苑 (03)571-6800
　　　　　http://www.nthubook.com.tw
　　　　　五楠圖書用品股份有限公司 (04)2437-8010
　　　　　http://www.wunanbooks.com.tw
　　　　　國家書店松江門市 (02)2517-0207
　　　　　http://www.govbooks.com.tw
出版日期：2017 年 10 月初版
　　　　　2021 年 3 月初版三刷
定　　價：平裝本新台幣 350 元

ISBN 978-986-6116-67-4　　　　　GPN 1010601544